深港澳金融科技师一级考试专用教材

金融标准化通识

主　编　李　伟　　戚桂杰
副主编　张建波　　杨富玉
参　编　王春平　凌士显　郭建强　张爱荣
　　　　谢清华　刘振海　李曙光　刘国建
　　　　周云晖　梁　峰　肖　翔　饶俊英
　　　　马　征

机械工业出版社

本书重点介绍了标准化与金融标准化，以及我国银行业、保险业、证券期货业、信托业等主要金融子行业标准化现状，并系统介绍了金融科技标准化与互联网金融标准化等相关内容。为了便于教学和使用，各章均给出了学习目标、导入案例、本章小结和思考题。本书可作为深港澳金融科技师一级考试的复习指导用书，也适用于从事或有志于从事金融科技的人员、金融机构相关业务部门工作者以及希望了解金融科技相关理论知识及实际应用的读者学习参考。

图书在版编目（CIP）数据

金融标准化通识/李伟，戚桂杰主编.—北京：机械工业出版社，2020.9（2023.1重印）

深港澳金融科技师一级考试专用教材

ISBN 978-7-111-66393-5

Ⅰ.①金… Ⅱ.①李…②戚… Ⅲ.①金融—标准化—中国—资格考试—自学参考资料 Ⅳ.①F832-65

中国版本图书馆 CIP 数据核字（2020）第 159425 号

机械工业出版社（北京市百万庄大街22号　邮政编码100037）

策划编辑：裴　泱　　责任编辑：裴　泱　何　洋

责任校对：高亚苗　　封面设计：鞠　杨

责任印制：邰　敏

北京富资园科技发展有限公司印刷

2023年1月第1版第2次印刷

169mm×239mm・14.75印张・287千字

标准书号：ISBN 978-7-111-66393-5

定价：49.00元

封底无防伪标均为盗版

电话服务　　　　　　　　　网络服务

客服电话：010-88361066　　机 工 官 网：www.cmpbook.com
　　　　　010-88379833　　机 工 官 博：weibo.com/cmp1952
　　　　　010-68326294　　金 书 网：www.golden-book.com
　　　　　　　　　　　　　机工教育服务网：www.cmpedu.com

编写说明

2019年2月，中共中央、国务院印发的《粤港澳大湾区发展规划纲要》明确提出，以香港、澳门、广州、深圳作为区域发展的核心引擎；支持深圳推进深港金融市场互联互通和深澳特色金融合作，开展科技金融试点，加强金融科技载体建设。金融科技是粤港澳大湾区跻身世界级湾区的引擎推动力，人才是推动金融创新的第一载体和核心要素。为响应国家发展大湾区金融科技战略部署，紧扣科技革命与金融市场发展的时代脉搏，持续增进大湾区金融科技领域的交流协作，助力大湾区建成具有国际影响力的金融科技"高地"，深圳市地方金融监督管理局经与香港金融管理局、澳门金融管理局充分协商，在借鉴特许金融分析师（CFA）和注册会计师（CPA）资格考试体系的基础上，依托行业协会、高等院校和科研院所，在三地推行"深港澳金融科技师"专才计划（以下简称专才计划），建立"培训、考试、认定"为一体的金融科技人才培养机制，并确定了政府支持，市场主导；国际化标准，复合型培养；海纳百川，开放共享；考培分离，与时俱进四项原则。

为了使专才计划更具科学性和现实性，由深圳市地方金融监督管理局牵头，深圳市金融科技协会、资本市场学院等相关单位参与，成立了金融科技师综合统筹工作小组。2019年4月，工作小组走访了平安集团、腾讯集团、招商银行、微众银行、金证科技等金融科技龙头企业，就金融科技的应用现状、岗位设置、人才招聘现状和培养需求等进行了深入的调研。调研结果显示：目前企业对金融科技人才的需求呈现爆炸式增长趋势，企业招聘到的金融科技有关人员不能满足岗位对人才的需求，人才供需矛盾非常突出。由于金融科技是一个新兴的交叉领域，对知识复合性的要求较高，而目前高等院校的金融科技人才培养又跟不上市场需求的增长，相关专业毕业生不熟悉国内金融科技的发展现状，不了解金融产品与技术的发展趋势，加入企业第一年基本无法进入角色，因此，各家企业十分注重内部培训，企业与高校合作成立研究院并共同开发培训课程，自主培养金融科技人才逐渐成为常态。但是，企业培养金融科技人才的成本高、周期长，已经成为制约行业发展的瓶颈。

工作小组本着解决实际问题的原则，在总结调研成果的基础上，组织专家对项目可行性和实施方案进行反复论证，最终达成以下共识。

专才计划分为金融科技师培训项目（简称培训项目）和金融科技师考试项目（简称考试项目）两个子项目。其中，培训项目根据当下金融场景需求和技术发展前沿设计课程和教材，不定期开展线下培训，并有计划地开展长期线上培训。考试项目则是培训项目的进一步延伸，目的是建立一套科学的人才选拔认定机制。考试共分为三级，考核难度和综合程度逐级加大：一级考试为通识性考核，区分单项考试科目，以掌握基本概念和理解简单场景应用为目标，大致为本科课程难度；二级考试为专业性考核，按技术类型和业务类型区分考试科目，重点考查金融科技技术原理、技术瓶颈和技术缺陷、金融业务逻辑、业务痛点、监管合规等专业问题，以达到本科或硕士学历且具备一定金融科技工作经验的水平为通过原则；三级考试为综合性考核，不区分考试科目，考查在全场景中综合应用金融科技的能力，考核标准对标资深金融科技产品经理或项目经理。考试项目重点体现权威性、稀缺性、实践性、综合性和持续性特点：①权威性。三地政府相关部门及行业协会定期或不定期组织权威专家进行培训指导。②稀缺性。控制每一级考试的通过率，使三级考试总通过率在10%以下，以确保培养人才的质量。③实践性。专才计划将为二级考生提供相应场景和数据，以考查考生的实践操作能力。④综合性。作为职业考试，考查的不仅仅是知识学习，更侧重考查考生的自主学习能力、团队协作能力、职业操守与伦理道德、风险防控意识等综合素质。⑤持续性。专才计划将通过行业协会为学员提供终身学习的机会。

基于以上共识，工作小组成立了教材编写委员会（简称编委会）和考试命题委员会，分别开展教材编写工作和考试组织工作。编委会根据一级考试的要求，规划了这套"深港澳金融科技师一级考试专用教材"。在教材编写启动时，编委会组织专家、学者对本套教材的内容定位、编写思想、突出特色进行了深入研讨，力求本套教材在确保较高编写水平的基础上，适应深港澳金融科技师一级考试的要求，做到针对性强，适应面广，专业内容丰富。编委会组织了来自北京大学、哈尔滨工业大学（深圳）、南方科技大学、武汉大学、山东大学、中国信息通信研究院、全国金融标准化技术委员会、深圳市前海创新研究院、上海交通大学上海高级金融学院、深圳国家高技术产业创新中心等高校、行业组织和科研院所的二十几位专家带领的上百人的团队，进行教材的编撰工作。此外，平安集团、微众银行、微众税银、基石资本、招商金科等企业为本套教材的编写提供了资金支持和大量实践案例，深圳市地方金融监督管理局工作人员为编委会联系专家、汇总资料、协调场地等，承担了大部分组织协调工作。在此，衷心地感谢以上单位、组织和个人为本套教材编写及专才计划顺利实施做出的贡献。

2019年8月18日，正值本套教材初稿完成之时，传来了中共中央、国务院发布《关于支持深圳建设中国特色社会主义先行示范区的意见》这一令人振奋的消息。该意见中明确指出"支持在深圳开展数字货币研究与移动支付等创新应用"，这为金融科技在深圳未来的发展指明了战略方向。

"长风破浪会有时，直挂云帆济沧海。"在此，我们衷心希望本套教材能够为粤港澳大湾区乃至全国有志于从事金融科技事业的人员提供帮助。

编委会

本书特邀指导专家

曲维民　中国人民银行科技司标准化与规划处副处长
李　颖　山东大学经济学院金融系副教授
李　宽　中国农业银行科技与产品管理局专家

前　言

近年来，我国对标准化工作的重视程度提升到前所未有的水平。2016年9月，习近平总书记在写给第39届国际标准化组织（ISO）大会的贺信中就提到："标准是人类文明进步的成果……中国将积极实施标准化战略，以标准助力创新发展、协调发展、绿色发展、开放发展、共享发展。"2019年10月31日，中国共产党第十九届中央委员会第四次全体会议审议通过的《中共中央关于坚持和完善中国特色社会主义制度、推进国家治理体系和治理能力现代化若干重大问题的决定》正式提出："……强化标准引领，提升产业基础能力和产业链现代化水平。"这标志着标准化工作已经正式上升到党中央制度层面，成为我国推行的一项重要国家战略。

在经济全球化深入发展的当下，标准作为国际专业领域通用的交流语言，发挥着便利经贸往来、支撑产业发展、促进科技进步的重要作用，是现代国际经济竞争与合作的重要手段和技术纽带。特别是随着我国经济从要素驱动向创新驱动转变，标准化工作在经济社会发展中的作用日益凸显，逐步成为助推创新发展、引领时代进步的核心支撑力量。聚焦到金融领域，金融标准更是我国金融治理体系和治理能力现代化的基础性制度，有利于深化金融供给侧结构性改革、促进金融对外开放、支持"一带一路"高水平建设，为扶贫攻坚和乡村振兴提供强大助力。

当前，全球正迎来新一轮科技革命和产业变革。中国人民银行行长易纲在2019年陆家嘴论坛上表示："未来全球金融增长点在于金融科技，国际金融中心竞争的焦点也在金融科技。"在"百年未有之大变局"的背景下，积极把握现代金融与金融科技协同发展的重要战略机遇，高质量开展金融标准化建设，将对我国实现金融健康可持续发展产生积极而深远的影响。

金融标准化工作的关键点在于金融生态系统的数字化转型和金融科技标准化人才建设。一方面，需要抓紧制定配套规则和标准，尽早建立健全专业化的数字金融技术应用检测、认证、认可体系，以高标准推动金融产品和服务高质量创新；另一方面，需要加快完善金融标准化教育，培养一大批既懂标准又懂规则、既懂技术又懂管理，具有全球视野和思维，能够敏锐洞察和掌握全球标准化发展趋势的复合型、开放型金融标准化人才。

课程建设和教材建设是金融标准化人才培养的基础。本书定位于金融标准化人才培养教材建设，注重金融标准化理论与实践相结合，基于"标准化理论—金融标准化理论—金融标准化实践—金融标准化趋势"这一认知逻辑框架进行内容编排。在系统介绍标准化和金融标准化一般理论之后，详细介绍了我国部分已发布实施的金融标准的内容及应用实践，系统展现了金融标准化通用知识。此外，本书还十分注重基础性与实用性相结合，既对金融标准化的基础知识进行了阐述，又从细分领域介绍了我国银行业、保险业、证券期货业、信托业等金融子行业代表性标准的详细内容，以及我国当前金融标准的体系状况。为便于读者学习，本书还列出了学习大纲，其中包括学习目的、学习内容及学习目标等，在各个章节还给出了学习目标、导入案例、本章小结和思考题。

本书包括四大部分：第一部分，介绍标准化一般理论，主要包括标准化的概念、标准的分类、标准体系、标准化的发展、标准化组织等；第二部分，介绍金融标准化一般理论和我国金融标准化进程，主要包括金融标准化的内涵与外延、金融标准化的意义与目标、金融标准化的范围与分类、金融标准化的原则、金融标准化组织等；第三部分，介绍银行业、保险业、证券期货业、信托业等部分金融子行业标准化现状及金融科技与互联网金融标准化等有关情况；第四部分，介绍金融标准化的趋势，主要包括金融国际化、金融创新、绿色金融、金融风险防控与金融标准化的关系，以及金融标准化基础能力与金融标准认证体系建设等。

本书由全国金融标准化技术委员会李伟副主任委员、杨富玉秘书长与山东大学商学院咸桂杰院长联合统筹策划并提供编写计划，由山东大学商学院金融及保险专业教学科研团队和全国金融标准化技术委员会专家共同组织编写。各章具体编写分工如下：第一章、第二章由张建波、李曙光、马征编写；第三章由王春平、刘国建编写；第四章、第五章由凌士显、梁峰、周云晖编写；第六章、第七章由郭建强、肖翔、饶俊英编写；第八章由张爱荣、刘振海编写；第九章由谢清华、李曙光编写。中国人民银行科技司标准化与规划处曲维民副处长、山东大学经济学院金融系李颖副教授及中国农业银行科技与产品管理局李宽专家审阅全稿并提出很多宝贵意见。山东大学商学院多位研究生、全国金融标准化技术委员会秘书处李佳凝等参与了相关资料的搜集和文字编辑工作。在此对以上单位及人员表示衷心感谢。

在本书撰写过程中，全体参编人员多次进行稿件讨论、迭代式读稿、改稿，尽力甄别谬误，唯恐草草成书，挂一漏万。若有缺陷和不足之处，敬请读者批评指正。

编　者

学习大纲

1. 学习目的

本课程的学习目的在于掌握金融标准化基本知识,包括标准化概念、标准分类、标准体系、标准化组织、金融标准化概述、银行业标准化、保险业标准化、证券期货业标准化、金融科技标准化、互联网金融标准化、信托业标准化、合作金融业标准化、金融租赁业标准化、金融标准化趋势等内容,培养金融标准化基本能力,提高对我国金融标准化以及国际金融标准化的认知水平。

2. 学习内容及学习目标

学习内容		学习目标
第一章 标准化发展概述	第一节 标准化的概念、作用及特点	了解标准化的作用
		熟悉标准化的特点
		掌握标准化的概念及内涵
	第二节 标准的分类	了解按照涉及的范围划分标准
		熟悉按照功能划分标准
	第三节 标准体系	了解标准体系的概念及特点
		熟悉标准体系框架
		掌握国家标准体系
	第四节 标准化的发展	了解标准化发展历程
		熟悉现代标准化
	第五节 标准化组织	了解国际标准化组织
		熟悉国家标准机构
第二章 金融标准化概述	第一节 金融标准的界定与我国金融标准化进程	了解金融标准的界定
		熟悉我国金融标准化进程
	第二节 金融标准化的意义与目标	了解金融标准化的意义
		熟悉金融标准化的目标

(续)

学习内容		学习目标
第二章 金融标准化概述	第三节 金融标准化的范围与内容	了解金融标准化的范围
		熟悉金融标准化的内容分类
		掌握我国金融标准体系
	第四节 金融标准化的原则	了解金融标准化原则的具体内容
		熟悉我国金融标准化原则
	第五节 金融标准化组织	了解国家金融标准化机构
		熟悉国际金融标准化组织
第三章 银行业标准化	第一节 银行业标准化概述	掌握银行业标准化的基本内涵
		熟悉银行业标准化的必要性
		掌握银行标准体系的基本架构
	第二节 银行业通用基础标准	掌握《银行业标准化工作指南》的基本内容
		熟悉《金融电子化基本术语》《银行卡名词术语》等银行业术语的内容
		了解信息分类编码、数据通用和通用报文标准的相关内容
	第三节 银行业产品服务标准	掌握《银行客户基本信息描述规范》和《银行业产品说明书描述规范》的基本内容
		熟悉银行卡标准、电子支付标准的基本内容
		了解存款与贷款标准、担保承诺标准、投资银行标准、投资理财标准、资金交易标准等子类的相关内容
	第四节 银行业运营管理标准	熟悉《商业银行内部控制评价指南》等银行业内部控制评价的相关规定
		了解《银行金库》《金库门》和《组合锁》的相关内容
	第五节 银行业信息技术标准	熟悉《银行集中式数据中心规范》等银行业IT基础设施建设的相关规定
		熟悉《银行间市场基础数据元》《网上银行系统信息安全通用规范》《移动金融基于声纹识别的安全应用技术规范》等信息交换和信息安全标准的相关规定
	第六节 银行业行业管理标准	熟悉《银行业会计凭证基本信息描述规范》《支付业务统计指标》等标准的基本内容
		了解金融统计标准、征信管理标准和货币金银管理标准的相关内容
第四章 保险业标准化	第一节 保险业标准化概述	了解保险业标准化的基本内涵
		了解保险业标准化的必要性
		了解保险业标准化的重要性
		掌握保险业标准化的目的
		掌握保险业标准化的内容

(续)

学习内容		学习目标
第四章 保险业标准化	第二节 保险业标准化基础类标准	了解基础类标准的构成
		熟悉《保险术语》标准的意义
		掌握《保险术语》标准的主要内容
	第三节 保险业标准化业务类标准	了解业务类标准的构成
		熟悉业务类标准的建设情况和主要内容
		掌握《保险机构投诉处理规范》的主要内容
	第四节 保险业标准化管理类标准	了解管理类标准的构成
		熟悉管理类标准的建设情况和主要内容
	第五节 保险业标准化信息技术类标准	了解信息技术类标准的构成
		熟悉信息技术类标准的建设情况和主要内容
		掌握《保险电子签名技术应用规范》的主要内容
	第六节 保险业标准化数据类标准	了解数据类标准的构成
		熟悉数据类标准的建设情况和主要内容
		掌握《人身保险伤残评定标准及代码》的主要内容
第五章 证券期货业标准化	第一节 证券期货业标准概述	了解证券期货业标准化的意义和必要性
		掌握证券期货业标准化的基本内涵
		掌握证券期货业标准化的领域分类
		掌握证券期货业的标准体系
	第二节 证券期货业基础编码领域标准	了解基础编码领域标准的建设目的
		熟悉基础编码领域国家标准
		熟悉基础编码领域行业标准
		掌握《证券及相关金融工具 国际证券识别编码体系》的编码组成
		掌握《证券及相关金融工具 金融工具分类（CFI 编码）》的编码组成
	第三节 证券期货业接口领域标准	了解接口领域标准的构成
		了解接口领域标准的意义
		熟悉接口领域标准的建设情况
	第四节 证券期货业信息披露领域标准	了解信息披露领域标准的建设目的
		熟悉信息披露领域标准的建设情况
	第五节 证券期货业技术管理领域标准	了解技术管理领域标准的建设目的
		熟悉技术管理领域标准的建设情况

（续）

学习内容		学习目标
第五章 证券期货业标准化	第六节 证券期货业信息安全领域标准	了解信息安全领域标准的构成
		熟悉系统安全领域标准的建设情况
		熟悉数据安全领域标准的建设情况
		掌握《证券期货业信息系统安全等级保护基本要求（试行）》的安全保护能力等级
		掌握《证券期货业信息系统审计规范》的主要内容
	第七节 证券期货业业务领域标准	熟悉证券业务领域标准的建设情况
		熟悉期货业务领域标准的建设情况
		掌握《证券公司客户资料管理规范》的主要内容
第六章 金融科技标准化	第一节 金融科技标准化概述	掌握金融科技的基本概念、技术属性、主要特点及发展趋势
		了解我国金融科技的发展概况
		了解金融科技标准的制定情况
		熟悉金融科技的特点及金融科技与金融科技标准化的关系
	第二节 金融科技标准化实践	了解发达国家和国际组织的金融科技标准化工作情况
		熟悉国际金融标准化组织的金融科技标准化相关工作
		掌握我国金融科技标准的制定现状
	第三节 金融科技的应用场景范例	熟悉金融科技的主要应用场景
	第四节 《云计算技术金融应用规范 技术架构》	熟悉云计算标准的详细内容
	第五节 《云计算技术金融应用规范 安全技术要求》	
	第六节 《云计算技术金融应用规范 容灾》	
第七章 互联网金融标准化	第一节 互联网金融标准化概述	熟悉互联网金融的基本内涵及主要业务类型
		熟悉互联网金融标准化建设的重要性
		了解互联网金融标准体系框架
	第二节 个体网络借贷领域标准	熟悉网络借贷合同要素标准的相关内容
		熟悉网络借贷资金存管业务标准的相关内容
		熟悉网络借贷资金存管系统标准的相关内容
		熟悉网络借贷信息披露标准的相关内容
	第三节 互联网消费金融领域标准	掌握互联网消费金融的概念
		熟悉互联网消费金融标准的相关内容
	第四节 互联网非公开股权融资领域标准	掌握互联网非公开股权融资的基本概念，并理解其运作机理
		熟悉互联网非公开股权融资标准的相关内容

(续)

学习内容		学习目标
第八章 部分其他金融业务标准化	第一节 信托业标准化	熟悉集合资金信托计划文件示范文本的构成要素
	第二节 合作金融业标准化	熟悉合作金融标准化体系的构成
	第三节 金融租赁业标准化	熟悉《金融租赁服务流程规范》的内容
第九章 金融标准化趋势	第一节 金融国际化与金融标准化	了解金融国际化的概念、金融标准国际交流现状以及机遇
		熟悉金融国际化与金融标准化的关系以及如何推进"一带一路"沿线国家金融标准交流与合作
		掌握金融标准"引进来"和"走出去"的新使命
	第二节 金融创新与金融标准化	了解金融创新、绿色金融以及金融新业态的概念、金融新业态面临的挑战
		熟悉金融创新与金融标准化的关系以及推动我国绿色金融标准化工作的建议
		掌握金融创新对金融标准化建设提出的新要求和绿色金融标准化工程的内容
	第三节 金融风险防控与金融标准化	了解金融风险防控的概念
		掌握金融风险防控标准化工程的内容
	第四节 金融标准化基础能力与金融标准认证体系建设	熟悉金融标准化基础能力与金融标准认证体系的建设要求
		掌握如何推动金融标准化基础能力建设

目　录

编写说明
前　言
学习大纲

第一章　标准化发展概述 ·· 1
　　第一节　标准化的概念、作用及特点 ·· 2
　　第二节　标准的分类 ·· 8
　　第三节　标准体系 ··· 10
　　第四节　标准化的发展 ·· 15
　　第五节　标准化组织 ·· 17

第二章　金融标准化概述 ·· 22
　　第一节　金融标准的界定与我国金融标准化进程 ···································· 24
　　第二节　金融标准化的意义与目标 ·· 25
　　第三节　金融标准化的范围与内容 ·· 29
　　第四节　金融标准化的原则 ·· 31
　　第五节　金融标准化组织 ··· 34

第三章　银行业标准化 ·· 40
　　第一节　银行业标准化概述 ·· 42
　　第二节　银行业通用基础标准 ··· 45
　　第三节　银行业产品服务标准 ··· 54
　　第四节　银行业运营管理标准 ··· 60
　　第五节　银行业信息技术标准 ··· 62

	第六节	银行业行业管理标准 …………………………… 72
第四章	保险业标准化 …………………………………………… 75
	第一节	保险业标准化概述 ……………………………… 76
	第二节	保险业标准化基础类标准 ……………………… 80
	第三节	保险业标准化业务类标准 ……………………… 82
	第四节	保险业标准化管理类标准 ……………………… 86
	第五节	保险业标准化信息技术类标准 ………………… 87
	第六节	保险业标准化数据类标准 ……………………… 91
第五章	证券期货业标准化 ……………………………………… 98
	第一节	证券期货业标准概述 …………………………… 99
	第二节	证券期货业基础编码领域标准 ………………… 103
	第三节	证券期货业接口领域标准 ……………………… 107
	第四节	证券期货业信息披露领域标准 ………………… 112
	第五节	证券期货业技术管理领域标准 ………………… 115
	第六节	证券期货业信息安全领域标准 ………………… 117
	第七节	证券期货业业务领域标准 ……………………… 123
第六章	金融科技标准化 ………………………………………… 126
	第一节	金融科技标准化概述 …………………………… 127
	第二节	金融科技标准化实践 …………………………… 131
	第三节	金融科技的应用场景范例 ……………………… 133
	第四节	《云计算技术金融应用规范 技术架构》 ……… 141
	第五节	《云计算技术金融应用规范 安全技术要求》 … 148
	第六节	《云计算技术金融应用规范 容灾》 …………… 149
第七章	互联网金融标准化 ……………………………………… 158
	第一节	互联网金融标准化概述 ………………………… 159
	第二节	个体网络借贷领域标准 ………………………… 163
	第三节	互联网消费金融领域标准 ……………………… 179
	第四节	互联网非公开股权融资领域标准 ……………… 182

第八章　部分其他金融业务标准化 · 187

　　第一节　信托业标准化 · 188
　　第二节　合作金融业标准化 · 189
　　第三节　金融租赁业标准化 · 191

第九章　金融标准化趋势 · 196

　　第一节　金融国际化与金融标准化 · 198
　　第二节　金融创新与金融标准化 · 205
　　第三节　金融风险防控与金融标准化 · · · · · · · · · · · · · · · · · · · 213
　　第四节　金融标准化基础能力与金融标准认证体系建设 · · · · · · · · · · · 216

参考文献 · 219

第一章
标准化发展概述

💡 【学习目标】

1. 了解标准化的作用，了解按照涉及的范围划分标准，了解标准体系的概念及特点，了解标准化发展历程及国际标准化组织。

2. 熟悉标准化的特点，熟悉按照功能划分标准，熟悉标准体系框架，熟悉现代标准化，熟悉国家标准机构。

3. 掌握标准化的概念及内涵，掌握国家标准体系。

📋 【导入案例】

中国银联通过参与 EMVCo 实现支付业务创新的跨越式发展

EMVCo 是国际芯片卡及支付技术标准组织的简称。自 1999 年成立以来，EMVCo 长期致力于芯片卡标准制定。EMV 技术覆盖芯片卡、支付标记化、移动支付、二维码、远程支付等。2013 年 5 月，中国银联以股东成员身份加入 EMVCo，标志着中国银联的标准国际化工作迈上一个新台阶。通过深入参与 EMVCo，中国银联在实现标准国际化方面取得了一定成绩：

第一，二维码标准国际化。2016 年，中国银联开始积极向 EMVCo 介绍中国市场二维码的应用现状、技术难点以及对 EMV 二维码规范的建议。2017 年 7 月，EMVCo 相继发布《EMVCo 用户出示二维码模式技术规范 1.0 版》和《EMVCo 商户出示二维码模式技术规范 1.0 版》。

第二，依托国际标准，加速产品境外布局。在参与 EMV 规范制定的过程中，中国银联在国际标准中注入中国的创新活力。2013 年，中国银联向 EMVCo 申请将《银联非接内核规范》纳入 EMV 非接规范体系；2014 年 4 月，EMVCo 正式发布《EMV 非接规范——银联非接内核规范》；2015 年，在EMV下一代卡片规范制定过程中，中国银联力争使规范支持中国特有要求。

第三，主动对接国际标准，助推开放新格局。通过与国际标准的互动，中国银联标准的包容性不断提升。2014年3月，中国银联按照《EMV支付标记化技术框架》启动TSP（Token Service Platform）系统建设工作；2015年12月，中国银联的云闪付产品全面应用Token技术；2017年，中国银联按照《EMV 3DS规范》设计了3DS产品；2018年，中国银联的3DS产品正式对外提供服务。此外，中国银联也密切关注EMVCo在移动支付和线上支付领域的标准动态，通过业务分析、原型建设等途径，制定国际技术标准与中国技术标准的结合方案。

（资料来源：《金融电子化》，第10期）

问题：标准国际化战略对企业发展具有哪些重要意义？

第一节　标准化的概念、作用及特点

1. 标准的概念

（1）标准的定义

《中华人民共和国标准化法》（2017年修订）第二条规定：本法所称标准（含标准样品），是指农业、工业、服务业以及社会事业等领域需要统一的技术要求。

我国国家标准GB/T 20000.1—2014《标准化工作指南　第1部分：标准化和相关活动的通用术语》中对标准（Standard）的定义为：通过标准化活动，按照规定的程序经协商一致制定，为各种活动或其结果提供规则、指南或特性，供共同使用和重复使用的文件。

注1：标准宜以科学、技术和经验的综合成果为基础。

注2：规定的程序指制定标准的机构颁布的标准制定程序。

注3：诸如国际标准、区域标准、国家标准等，由于它们可以公开获得以及必要时通过修正或修订保持与最新技术水平同步，因此它们被视为构成了公认的技术规则，其他层次上通过的标准，诸如专业协（学）会标准、企业标准等，在地域上可影响几个国家。

（2）标准的要素

标准的要素包括对象、目的、制定规则、批准发布、内容和适用范围。六个要素的基本含义分别是：

对象——产品、过程或服务。
目的——获得最佳秩序（确保质量、提高效益等）。
制定规则——各方协商一致。
批准发布——公认的权威机构。
内容——科学、技术和经验的综合成果。
适用范围——一定范围内共同实施。

(3) 标准的内涵

为了更深入地理解标准内涵，可以归纳以下几点：第一，制定标准的出发点是为了在一定范围内获得最佳秩序。这里的最佳秩序是就一个特定语境中的整体或全局而言，语境变了，整体或全局的范围就变了。第二，标准是为各种活动或其结果提供规则、指南或特性，供共同使用和重复使用的文件。因此，标准必须回到实践中去指导实践才能发挥其作用，标准应该在时间和受众两个维度都得到一定范围的复用，才能得到检验和进一步发展。标准的制定、修订过程就是人类实践经验不断积累与不断深化的过程。第三，标准的本质特征是协调一致，这种协调一致既体现在标准的制定环节，也体现在标准的实施环节。第四，标准是以科学、技术和经验的综合成果为基础并经协商一致制定的。标准的内容不仅仅在学术上讲得通，还要在工程实践中用得上，且与实施标准环境的文化和惯例进行有效集成，标准的内容应符合客观规律并具有普遍性。第五，标准必须经公认机构的批准以保证其质量和权威性。所有标准都应满足以下要求：标准要有一定的科学性；标准要具备统一的格式；标准必须经过特定的程序产生且必须经权威部门审批发布。为了保障标准的科学性和实用性，标准要实施一系列的动态管理。

(4) 采标与质量认证

采标是指将国际标准或国外先进标准的内容，经过分析研究后不同限度地转化为国内标准（包括国家标准、行业标准、地方标准、团体标准和企业标准）并贯彻实施。国际标准是指国际标准化组织（ISO）、国际电工委员会（IEC）和国际电信联盟（ITU）以及ISO确认并公布的其他国际组织制定的标准。国外先进标准是指未经ISO确认并公布的其他国际组织的标准、发达国家的国家标准、区域性组织的标准、国际上有权威的团体标准和企业（公司）标准中的先进标准。

根据2016年修订实施的《中华人民共和国产品质量认证管理条例》，产品质量认证（以下简称认证）是依据产品标准和相应技术要求，经认证机构确认并通过颁发认证证书和认证标志来证明某一产品符合相应标准和相应技术要求的活动。根据2018年修订实施的《中华人民共和国产品质量管理法》，国家参照国际先进的产品标准和技术要求，推行产品质量认证制度；国家根据国际通用的质量管理标准，推行企业质量体系认证制度。认证的依据是标准和技术要求。标准作为被共同遵守的准则和依据，是发展生产、提高质量、促进贸易的衡量准则，自然成为质量认证的基础；认证的对象是产品，是贯彻标准和相应技术要求的一项质量监督活动；认证活动是由认证机构领导并实施的。按照国际标准化组织的要求，认证机构必须具备不受第一方（生产方）和第二方（使用方）经济利益所支配的第三方公正地位。

（5）制定标准的程序与原则

1）制定标准的程序。制定标准的工作大致可分为九个阶段：①预阶段；②立项阶段；③起草阶段；④征求意见阶段；⑤审查阶段；⑥批准阶段；⑦出版阶段；⑧复审阶段；⑨废止阶段。

2）制定标准的原则。①目标。制定标准的目标是规定明确且无歧义的条款，以便促进贸易和交流。为此，标准应达到的要求包括：在其范围所规定的界限内按需求力求完整、清楚和准确；充分考虑最新技术水平；为未来技术发展提供框架；能被未参加标准编制的专业人员所理解。②统一性。统一性是对标准编写及表达方式的最基本的要求。统一性强调的是标准内部（即标准的每个部分、每项标准或系列标准内）的统一，包括：标准结构的统一，即系列标准的章、条、段、表、图和附录的排列顺序一致；文体的统一，即类似的条款应由类似的措辞来表达，相同的条款应由相同的措辞来表达；术语的统一，即同一个概念应使用同一个术语；形式的统一，即标准的表述形式，诸如标准中条标题、图表标题的有无应是统一的。③协调性。协调性是针对标准之间的，它的目的是达到所有标准的整体协调。为了达到标准系统整体协调的目的，在制定标准时应注意与已经发布的标准进行协调。遵守基础标准和采取引用的方法是保证标准协调的有效途径，遵守标准将能够有效地提高标准的协调性。④适用性。适用性是指所制定的标准便于使用的特性。主要针对以下两个方面的内容：第一，适于直接使用；第二，便于被其他文件引用，如GB/T 1.1—2009《标准化工作导则 第1部分：标准的结构和编写》对层次设置、编号等的规定都是出于便于引用的考虑。⑤一致性。一致性是指起草的标准应以对应的国际文件（如有）为基础并尽可能与国际文件保持一致。起草标准时如有对应的国际文件，首先应考虑以这些国际文件为基础制定我国标准；在此基础上还应尽可能保持与国际文件的一致性，按照GB/T 20000.2—2009《标准化工作指南 第2部分：采用国际标准》确定一致性程度，即等同、修改或非等效。

⑥规范性。规范性是指起草标准时要遵守与标准制定有关的基础标准以及相关法律法规。

2. 标准化的概念

我国国家标准 GB/T 20000.1—2014《标准化工作指南　第 1 部分：标准化和相关活动的通用术语》关于标准化（Standardization）的定义为：标准化是为了在既定范围内获得最佳秩序，促进共同效益，对现实问题或潜在问题确立共同使用和重复使用的条款以及编制、发布和应用文件的活动。

注1：标准化活动确立的条款，可形成标准化文件，包括标准和其他标准化文件。

注2：标准化的主要效益在于为了产品、过程或服务的预期目的改进它们的适用性，促进贸易、交流以及技术合作。标准化领域（Field of Standardization）是指一组相关的标准化对象，例如工程、运输、农业、量和单位等均可视为标准化领域。

标准化是人类在长期生产实践过程中逐渐积累形成的一门重要的应用技术，其主要作用在于改进产品、过程、服务的适用性并提高其质量，防止与消除贸易壁垒并促进技术合作。随着社会的发展，标准化的对象、内容、工作方式也在不断地补充和变化。标准化是制定标准、实施标准的一系列活动，包括标准规划、标准体系、标准研究、标准制定、标准实施、标准评估、被标准主体的秩序化等一系列活动。

3. 标准化的内涵

理解标准化需要注意以下六个方面：①标准化是在一定范围内的活动。因此，标准化按照范围可分为国际标准化、区域标准化、国家标准化、行业标准化、团体标准化、地方标准化和企业标准化。②标准化是有组织的活动和过程。标准化的生命周期包括制定标准、实施标准、修订标准，这个过程不是一次就完结，而是不断循环、螺旋上升，每个循环都是标准对社会实践的适应。标准化的活动过程也体现了标准化的基本任务。③标准是标准化活动的成果和效果。标准化的效果只有当标准在实践中付诸实施后才能表现出来，而不是制定完一个或一组标准就实现了标准化。标准或标准体系只有被共同和反复使用才能产生应有效果。④标准化的对象和领域是随着时间推移而不断拓展和深化的。由于近年来科学技术飞速发展和市场竞争日益激烈，产品和服务不断向多样化方向发展，以往那种单一品种、大批量生产方式的标准化活动已不适用于当今社会。⑤标准化的目的和意义在于改进产品、过程和服务的适用性，提高服务质量、过程质量及产品质量。同时，经济全球化的发展趋势要求在国际贸易中采用国际标准作为消除贸易壁垒、促进技术进步的一种手段。⑥标准化不仅是对实际问题，也对潜在问题制定共同使用和重复使用的规则，以在一定范围内获得最佳秩序。

4. 标准化的作用

(1) 标准化能够提高生产经营效率

标准化有助于现代化生产经营和专业化协作生产经营。因此，标准化对产品生产、服务的操作和管理等行为发挥提高效率、提升效果、降低能耗等作用。市场经济越发展，越要求扩大企业间的横向联系，要求形成统一的市场体系和四通八达的经济网络。这种社会化的大生产必然要以技术上的高度统一与广泛协调为前提，而标准恰恰是实现这种统一与协调的手段。标准化通过现代化生产经营和专业化协作生产经营来降低产品成本，提高产品需求的精致化水平，促进规模效益。另外，标准化能够推动上下游相关产业发展，鼓励产业间贸易发展，而且标准在产业升级中发挥着技术支撑作用。

(2) 标准化能够提升管理水平

标准化为科学管理奠定了基础。随着生产的社会化和集约化程度越来越高，产品各部件、过程和服务各环节在技术和要求上要实现高度的统一和协调。标准及标准化有助于将社会化生产的技术参数、技术要求、技术规范等控制在一个合理、可实施的范围内，可为科学管理、信息传递提供技术保障。所以，各发达国家为适应工业现代化和社会化生产的局面，早就开始有组织、有计划地开展管理层面的标准化。通过制定和推行各种技术管理标准，使企业和社会的技术活动更简洁、科学和规范。科学管理的创始人弗雷德里克·温斯洛·泰勒（Frederick Winslow Taylor）把标准化引进了管理科学，把"使所有的工具和工作条件实现标准化和完美化"列为科学管理四大原理之一。他后来在美国工程师协会发表论文对科学管理的机制进行论述时，又进一步重申使所有专用工具、设备以及工人做各种工作时的每一个操作都达到标准化，把标准化作为实现科学管理的基础。

(3) 标准化能够激励科技创新并推动技术扩散与推广

标准化与科技创新具有内在的联系。标准既来源于创新，也是科技创新成果的总结，同时又是科技成果转化应用的桥梁和纽带。标准实施过程是成果普及推广的过程，在这个过程中往往会对科技创新提出新的需求，激发科技的再创新，科技再创新成果又能够再次标准化。科技创新不断提升标准水平，标准又不断促进科技成果转化，两者互为基础、互为支撑。标准的研发和科技创新联系越来越紧密、越来越趋于同步。标准研发逐步嵌入科技活动的各个环节，并为科技成果快速形成产业、进入市场提供重要的支撑和保障。产业经济效益更多地取决于科技创新和知识产权，技术标准已逐渐成为专利技术追求的最高体现形式。

（4）标准化有助于促进国际贸易

标准化已成为发展市场经济与促进贸易交流的技术纽带。不同国家和地区经济主体之间的各种商品交换和贸易往来往往通过合同契约的形式来进行。在这些合同中，一般都是通过引用标准来约定质量的要求，并以此作为供需双方检测质量的依据。在国际贸易中，世界贸易组织已经形成了一套国际贸易规则，其中贸易技术壁垒协定、技术法规、标准、合格评定都有明确的规定。因此，可以运用标准化手段，发展市场经济，促进国际贸易，维护国家利益。

当前国际贸易竞争十分激烈，产品标准和服务标准的先进与否将成为能否保住国内市场、占领国际市场的重要因素。如果市场主体不重视采用国际标准和国外先进标准，必将在国际市场上受到排挤而最终失去竞争力。标准化也是影响跨国引进项目能否成功的重要因素。无论引进成套设备还是引进先进技术，在提出引进项目的技术要求之前，都要认真地研究和分析与引进项目有关的标准，考察相应标准与国内现行标准的兼容性与差异。

（5）标准化是促进现代技术发展的重要平台

标准化作为人类社会的一种特定活动，过去主要解决产品零部件的通用和互换问题，现在正更多地与知识经济和高新技术相结合，成为现代技术发展的平台和通道，技术标准已经成为产业特别是高新技术产业竞争的关键。从一定意义上说，技术标准的竞争关系未来产品、未来市场和国家经济利益的竞争，技术标准越来越成为产业竞争的制高点。

5. 标准化的特点

1）系统性。标准化必须以系统的观点处理问题，并且要建立同技术水平和生产规模相适应的标准系统。

2）时代性。标准化要符合社会与经济发展的时代需要、顺应时代潮流，才能更好地发挥其应有的功能与作用。现代标准化必须紧密结合经济社会环境与人的和谐发展这一主题和产业演变趋势，为加快发展网络经济、绿色经济、低碳经济、人工智能等提供必要的标准化支撑。现代标准化重点指向高新技术产业，如新材料、新能源、生物技术、高端装备制造、海洋发展和高端服务业等；

现代标准化活动充分运用先进技术，如运用电子计算机和信息网络等，实现标准化信息检索、处理和信息反馈。

3) 国际性。随着经济全球化和金融一体化趋势不断加深，国际经济秩序和金融秩序的建立使得国际标准化成为现代标准化的主流，采用国际标准成为各国标准化工作的重要方针和政策。

第二节 标准的分类

1. 按照标准涉及的范围划分

按照标准化所涉及的地理、政治或经济区域的范围，标准可划分为国际标准、区域标准、国家标准、行业标准、地方标准、团体标准和企业标准。

（1）国际标准

国际标准（International Standard）是指国际标准化组织（ISO）、国际电工委员会（IEC）和国际电信联盟（ITU）以及 ISO 确认并公布的其他国际组织制定的标准。

（2）区域标准

区域标准（Regional Standard）是指由区域标准化组织或区域标准组织通过并公开发布的标准。目前有影响力的区域标准主要有欧洲标准化委员会（CEN）标准、欧洲电工标准化委员会（CENELEC）标准、欧洲电信标准协会（ETSI）标准、太平洋地区标准会议（PASC）标准、东盟标准与质量咨询委员会（ACCSQ）标准、泛美标准化委员会（COPANT）标准、非洲地区标准化组织（ARSO）标准、阿拉伯标准化与计量组织（ASMO）标准、计量与认证委员会（EASC）标准等。

（3）国家标准

国家标准（National Standard）是指由国家标准机构通过并公开发布的标准。我国的国家标准分为强制性国家标准和推荐性国家标准。

（4）行业标准

对没有推荐性国家标准、需要在全国某个行业范围内统一的技术要求，可以制定行业标准（Industry Standard）。行业标准由国务院有关行政主管部门制定，报国务院标准化行政主管部门备案。

（5）地方标准

为满足地方自然条件、风俗习惯等特殊技术要求，可以制定地方标准（Provincial Standard）。地方标准由省、自治区、直辖市人民政府标准化行政主管部门制定；设区的市级人民政府标准化行政主管部门根据本行政区域的特殊需要，经所在地省、自治区、直辖市人民政府标准化行政主管部门批准，可以制定本行政区域的地方标准。

（6）团体标准

团体标准（Association Standard）是指依法成立的社会团体为满足市场和创新需要，协调相关市场主体共同制定的标准。

（7）企业标准

企业可以根据需要自行制定，或者与其他企业联合制定企业标准（Company Standard）。

2. 按照标准的功能划分

下列术语和定义的目的既不是对标准进行系统的分类，也不是列出全部可能的标准类别，仅仅是给出一些常见的标准类别。这些类别相互之间并不排斥。例如，一个特定的产品标准，如果不仅规定了对该产品特性的技术要求，还规定了用于判定该要求是否得到满足的证实方法，也可视为规范标准。

（1）基础标准

基础标准（Basic Standard）是指具有广泛的适用范围或包含一个特定领域的通用条款的标准，基础标准在一定范围内可以直接应用，也可以作为其他标准的依据和基础。在某领域中，基础标准是覆盖面最大的标准，具有普遍的指导意义。基础标准既存在于国家标准、行业标准中，也存在于企业标准中，属于该领域中所有标准的共同基础。

（2）产品标准

产品标准（Product Standard）是指规定产品需要满足的要求以保证其适用性的标准。产品标准除了包括适用性的要求以外，也可直接包括或以引用的方式包括诸如术语、取样、检测、包装和标签等方面的要求，有时还可包括工艺要求。

产品标准根据其规定的是全部的还是部分的必要要求，可区分为完整的标准和非完整的标准。由此，产品标准又可分为不同类别的标准，如尺寸类、材料类和交货技术通则类产品标准。

若标准仅包括分类、试验方法、标志和标签等内容中的一项，则该标准分别属于分类标准、试验标准和标志标准，而不属于产品标准。

（3）服务标准

服务标准（Service Standard）是指规定服务需要满足的要求以保证其适用性

的标准。服务标准可以在诸如洗衣、饭店管理、运输、汽车维护、远程通信、金融、贸易等领域内编制。

（4）术语标准

术语标准（Terminology Standard）是指界定特定领域或学科中使用的概念的指称及其定义的标准。术语标准通常包含术语及其定义，有时还附有示意图、标注、示例等。

（5）符号标准

符号标准（Symbol Standard）是指界定特定领域或学科中使用的符号的表现形式及其含义或名称的标准。

（6）分类标准

分类标准（Classification Standard）是指基于诸如来源、构成、性能或用途等相似特性对产品、过程或服务进行有规律的排列或划分的标准。注：分类标准有时给出或含有分类原则。

（7）过程标准

过程标准（Process Standard）是指规定过程需要满足的要求以保证其适用性的标准。

（8）试验标准

试验标准（Testing Standard）是指在适合指定目的的精确度范围内和给定环境下，全面描述试验活动以及得出结论的方式的标准。

试验标准有时附有与测试有关的其他条款，如取样、统计方法的应用、多个试验的先后顺序等。适当时，试验标准可说明从事试验活动所需要的设备和工具。

（9）规范标准

规范标准（Specification Standard）是指规定产品、过程或服务需要满足的要求以及用于判定其要求是否得到满足的证实方法的标准。

第三节 标准体系

1. 标准体系的概念及特点

（1）标准体系的概念

标准体系是一定范围内的标准按其内在联系形成的科学有机整体。标准体系的组成单元是标准，标准体系实质上是标准的逻辑组合，是为使标准化对象具备一定的功能和特征而进行的组合。从这个意义上讲，标准体系内的各个标准都是为了一个共同的功能形成的,而不是各子系统功能的简单叠加。

从实践情况来看,一个国家实施标准化战略的重要内容就是要构建完善的标准体系。标准及标准体系的制定应当有利于科学合理利用资源,推广科学技术成果,增强产品的安全性、通用性、可替换性,提高经济效益、社会效益、生态效益,做到技术上先进、经济上合理。禁止利用标准实施妨碍商品、服务自由流通等排除、限制市场竞争的行为。另外,在同一体系中的标准,推荐性国家标准、行业标准、地方标准、团体标准、企业标准的技术要求不得低于强制性国家标准的相关技术要求。国家鼓励社会团体、企业制定高于推荐性标准相关技术要求的团体标准、企业标准[1]。

(2)标准体系的特点

标准体系的特点包括目的性、协调性、配套性、动态性、集合性、阶段性等。

1)目的性。标准体系的目的性即每一个标准体系都应该是围绕实现某一特定的标准化目的而形成的。

2)协调性。标准体系的协调性即体系内的各项标准在相关内容方面应衔接一致。构成标准体系的各项标准并不是独立的要素,标准之间相互联系、相互作用、相互协调、相互补充,从而构成完整标准统一体。

3)配套性。标准体系的配套性即体系内的各种标准应互相补充、互相依存,共同构成一个完整整体。标准体系内的各单元既相互联系又相互作用,既相互制约又相互依赖,它们之间任何一个发生变化,其他有关单元都要做相应的调整和改变。

4)动态性。标准体系的动态性即标准体系随着时间的推移和条件的改变应不断发展更新。标准体系存在于一定的经济体制和社会政治环境中,它必然要受经济体制、经济环境、社会政治环境的影响与制约。因此,标准体系必须适应其周围的经济体制、经济环境和社会政治环境的变化。

5)集合性。标准体系的集合性即标准体系是由多个可以相互区别的标准单元有机结合起来完成一定功能的系列标准综合体。随着现代社会的发展,标准体系的集合性日益明显,任何一个孤立标准都很难独自发挥其效应。从标准实施主体看,标准体系包括企业标准体系、行业(产业)标准体系、机关组织标准体系、公共服务标准体系、区域标准体系、事业单位标准体系及其他机构标

---

[1] 《中华人民共和国标准化法》(2017修订)

6）阶段性。标准体系具有阶段性特征，因为标准体系效应的发挥要求体系处于相对稳定状态，这是标准体系的一个显著特点。由于标准体系不是理想的自组织系统体系，它的发展阶段性是人为控制的，所以它的发展阶段常常同客观环境的发展步伐脱节，出现标准滞后于客观实际的现象。这也是有必要对标准体系进行阶段性控制的原因。

2. 国家标准体系

（1）国家标准体系的构成

国家标准体系由国家标准构成。国家标准是指对经济技术发展有重大意义、必须在全国范围内统一的标准。国家标准在全国范围内适用，其他各级标准不得与国家标准相抵触。国家标准一经发布，与其重复的行业标准、地方标准相应废止。国家标准体系包括强制性国家标准和推荐性国家标准。

1）强制性国家标准。强制性国家标准对应于保障人身健康和生命财产安全、国家安全、生态环境安全以及满足经济社会管理基本需要的技术要求。国家通过法律的形式明确要求对一些标准所规定的技术内容和要求必须执行，不允许以任何理由或方式加以违反、变更。不符合强制性国家标准的产品、服务，不得生产、销售、进口或者提供。强制性国家标准的范围主要涵盖保障人体健康，保障人身、财产安全的标准。

2）推荐性国家标准。推荐性国家标准是指国家鼓励自愿采用的具有指导作用而又不宜强制执行的标准，即标准所规定的技术内容和要求具有指导作用，允许使用单位结合自己的实际情况加以灵活选用。推荐性国家标准一般对应于满足基础通用需要、与强制性国家标准配套、对各有关行业起引领作用等的技术要求。在我国，推荐性国家标准在以下情况下必须执行：①法律法规引用的推荐性国家标准，在法律法规规定的范围内必须执行；②强制性国家标准引用的推荐性国家标准，在强制性国家标准适用的范围内必须执行；③企业使用的推荐性国家标准，在企业范围内必须执行；④经济合同中引用的推荐性国家标准，在合同约定的范围内必须执行；⑤在产品或其包装上标注的推荐性国家标准，则产品必须符合标准要求；⑥获得认证并标示认证标志销售的产品，必须符合认证标准。

（2）国家标准体系的形成

我国强制性国家标准由国务院批准发布或者授权批准发布。国家标准的制定与形成机制如下：国务院有关行政主管部门依据职责负责强制性国家标准的项目提出、组织起草、征求意见和技术审查。国务院标准化行政主管部门负责强制性国家标准的立项、编号和对外通报。国务院标准化行政主管部门应当对拟制定的强制性国家标准是否符合《中华人民共和国标准化法》(2017年修订)的规定进行立项审查，对符合规定的予以立项。省、自治区、直辖市人民政府标准化行政主管部门可以向国务院标准化行政主管部门提出强制性国家标准的立项建议，由国务院标准化行政主管部门会同国务院有关行政主管部门决定。社会团体、企业事业组织以及公民可以向国务院标准化行政主管部门提出强制性国家标准的立项建议，国务院标准化行政主管部门认为需要立项的，会同国务院有关行政主管部门决定。推荐性国家标准由国务院标准化行政主管部门制定。对满足基础通用、与强制性国家标准配套、对各有关行业起引领作用等需要的技术要求，可以制定推荐性国家标准。

制定强制性国家标准和推荐性国家标准，应当在立项时对有关行政主管部门、企业、社会团体、消费者以及教育、科研机构等方面的实际需求进行调查，对制定标准的必要性、可行性进行论证评估；在制定过程中，应当按照便捷有效的原则采取多种方式征求意见，组织对标准相关事项进行调查分析、实验、论证，并做到有关标准之间的协调配套。

3. 行业标准体系

行业标准体系由各行业标准及相关国家标准构成。行业标准构成是在全国范围内各行业统一的技术要求，即在全国范围的某一行业内统一的标准，属于对国家标准的补充。行业标准在相应的国家标准实施后即行废止，行业标准由行业标准归口部门统一管理。

行业标准分别对应其行业标准代号，如我国部分行业标准名称及代码分别为金融（JR）、石油天然气（SY）、化工（HG）、石油化工（SH）、机械（JB）、邮电（YD）、汽车（QC）、船舶（CB）、林业（LY）、水利（SL）。行业标准编码由行业标准代码、标准发布顺序号、发布年代号构成，其形式为××/T ××××—××××。例如，金融行业标准代码 JR/T 0065—2019 的含义是金融行业推荐性标准65号、2019年发布。

4. 地方标准体系

《中华人民共和国标准化法》(2017修订)规定，为满足地方自然条件、风俗习惯等特殊技术要求，可以制定地方标准。地方标准由省、自治区、直辖市人民政府标准化行政主管部门制定；设区的市级人民政府标准化行政主管部门根据本行政区域的特殊需要，经所在地省、自治区、直辖市人民政府标准化行政主管部门批准,可以制定本行政区域的地方标准。地方标准由省、自治区、直辖市人民政府标准化行政主管部门报国务院标准化行政主管部门备案,由国务院标准化行政主管部门通报国务院有关行政主管部门。县级以上人民政府标准化行政主管部门、有关行政主管部门依据法定职责,对标准的制定进行指导和监督,对标准的实施进行监督检查。

5. 团体标准体系

我国《团体标准管理规定》关于团体标准的定义为:团体标准是依法成立的社会团体为满足市场和创新需要,协调相关市场主体共同制定的标准。在我国,国家鼓励学会、协会、商会、联合会、产业技术联盟等社会团体协调相关市场主体共同制定满足市场和创新需要的团体标准,由本团体成员约定采用或者按照本团体的规定供社会自愿采用。制定团体标准,应当遵循开放、透明、公平的原则,保证各参与主体获取相关信息,反映各参与主体的共同需求,并应当组织对标准相关事项进行调查分析、实验、论证。国务院标准化行政主管部门会同国务院有关行政主管部门对团体标准的制定进行规范、引导和监督。

6. 企业标准体系

企业标准体系是各类企业标准及上述相关标准的有机组合。企业标准是指企业所制定的产品标准和在企业内需要协调、统一的技术要求和管理、工作要求所制定的标准。企业标准是企业组织生产、经营活动的依据,是为满足在企业范围内需要协调、统一的技术要求、管理要求和工作要求而制定的。企业标准由企业制定,由企业法人代表或法人代表授权的主管领导批准、发布。企业生产的产品没有国家标准、行业标准和地方标准的,应当制定企业标准,作为组织生产的依据;对已有国家标准、行业标准和地方标准的,国家鼓励企业制定严于国家标准、行业标准或地方标准的企业标准,在企业内部适用。

国家实行团体标准、企业标准自我声明公开和监督制度。企业应当公开其执行的强制性标准、推荐性标准、团体标准或者企业标准的编号和名称;企业执行自行制定的企业标准的,还应当公开产品、服务的功能指标和产品的性能指标。国家鼓励团体标准、企业标准通过标准信息公共服务平台向社会公开。企业应当按照标准组织生产经营活动,其生产的产品、提供的服务应当符合企业公开标准的技术要求。

第四节　标准化的发展

1. 我国古代标准化

（1）我国古代标准化活动

我国古代由于商品交易的便利性需要，出现了货币及其他度量衡的起源与发展。度量衡逐渐发展涉及各国钱币、商代骨尺、东汉斛（器皿）等。秦朝时期，嬴政统一全国货币、文字、度量衡（商鞅方升）的本质就是标准化。秦始皇兵马俑是国际公认迄今发现的保存最好、最完整的标准化作品之一。秦三棱箭头是按照相同的技术标准铸造出来的，湖北地区出土的秦青铜剑与兵马俑中的相同。秦军使用的弩机，由于制作得十分标准，部件可以互换。因此，在战场上，秦军士兵可以把损坏的弩机中仍旧完好的部件重新拼装使用，极大地提高了装备效率和战斗力。

北宋毕昇在1041—1048年发明的活字印刷术被誉为标准化发展历史上的里程碑，毕昇成功地运用了标准单元、分解组合、重复利用以及互换性等标准原则和方法；在宋代，由官方编写的110卷《军器法式》中有47卷是军器制造规范技术标准；北宋绍圣四年（1097年），李诫编写的《营造法式》是我国古代最早、内容最丰富的建筑学著作，是一部由官方向全国发行的建筑标准性质的专著。

明朝李时珍所著的《本草纲目》，不仅记载了药物的种类、特性，还记录了药物的制备方法、方剂等，是药剂方面典型的标准化文献。

（2）我国古代标准化的特征

1）标准由主要靠摸索和模仿形式产生变为有意识的制定。

2）标准化活动涉及范围逐渐扩大。

3）标准化活动中的政治和军事因素增加。

4）标准化还不是一项专门的有组织的活动。

5）标准化没有系统的理论指导。

6）标准化发展不平衡。

2. 近代标准化

（1）近代标准化活动

18世纪，蒸汽机的发明带来了第一次工业革命，劳动方式由人工转向机器和工厂，生产秩序化、统一化和分工协作生产方式的要求凸显，开启了近代工业标准化时代。美国的伊莱·惠特尼（Eli Whitney）利用互换性原理生产了标准化的零件，提高了生产效率。因此，惠特尼也被誉为美国现代工业标准化之父。1834年，英国人约瑟夫·惠特沃斯（Joseph B. Whitworth）提出第一个螺纹牙型标准，瑟韦特瓦尔则进一步提出统一螺纹螺母的形式和尺寸，为实现互换性奠定了技术标准基础。在此基础上，英国的约瑟夫·布拉马（Joseph Bramah）和亨利·莫兹利（Henry Maudslay）发明了机床溜板式刀架，可生产具有互换性的螺纹。美国著名管理大师泰勒的著作《科学管理原理》为管理标准化和以标准化为基础的科学管理奠定了基础。亨利·福特（Henry Ford）根据泰勒的理论，简化汽车品种和工序，进行零部件规格化、标准单一化和生产专业化，提高了生产效率，降低了成本。

20世纪初，标准化由企业层面上升到国家层面，各国纷纷建立了自己的国家标准化组织。1901年，英国成立了世界上第一个国家标准化组织——英国工程标准委员会（1931年改为英国标准学会BSI）。这是世界上第一个标准化组织，标志着标准化从此步入一个新的发展阶段。1906年，英国公布了公差的国家标准。1918年，美国、瑞士、法国成立了国家标准化组织。

20世纪初，由于国际贸易往来的增加，国际经济、技术合作的需要，标准化由国家层面向国际层面发展，国际性的标准化组织也陆续成立，例如1906年国际电工委员会（IEC）成立。

（2）近代标准化的特征

1）标准化的领域和标准的作用范围扩大。

2）标准化逐渐成为一种有组织的活动。

3）标准化的形式多样化。

4）标准化理论研究广泛开展。

5）标准化对象日趋复杂，配套标准逐渐增多。

6）军工产品标准化在整个工业标准化中起到带头作用。

3. 现代标准化

（1）现代标准化活动

1946年国际标准化组织（ISO）成立，意味着进入了现代标准化时代。伴随着新一轮科技革命和产业变革加速推进，经济全球化深入发展，标准化在规范社会治理中的作用日益凸显，标准化战略成为越来越多的国家和地区提高自主创新能力和核心竞争力的重大战略之一。世界各国纷纷利用科技资源优势，加快创新布局，视标准为治理的一个重要手段。

进入21世纪，国际上出现了标准化战略热，主要发达国家和一些发展中国家相继发布了标准化战略。欧盟1999年10月通过了欧洲理事会决议,要建立强大的欧洲标准化体系,对国际标准化产生更大的影响。美国基于2000年制定的美国国家标准战略（National Standards Strategy for the United States, NSS）,经过两次修订,于2015年形成美国标准战略（United States Standards Strategy, USSS）,为行业、政府、消费者和标准开发者的利益相关方提供了核心框架,旨在通过标准化提高其全球竞争力。

(2) 现代标准化的特点

1) 注重系统性。标准化必须从系统的观点处理问题,并且要建立同技术水平和生产规模相适应的标准系统。

2) 目标和手段现代化。目标指向高新技术产业和服务业,如新材料、新能源、生物技术、高端装备制造、海洋发展等;标准化活动运用先进的电子计算机和信息网络等手段实现信息检索、处理和信息反馈活动。

3) 国际性。随着国际经济秩序的建立,国际标准化成为现代标准化的主流,采用国际标准成为各国标准化工作的重要方针和政策。

第五节 标准化组织

1. 国家标准机构

国家标准机构是指有资格作为相应国际标准组织和区域标准组织的国家成员,在国家层面上公认的标准机构。国家标准机构往往下设专业标准化技术委员会（TC）,是一定专业领域内从事全国性标准化工作的技术工作组织。标准化技术委员会又下设分技术委员会（SC）和工作组（WG）。下面介绍几个与金融密切相关的国家标准机构:

(1) 中华人民共和国国家标准化管理委员会

我国国家市场监督管理总局对外保留国家标准化管理委员会牌子,以国家标准化管理委员会的名义,下达国家标准计划,批准发布国家标准,审议并发布标准化政策、管理制度、规划、公告等重要文件;开展强制性国家标准对外通报;协调、指导和监督行业、地方、团体、企业标准工作;代表国家参加国际标准化组织、国际电工委员会和其他国际或区域性标准化组织;承担有关国际合作协议签署工作;承担国务院标准化协调机制日常工作。

(2) 美国标准学会

美国标准学会（American National Standards Institute, ANSI）成立于1918年。ANSI是非政府性的标准化团体,实际上已成为国家标准化中心。该学会本身仅制定少部分标准，多数标准是由胜任的技术团体或专业团体、行业协会及其他自愿将标准送交 ANSI 批准的机构制定的。ANSI 的主要任务是：协调美国国家标准的制定、批准美国国家标准、与各级政府保持联系。ANSI 由董事会、执行委员会和专业技术委员会等组成，会员包括 200 多个制定标准的专业团体、行业协会和 1000 多个公司，总部设在美国纽约。

(3) 英国标准学会

英国标准学会（Bromeliad Society International，BSI）成立于 1901 年，当时称为英国工程标准委员会，经过 100 多年的发展，现在已成为世界知名的，集标准研发、标准技术信息提供、产品测试、体系认证和商检服务五大互补性业务于一体的国际标准服务提供商，面向全球提供服务。BSI 目前在世界 110 个国家和地区设有办事处或办公室，拥有员工 5500 多人，其中 75% 在国外。作为全球权威的标准研发和国际认证评审服务提供商，BSI 倡导制定了世界上流行的 ISO 9000 系列管理标准，在全球多个国家拥有注册客户，注册标准涵盖质量、环境、健康和安全、信息安全、电信和食品安全等几乎各类领域。

(4) 法国标准协会

法国标准协会（Association Francaise de Normalisation，AFNOR）是由法国政府承认和资助的全国性标准化机构，成立于 1926 年，总部设在法国巴黎。1941 年 5 月 24 日，法国政府颁布法令，确认 AFNOR 为全国标准化主管机构，并在政府标准化管理机构——标准化专署领导下，按政府指示组织和协调全国标准化工作，代表法国参加国际和区域性标准化机构的活动。AFNOR 在国内主要地区设有 7 个代理机构和 32 个网点，承担着信息传递、标准应用咨询等业务。AFNOR 于 1947 年代表法国加入国际标准化组织（ISO），又是欧洲标准化委员会（CEN）的创始成员团体。AFNOR 在国际和区域标准化活动中做出了重要贡献。

2. 国际标准化组织

(1) 国际标准化组织

国际标准化组织（International Organization for Standardization，ISO）是世界上最大的非政府性标准化专门机构和十分重要的组织，前身是国家标准化协会国际联合会和联合国标准协调委员会。ISO 成立于 1946 年，由世界上 160 多个国家的国家标准化团体组成，其宗旨为在全世界促进标准化及有关活动的发展。ISO 的任务包括：制定和出版 ISO 国际标准，采取措施以便在世界范围内实施；协调全球的标准化工作；组织各成员和各技术委员会进行技术交流；与其他国际组织进行合作，共同研究有关标准化问题。ISO 制定和出版国际标准的内容涉及广泛，其技术领域涉及信息技术、金融服务、交通运输、农业、保健和环境等。

ISO 全体大会是 ISO 的最高权力机构，其组织机构还包括理事会、政策制定委员会、技术管理局、中央秘书处、标准物质委员会、技术委员会，总部和中央秘书处设在瑞士日内瓦，负责组织协调 ISO 的日常工作，发布国际标准。截至 2019 年，ISO 下设 247 个技术委员会（TC）、532 个分技术委员会（SC）、2000 多个工作组（WG）。著名的 TC 176 "质量管理技术委员会"负责 ISO 9000 族标准，TC 207 "环境管理技术委员会"负责 ISO 14000 族标准。其中，TC 68 "金融服务技术委员会"、TC 222 "个人理财技术委员会"、TC 322 "可持续金融技术委员会"涉及金融服务、个人理财与理财师、可持续金融领域标准化等金融标准化工作。

（2）国际电工委员会

国际电工委员会（International Electrotechnical Commission，IEC）成立于 1906 年，总部位于瑞士日内瓦。IEC 是世界上成立最早的国际性电工标准化机构，负责有关电气工程和电子工程领域中的国际标准化工作。IEC 的宗旨是：促进电气、电子工程领域的标准化及有关事项的国际合作，增进国与国之间的相互了解。1947 年，IEC 曾作为一个电工部门并入 ISO，1976 年又从 ISO 中分离出来。

1976 年，ISO 与 IEC 再次达成新协议，规定 ISO 和 IEC 都是法律上独立的团体，是互为补充的国际标准化组织。IEC 负责电气工程和电子工程领域的标准化工作，其他领域则由 ISO 负责，两个组织保持密切协作。

IEC 成员包括正式成员、联系成员、准联系成员，并规定：一个国家只能有一个机构以国家委员会的名义参加 IEC，其中正式成员可参加各项活动且有投票权，联系成员只能以观察员身份参加所有会议但无投票权，准联系成员是尚未建立国家委员会的国家。IEC 每年要在世界各地召开 100 多次国际标准会议，世界各国的许多专家参与了 IEC 的标准制定和修订工作。IEC 设有多个技术委员会（TC）和分技术委员会（SC）。

（3）国际电信联盟

国际电信联盟（International Telecommunication Union，ITU）是主管信息通信技术事务的联合国机构，负责分配和管理全球无线电频谱与卫星轨道资源，制定全球电信标准，向发展中国家提供电信援助，促进全球电信发展。ITU 最早成立于 1865 年，旨在促进国际通信网络的互联互通。1865 年 5 月 17 日，法国、德国等 20 个国家的代表在法国巴黎签订了《国际电报公约》，国际电报联盟

（International Telegraph Union）宣告成立。随着电话与无线电的应用与发展，ITU的职权不断扩大。1906年，德国、英国、法国、美国、日本等27个国家的代表在德国柏林签订了《国际无线电报公约》。1932年，70多个国家的代表在西班牙马德里召开会议，将《国际电报公约》与《国际无线电报公约》合并，制定了《国际电信公约》，并决定自1934年1月1日起正式改称为"国际电信联盟"。经联合国同意，1947年10月15日，国际电信联盟成为联合国的一个专门机构，其总部由瑞士伯尔尼迁至日内瓦。ITU的组织结构主要分为电信标准化部门（ITU-T）、无线电通信部门（ITU-R）和电信发展部门（ITU-D）。ITU每年召开一次理事会，每四年召开一次全权代表大会、世界电信标准大会和世界电信发展大会，每两年召开一次世界无线电通信大会。

ITU的宗旨是：保持并扩大国际合作，以改进和合理使用各种电信手段；促进技术设施的发展和应用，以提高电信业务效率；研究制定和出版国际电信标准并促进其应用；协调各国在电信领域的行为，促进并提供对发展中国家的援助。

3. 部分国际区域性标准化组织

（1）欧洲地区的标准化机构

欧洲标准化体系的构成主要包括欧洲标准化委员会（CEN）、欧洲电工标准化委员会（CENELEC）及欧洲电信标准协会（ETSI）。它们是目前欧洲最主要的标准化组织，也是接受委托制定欧盟协调标准的标准化机构。

欧洲标准化委员会（Comité Européen de Normalisation，CEN）成立于1961年，位于比利时布鲁塞尔。CEN由欧洲经济共同体、欧洲自由贸易联盟所属的国家标准化机构组成，其职责是贯彻国际标准，协调各成员的标准化工作，加强相互合作，制定欧洲标准及从事区域性认证，以促进成员之间的贸易和技术交流。

欧洲电工标准化委员会（Comité Européen de Normalisation Electrotechnique，CENELEC）成立于1973年，位于比利时布鲁塞尔，属于非营利性组织。按照欧洲委员会83/189/EEC指令，CENELEC已被正式确定为欧洲电工领域的标准组织。CENELEC的主要任务是协调各成员电子电工方面的标准，制定有关的欧洲标准，开展电工产品的合格认证。目前CENELEC标准有4500多个。

欧洲电信标准化协会（European Telecommunications Standards Institute，ETSI）成立于1988年，位于法国尼斯，属于非营利性组织。其主要任务是制定适用于欧洲及更大范围的电信标准，并且在标准和其他技术文件领域内为国际电信标准化更好地发挥欧洲的作用。

(2) 亚洲太平洋地区的标准化机构

太平洋地区标准会议（Pacific Area Standards Congress，PASC）成立于1972年，是一个自愿性组织。其主要任务是为太平洋沿岸国家和地区提供区域性论坛，推动区域标准化工作的开展，加强和便利与相关国际标准化组织，特别是与ISO、IEC、ITU之间的沟通与交流，以便于各成员相互咨询和联络，进而维护本地区各国的利益。PASC已成为ISO/IEC的正式区域性联络组织，太平洋沿岸国家和地区的ISO、IEC成员都可成为PASC成员。PASC一般不制定区域性标准，而是致力于国际标准在本地区的推广采用，促进地区贸易，并就有关国际标准化问题做出决议并提交ISO/IEC考虑。PASC于1994年设立标准与合格评定常设委员会（PASC/SC），主要承担亚太经济合作组织（APEC）交付PASC的标准与合格评定工作及PASC提交的其他工作。

除上述部分国际区域性标准化组织外，区域性标准化机构还包括：泛美技术标准委员会（COPANT），成立于1947年；中美洲工业与技术学会（ICAITI），成立于1956年；加勒比共同市场标准理事会（CCMSC），成立于1973年；非洲地区标准化组织（ARSO），成立于1981年；阿拉伯标准化与计量组织（ASMO），成立于1958年；东盟标准与质量咨询委员会（ACCSQ），成立于1994年；亚太经济合作组织/贸易与投资委员会/标准与合格评定分委员会（APEC/CTI/SCSC），成立于1989年（我国于1991年加入该组织）等。

【本章小结】

本章系统介绍了标准的概念、标准的作用、标准的分类、标准化的概念、标准体系的概念、特点以及标准体系类型、标准化的发展历程、标准化组织等内容。通过对上述内容的学习，可以了解标准的概念、标准化的作用、标准化的发展过程等，并熟悉我国标准体系及标准化组织等。

【思考题】

1. 标准的概念及作用是什么？
2. 按照标准涉及的范围划分，标准可分为哪几个类别？
3. 制定标准的原则有哪些？

第二章
金融标准化概述

【学习目标】

1. 了解金融标准的界定,了解金融标准化的意义、范围以及金融标准化原则的具体内容,了解国家金融标准化机构。

2. 熟悉我国金融标准化进程,熟悉金融标准化的目标、原则及内容分类,熟悉国际金融标准化组织。

3. 掌握我国金融标准体系。

【导入案例】

坚持以人民为中心推进金融标准化建设

习近平总书记指出:"金融要为实体经济服务,满足经济社会发展和人民群众需要。""我们要抓住完善金融服务、防范金融风险这个重点,推动金融业高质量发展。"党的十八大以来,金融标准化工作贯彻落实党中央、国务院决策部署,坚持以人民为中心的发展思想,在普惠金融、货币金银、金融科技、网络安全等领域积极探索金融标准为民利企。

1. 金融标准提升普惠金融服务水平

银行营业网点是重要的金融服务场所和金融产品分销渠道,是金融服务人民群众的直接窗口,也是我国普惠金融的重要组成部分。

为满足人民群众日益增长的金融服务需求,不断提升银行网点服务水平,2015年,中国人民银行会同国家标准化主管部门组织消费者协会、标准研究机构、商业银行制定发布了《银行营业网点服务基本要求》《银行营业网点服务评价准则》两项国家标准,规定了银行网点在服务环境和功能、服务管理、消费者权益保护等方面的基本要求,提出了网点员工主动告知客户相关服务项目及价格等 94 项具体评价指标,既为消费者衡量银行服务质量提供了标尺,又为银行网点提升服务水平设定了达标线。

截至 2018 年年底,全国 20 多万家银行营业网点以不同形式开展了贯标工作,60% 以上的营业网点实现对标达标,超过 1 万家营业网点通过第三方认证。网点服务环境得到优化、服务功能不断完善、服务效率显著提高,员工服务客户的积极性和主动性大幅提高,客户等候时间显著降低。

2. 金融标准提升货币金银服务和风险防控水平

以维护人民群众切身利益为出发点,中国人民银行加快制定和实施货币金银标准,2017 年、2018 年先后发布了《不宜流通人民币 纸币》《不宜流通人民币 硬币》《人民币现金机具鉴别能力技术规范》等标准,提高了不宜流通人民币回收管理和现金机具管理的标准化程度,提升了全社会的假币鉴别能力。

在标准的支持下,不宜流通人民币回笼力度加强,流通中人民币的整洁度随之提升,假币阻截能力提高,货币流通环境得到净化,这不仅让老百姓"用干净钱、用放心钱",而且有效降低了相关企业成本,支持我国现金机具生产企业高质量发展。

3. 金融标准提升金融科技发展和风险防控水平

进入 21 世纪,移动互联网、云计算、大数据、人工智能等技术突飞猛进,与金融业务深度融合,催生出移动支付等金融科技新业态,给金融业高质量发展带来前所未有的重要机遇。

2012 年至今,中国人民银行联合相关部门围绕移动支付制定发布了约 50 项金融标准,涵盖标识编码、安全规范、接口要求等各个环节,同时采用"金融标准 + 检测认证"方式,规范事前准入和事中监管,并做到风险可控,支持我国移动支付行业快速发展,为人民群众提供高效、便捷、安全的移动支付服务。

2017 年以来,中国人民银行先后制定发布了《移动终端支付可信环境技术规范》《云计算技术金融应用规范》《移动金融基于声纹识别的安全应用技术规范》等多项金融科技标准,充分发挥标准在金融科技应用与发展方面的规范引领作用,有效推动金融与信息技术融合发展,满足互联网时代高并发、大流量、多频次的金融交易需求。目前,中国人民银行正积极研究制定大数据、区块链、开放银行等标准规范,进一步引导金融科技健康有序发展。

4. 金融标准提升金融网络安全风险防控水平

金融安全是金融发展的基础，不仅事关金融稳定，更关系到人民群众切身利益。金融业务高度依赖信息技术，金融网络安全标准是确保金融信息安全、降低运行风险的有效工具。

2012年至今，中国人民银行先后发布实施了《网上银行系统信息安全通用规范》《金融行业信息系统信息安全等级保护测评指南》《金融业信息系统机房动力系统规范》等标准，为保护人民群众财产安全提供标准支撑。

金融网络安全标准不仅有助于提升金融网络安全防护水平，促进金融服务数字化发展，而且给安全设备和安全服务行业带来了广阔的发展机遇，催生了一批具备广泛知名度的移动安全企业，这些企业的成长进步也支持了金融标准的有效落地。

当前，金融标准缺失、部分金融标准老旧问题依然存在，金融产品服务标准数量仍显不足，还不能满足金融高质量发展的要求。下一步，我们将以习近平新时代中国特色社会主义思想为指导，进一步增强金融标准化工作的使命感，加大金融标准，尤其是产品服务标准供给，进一步推进为民利企标准的实施，发挥标准在服务实体经济中的作用，助力提升小微企业、民营企业、脱贫攻坚等重点领域的金融服务能力。

（资料来源：《人民日报》2019年04月11日第10版，作者为中国人民银行副行长、全国金融标准化技术委员会主任委员范一飞）

第一节 金融标准的界定与我国金融标准化进程

1. 金融标准的内涵

金融业属于服务业，金融服务领域需要统一的技术要求。因此，金融标准应该是涉及金融服务各要素（供方、顾客、支付、交付、沟通等）以及金融服务能力、金融服务流程、金融服务设施设备、金融服务环境、支撑金融产品服务的信息和通信技术要求、金融服务评价等一系列标准规范。

2. 金融标准的外延

我国著名标准化科学家麦绿波博士在《标准化学——标准化的科学理论》一书中，将广义的标准定义为统一化的约定集合。统一化是标准化的本质，也是标准实施的目的。统一化有范围性的统一化，有国际、国家、行业、地方、团体、企业等范围。约定具有协商、认同、认定的含义。按照广义标准的概念，以下涉及金融的部分约定内容都是标准：中国人民银行发布的《条码支付业务规范》、中国银行保险监督管理委员会（简称银保监会）发布的《商业银行账簿利率风险管理指引》、中国证券监督管理委员会（简称证监会）等联合发布的《企业内部控制基本规范》、欧盟委员会发布的《交易报告监管技术标准》及《未经中央对手方清算的场外衍生品合约风险缓释技术的监管技术标准》、国际清算银行牵头制定发布的《金融市场基础设施规则》、巴塞尔银行监管委员会制定的《有效银行监管的核心规则》、国际证监会组织制定的《证券监管的目的和原则》等。

3. 我国金融标准化进程

自1991年全国金融标准化技术委员会（简称金标委）成立至今，我国金融标准化事业总体上经历了探索起步、快速发展、全面推进三个阶段。

2000年以前，我国金融标准化从无到有，在探索中起步，先后制定发布金融国家标准、金融行业标准约20项。其中，全国清算中心代码标准、银行卡发卡行标识代码及卡号标准等，对支持我国支付清算体系建设、促进银行卡应用起到了积极作用。

进入21世纪，金融信息化进程步入快车道，对标准的需求日益增强，金融标准化建设快速发展。2001—2012年，共制定发布金融国家标准、行业标准130余项，是2000年以前总量的6倍。其中，银行集中式数据中心标准、银行卡联网技术标准、征信数据标准、证券公司信息技术管理标准、保险术语等标准的制定实施，有力支持了国民经济和金融业发展。与此同时，我国于2004年成为国际标准化组织金融服务技术委员会（ISO/TC 68）的正式成员，金融标准化与国际接轨步伐进一步加快。

中国共产党第十八次全国代表大会（简称中共十八大）以来，金融标准化工作全面发展，制定发布金融国家标准、行业标准150余项，相当于前20多年的总和。金融团体标准应运而生并蓬勃发展，发布了互联网金融等20多项团体标准。金融标准对金融部门和金融市场的覆盖日趋健全。

第二节　金融标准化的意义与目标

1. 金融标准化的意义

（1）金融标准化有助于发挥金融功能

金融活动有序运行、金融业竞争能力和抗风险能力提升，是金融功能得以发挥的前提。金融标准化将有助于金融活动在标准和规则下良性有序运行，提升金融业的竞争能力和抗风险能力。因此，科学合理的金融标准和完善的金融标准体系有利于金融综合功能的发挥。金融标准建设就是通过有效规范金融从业者的服务过程、服务内容、服务支撑以及人才培养、评价体系制度的科学规划，从金融产品、服务及专业人才等金融供给侧进行改革，使金融业能更有效地担负起支持经济脱虚向实、致力扶持实业转型升级的重任。

（2）金融标准化有助于防范金融风险

加强金融服务标准化建设有助于防范金融风险。完善金融风险管控标准体系有助于规范金融业务开展并为金融机构提供风险管理指引，是金融行业规范、平稳发展的基本要求。随着银行、证券、保险等主流金融业态借助金融科技持续快速发展，新兴金融业态不断涌现，容易导致金融业出现新风险。此外，全球化背景下的资产配置和复杂金融工具的出现及推广也将对风险管理和防控提出新的挑战。金融标准化可以促进创新业务和金融新兴业态的规范发展，金融标准通过为金融制度与监管措施提供保障以防范、化解风险。制定并实施金融科技、监管科技、金融基础设施、金融统计、金融信息安全等金融标准，将有利于系统性金融风险的识别、预警和主动防范及化解。金融标准的颁布实施使得银行与其他金融机构和金融市场密切配合变得更加顺畅、合规，从而有助于强化政府对金融风险的监管。

（3）金融标准化有助于促进金融国际化

金融标准化建设是一国在全球经济和金融一体化、国际贸易和服务竞争中的重要手段。谁主导先进的金融标准，谁就将在金融市场竞争中抢占先机。只有积极参与国际金融标准制定、推动一国先进的金融标准"走出去"，才能提升该国在国际金融标准制定中的话语权并推进金融业双向开放。因此，在国际金融业的竞争和发展中，制定和掌握金融标准具有重要的战略意义。我国金融标准化建设起步晚，但随着我国经济和金融国际地位的提高，我国在金融标准制定方面要不断提升竞争力和话语权，为我国经济社会发展营造良好金融生态环境。同时，金融标准"走出去"将促进"一带一路"国际合作，促进政策、规则、标准"三位一体"的联通，为设施联通、贸易畅通、资金融通提供机制保障。

金融标准化有助于提高金融业国际竞争力。各国纷纷提出符合本国国情的金融标准国际化的诉求。我国金融IC卡标准已成为新加坡、泰国、韩国、马来西亚等国家发卡业务的技术标准，这是我国金融标准"走出去"的一项重要成果。

(4) 金融标准化有助于规范金融秩序

标准决定质量，科学合理的金融标准是金融机构公平竞争、行业有序发展、市场有效运行的前提。互联网金融、数字金融、科技金融快速发展，人民币国际化及金融国际化不断深化，必然促使金融新业态不断涌现和金融创新提速，尤其是金融创新，会促使金融业务交叉地带和综合经营越来越多，未来金融市场必将向多元、多层次、综合经营模式演变。高质量的金融产品和服务标准能够为金融业发展创造良好的金融生态，能够规范金融发展秩序，促进金融产品和金融服务创新。完善现代金融标准体系也有利于对金融消费者权益进行保护，进而引导金融业发展同经济社会发展相协调。

(5) 金融标准化有助于提高金融效率

金融标准化建设有助于提高金融业效率、降低金融业成本、提升金融业服务质量。例如，金融账户数据标准化具有提高开户效率、提升金融服务质量、控制金融操作风险、透明办理过程等优势，减少了各环节的时间损耗，从标准上规范了业务流程。

金融标准支持和促进金融科技创新，金融科技有助于金融效率提升。金融标准可以把金融科技创新的内容具体化，形成当前金融科技领域的共识性基础，从而将该行业与领域的整体水平提高到共识基础之上。因此，金融标准是保证金融科技守正创新的基础。

2. 金融标准化的目标

金融标准化的根本目标是获得最佳的金融秩序，促进最佳的社会经济效益。获得最佳的金融秩序是指通过实施金融标准使标准化对象的有序化程度提高，发挥金融的最佳功能；促进最佳的社会经济效益就是要发挥出金融标准的最佳系统效应。

(1) 促进金融创新以提升金融效率

提升金融效率是充分发挥金融功能的必要条件之一。金融科技作为新形势下金融与科技深度融合的产物，正在给金融功能的实现形式、金融市场的组织模式、金融服务的供给方式带来影响。金融科技为金融业规范可持续发展与金融监管带来一系列新机遇和新挑战，如在金融供给主体、客户群体、金融风险、创新实践等方面呈现的趋势为金融业规范发展带来了一些新的挑战。

①金融服务供给主体的多样性。随着金融业分工日趋市场化、专业化、精细化，金融产业链和生态圈不断拓展，金融科技供给主体金融属性和科技属性的边界变得日益模糊，供给侧重于机构监管的传统金融监管方式带来挑战。

②普惠金融获得进一步发展，客户群体扩大。金融科技降低了金融服务的门槛

和成本，提升了金融服务普惠性，但客户群体金融知识欠缺、风险识别和承受能力相对薄弱，这就加大了合格投资者管理以及投资者权益保护的难度。③多重金融风险的交叉性。金融科技虽然拓展了客户群体和金融模式，但并没有改变金融的本质功能和风险属性，金融科技活动更容易产生业务、技术、网络、数据等多重风险的叠加效应，以及风险扩散的多米诺骨牌效应，因此加大了金融风险防控和金融安全保障的难度。此外，金融科技还可能带来第三方依赖、算法黑箱、责任主体模糊等新型风险隐患。④金融跨界融合的复杂性。随着信息化全面渗透和跨界融合，数字技术创新迭代周期缩短、金融业务流程不断调整优化、金融产品上线交付速度加快，不同类型金融资产的转换更加便捷高效，金融活动的实时性和不间断性越发明显。因此，金融标准化有助于促进金融科技创新并提升金融效率。

（2）保护金融消费者权益

金融消费者即通过金融市场购买或使用金融机构提供的金融产品和金融服务的经济主体。随着我国家庭财富大幅增长，消费者对金融产品的购买需求逐渐旺盛，良莠不齐、风险不一的金融产品严重影响经济稳定和社会安定。金融标准缺失与金融标准化不科学导致的金融标准化滞后是各种金融诈骗频发和金融风险上升的主要诱因。我国九三学社中央委员会在全国政治协商会议第十三届全国委员会第一次会议提案建议，中央金融管理部门应着手规划编制金融产品的国家标准体系，为保护金融消费者合法权益，推动金融市场健康发展，守住"不发生系统性金融风险"的底线，配套监管制度建设的同时，亟须加强标准建设，为金融消费者的知情权、自主选择权、公平交易权和依法求偿权提供基础保障。

（3）完善金融监管制度

金融标准可作为监管措施的有效补充，补齐金融监管短板，填补金融监管空白。随着近几年新金融、类金融迅猛增长，部分业务已打破传统金融的划界。金融监管体制还不适应，常规的机构监管容易造成监管空白，导致某些领域产生乱象，互联网金融、资产管理、理财等业务风险事件频发。因此，要用标准化手段补齐金融监管体制的空白和短板，将监管规则逐步转变为标准，要增加并不断优化金融标准供给。通过编制更多金融业务类、金融管理类标准以及跨行业、跨领域金融标准，力争实现金融监管对所有金融产品和服务的全覆盖，做到所有金融产品和金融服务有标可依。按照金融统筹监管及系统性理念制定监管标准体系和具体监管标准，支撑金融基础设施互联互通和监管信息共享，支持综合监管、功能监管和行为监管。通过系统性金融监管标准体系提高风险防控精准性，制定银行、证券、保险、金融科技、互联网金融等领域的风险监测、风险计量、信用评价、风险提示与公示、信息保护等风险管理标准，支撑风险监测预警和早期干预机制的建立和运转。

（4）适应金融科技和数字金融发展的需要

未来金融增长点和金融竞争焦点在于金融科技。金融机构利用金融科技创新金融产品、改变经营方式、优化业务流程，金融业呈现出产品服务更加智能、场景结合更加紧密、数据价值更加凸显等新特征。总之，金融科技风险很可能会损害金融科技本身。因此，金融科技创新需要金融标准，金融标准是保证金融科技守正创新的基础。金融标准不会阻碍金融科技的发展，其性质是建立一个行业的基础性门槛，并不限制基于门槛之上的技术创新。随着数字货币发展，特别是金融生态系统的数字化转型，很多工作都极具开创性。为保证金融科技健康可持续发展，数字金融制度、标准建设显得尤为重要。因此，要抓紧研发数字金融技术标准，通过金融标准化，可以把科技创新的内容具体到金融标准中，形成当前金融科技领域的共识性基础，从而将金融业的整体水平提高到共识基础之上。

总之，金融标准是实现金融交易信息系统互联互通、降低交易成本的基础条件，是保证金融服务质量、保护消费者权益的重要手段，也是规范市场秩序的内在要求和金融管理部门推进行业管理的重要依据。

第三节 金融标准化的范围与内容

1. 金融标准的内容分类

金融标准的内容框架可以有多种分类方法，按部门分类和按功能分类是两种便于应用的分类方法。

（1）按部门分类

按部门分类是指根据金融部门（行业）所做的金融标准分类，金融标准体系也根据金融部门（行业）分类。在我国，按部门分类，金融标准的范围全面覆盖银行、证券、保险、印制以及统计、征信、信托等诸多业务领域。按部门分类的金融标准对我国金融业发展有过突出贡献，如行业标准为我国证券期货行业发展提供了有力的技术支撑。

（2）按功能分类

按功能分类是指从金融功能的角度对金融标准的划分，即按照有利于金融综合功能发挥原则统筹不同金融业态，并对金融标准进行分类。由于金融活动与金融业具有复杂性、多元性、交叉性等特点，按部门分类的金融标准无法涵盖所有金融行业和金融部门；基于金融功能制定金融标准则有利于围绕金融本质与功能实施金融标准化。在我国，基于功能可以将金融标准的范围与内容分为五类：通用基础标准、产品与服务标准、基础设施（信息技术）标准、统计标准、监管与风险防控标准。下面介绍我国按功能的金融标准分类情况。

1）通用基础标准。通用基础标准是对金融业标准化工作的通用性、全局性、基础性事项做出的规范，是金融业其他标准的基础并被普遍使用，具有广泛指导意义。通用基础标准分设四个子类，包括术语、标准化工作指南、信息分类编码、通用报文。

2）产品与服务标准。产品与服务标准是对金融产品与服务事项做出的规范。产品与服务标准分设多个子类，包括银行、证券、期货、基金、保险、信托、债券、交叉性金融产品、征信与信用评级、支付清算、货币、绿色金融产品服务、互联网金融等。

3）基础设施（信息技术）标准。基础设施（信息技术）标准是对金融机构信息技术应用活动相关事项做出的规范。基础设施（信息技术）标准分设七个子类，包括信息安全、研发测试运维及管理、数据定义、信息交换、检测认证、基础运行环境及网络、机具。

4）统计标准。统计标准是对金融机构、金融控股公司、金融基础设施、各类投融资行为、互联网金融和跨境金融交易进行统计做出的规范。

5）监管与风险防控标准。监管与风险防控标准是对有关金融机构、重要金融基础设施制定的信息披露、风险评价及管理、征信、反洗钱等的规范。

2. 我国金融标准体系的发展过程

中国人民银行于2012年首次发布了银行业标准体系，并持续修订。随着金融创新与金融深化的程度不断演进，金融要素也变得空前复杂，金融业的部门边界日趋模糊，这也使金融业标准可能具有多元化特征。创新中的金融业态边界、特征都发生了许多变化，不少传统金融业态边界与传统概念都变得模糊起来。虽然金融业的形式具有多样性，但终究还是离不开围绕发挥其功能这一本质性原则。金融标准化的根本宗旨是保证金融功能的发挥，即通过金融标准化实现金融交易信息系统互联互通、降低交易成本、保证金融服务质量、保护消费者权益、规范市场秩序的内在要求。基于金融功能的通用基础标准、产品与服务标准、基础设施（信息技术）标准、统计标准、监管与风险防控标准有助于保证金融功能的发挥。另外，随着金融业不断发展，尤其是金融科技的兴起，金融产品与服务不断突破单一机构局限，要穿透不同环节识别金融产品服务属性制定金融标准。

为适应金融业和金融形势发展需要，金融国家标准和行业标准应从按机构划分的银行、证券、期货、保险、印制标准体系架构，升级为按功能划分的通用基础、产品与服务、基础设施、统计、监管与风险防控标准体系框架（见图2-1），以便于跨行业、跨市场金融标准统筹。

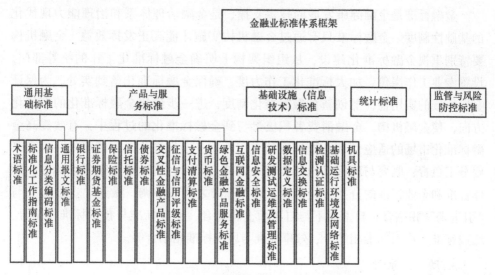

图2-1　金融业标准体系框架（截至2020年1月）

第四节　金融标准化的原则

1. 体系化原则

金融标准化以构建体系化的金融标准并推进金融标准的系统实施为目标。金融标准体系涉及不同的金融子行业、金融机构、金融产品、金融市场、金融监管、金融统计等诸多方面。金融国家标准、行业标准、团体标准和企业标准的分工与合理定位已经初步清晰。金融国家标准、行业标准重点放在金融产品与服务的类别、定义、管理上，金融团体标准、企业标准重点放在创新上，推动金融企业开展产品与服务标准自我声明，建立企业标准"领跑者"制度，规范金融产品服务设计、生产、销售的全链条。

适合中国国情和具有中国特色的金融标准供给在逐年增加。2017年5月，中国人民银行联合原银监会、证监会、原保监会及国家标准委发布了《金融业标准化体系建设发展规划（2016—2020年）》，形成金融标准化顶层设计并提出了新型金融业标准体系。《金融标准体系框架（2019）》采用按功能分类方法，并注重金融标准的完整性，金融标准涵盖了金融业从产品研发、经营管理、客户服务到技术应用、行业监管的方方面面，加强了金融标准与战略、规划、政策的有效衔接。

2. 实用性原则

金融标准是金融健康发展的技术支撑，是金融治理体系和治理能力现代化的基础性制度。金融标准只有通过金融机构实施才能真正发挥效益。金融机构要特别重视金融标准化建设，从组织架构上明确金融标准化工作的统筹部门，设置专业工作岗位，加大标准化工作力度，确保金融标准化落到实处。为保证金融标准的实用性，要创新金融标准化制度，进一步强化金融标准化的市场化方向，使金融机构、金融消费者积极参与到金融标准化的过程中，有效提高金融标准化市场的适应性和金融标准的实用性。金融标准化工作既要统一管理又要分工负责，既要与国际接轨又要符合国情。同时，要注重金融行业标准、团体标准和企业标准的分类分级管理，确保标准之间相协调，做到"走出去"与"引进来"相结合、自上而下与自下而上相结合、业务标准与技术标准相结合、底线标准与指引标准相结合、效率标准与风控标准相结合等。

3. 动态性原则

随着金融业飞速发展和金融市场竞争日益激烈，金融产品和金融服务向多样化方向发展，以往的金融标准或部分标准很可能已不适用于当今金融业的发展需要和社会对金融服务的需求，甚至在某些金融领域存在金融标准缺失问题。因此，要根据金融行业发展趋势和标准化法律法规研究金融标准化问题。

随着金融业务技术的不断发展，新的金融标准需求会不断产生，应定期对金融标准体系进行维护更新，保证标准体系的适应性；同时，要提出金融国际标准的制定/修订建议，使其作为促进金融全球化、保障金融有序竞争的助推剂。金融标准化是一个长期的动态过程。

4. 国际性原则

标准是国际交流的语言。标准国际化和采用国际标准能够有效避免国际贸易（含金融服务贸易）中的技术壁垒。在进一步扩大金融业开放的形势背景下，金融标准国际化的重要性更加凸显。采用金融国际标准能使本国的金融产品或金融服务更容易进入和融入国际金融市场，有利于金融业扩大对外开放、加快与国际准则或惯例接轨。参与金融标准制定，要不断分析总结我国金融标准领域的前沿成果和最佳实践，积极宣传推介国内做法以推进国内外金融标准的融合，加强与国际标准化组织金融服务技术委员会（ISO/TC 68）、国际标准化组织可持续金融技术委员会（ISO/TC 322）等国际标准组织的合作，通过共同发起标准提案、专家深度参与等方式，提升我国的国际金融标准治理参与度。我国国内的优秀金融标准或者在某一方面技术领先或意识领先的金融标准都应积极提出国际标准提案，在国际舞台上接受考验。同时，要吸取各国采标实施国际标准的经验和教训，降低金融市场双向开放、互联互通的风险和成本。另外，金融标准化建设不能闭门造车，要从国际视野出发，将国际金融标准和国外先进标准引进来与本土金融要素、金融标准相融合。

5. 兼容性（协调性）原则

金融标准化的兼容性原则是指金融标准之间、金融标准体系之间、金融标准机构之间要相互配合、相互协调，金融标准要符合国家政策及相关法律法规要求。金融业是一个十分复杂并不断细分的行业，部分新兴金融业务具有多行业、多市场相互交叉的特征。因此，金融业的健康发展和金融体系的稳定运行需要协调良好的金融标准作为支撑，而且要保证不同金融标准之间的兼容性。兼容性良好的特征之一，就是金融国家标准、行业标准、团体标准和企业标准以及相关国际标准能在规范金融业运行时相互配合，稳定地发挥作用。

金融标准化兼容性原则还包括保证各金融标准制定主体之间、金融监管主体之间的合理分工和相互配合。在我国，要充分发挥金标委在加强国家标准、行业标准及金融机构标准体系之间协调性方面的作用。金融监管主体之间要做到职责明确、分工合理、相互配合，这样可以节约监管成本、提高监管效率。

6. 明确风险偏好原则

金融标准可用于明确金融风险，并使金融服务的提供者和用户对相关风险偏好建立共同的理解。例如，新兴电子支付方式的快速创新给电子商务和人们的生活带来了巨大便利，同时也使支付风险控制与消费者权益保护变得更为迫切。从支付服务提供主体看，银行和非银行支付机构的风险偏好不同；另外，不同用户的风险偏好也不同。如何处理创新收益与风险的关系，金融标准可以提供很好的引导。一方面，推动金融标准化不是为了遏制金融创新，而是促成金融包容创新与合理创新的有效结合，真正推动金融服务效率、服务质量与服务能力的提升；另一方面，技术创新与制度创新也使金融风险变得更复杂，有效的金融风险控制标准建设有助于避免金融风险集中爆发。应把金融标准化建设作为金融监管体制完善、金融生态建设、金融效率提升、金融结构优化的重要保障。

7. 科学性原则

金融标准化的科学性原则是指，必须在科学理论的指导下，尊重金融活动和金融行业的内在规律，遵循协商一致的原则制定金融标准。现代金融业发展规模越来越大、变化越来越快，对经济和社会的影响越来越广，金融领域的新情况、新问题和新挑战层出不穷。这就要求在制定金融标准的决策过程中必须遵循科学性原则。坚持金融标准化的科学性原则要做到以下几点：①金融标准化过程程序化、金融标准化决策程序科学化，制定标准之前要全面掌握金融信息、金融环境信息、经济信息等，制定金融标准要迅速、准确、合理；②对金融标准的实施效果和可能遇到的制约要进行科学预测；③制定金融标准的目标要明确；④制定和实施金融标准的方案要完整；⑤制定金融标准要论证充分；⑥实施金融标准的步骤要清晰、有度；⑦要明确金融标准化的责任及具体要求；⑧标准化的调控要得当，要及时反馈金融标准化实施效果。

第五节　金融标准化组织

1. 国家金融标准化机构

按照 GB/T 20000.1—2014《标准化工作指南　第 1 部分：标准化和相关活动的通用术语》界定的概念，国家金融标准化机构是指在金融领域有资格作为相应国际标准组织和区域标准组织的国家成员，根据自身章程的规定，以编制、批准或采用公开发布的标准为主要职能，在国家层次上公认的标准机构。

（1）我国金融标准化组织

我国由中国人民银行负责金融标准化工作，由科技司承担具体金融标准化的组织管理协调工作。根据归口管理的原则，全国各省市的中国人民银行科技部门负责辖区内的金融标准化组织管理和协调工作。

1）全国金融标准化技术委员会（简称金标委，SAC/TC 180）是国家标准化管理委员会授权，在金融领域内从事全国性标准化工作的非法人技术组织。金标委负责金融标准化技术归口工作，负责国际标准化组织下设的金融服务标准化技术委员会（ISO/TC 68）、个人理财标准化技术委员会（ISO/TC 222）及可持续金融技术委员会（ISO/TC 322）的归口管理工作。国家标准化管理委员会委托中国人民银行对金标委进行领导和管理。金标委下设证券、保险、印制三个分技术委员会，分别负责开展证券、保险、印制专业的标准化工作。

第一届金标委于 1991 年成立，委员 33 人；第二届金标委于 2002 年成立，委员 56 人；第三届金标委于 2012 年 5 月成立，委员 48 人；第四届金标委于 2017 年 6 月成立，现有委员 62 人，分别来自中国人民银行有关司局及直属单位、银保监会、证监会，银行、证券、保险等金融机构，以及标准化研究机构等多家单位。

金标委秘书处是金标委的常设机构，负责处理金标委的日常事务，包括组织制定标准体系、组建标准工作组、组织标准制定/修订、标准复审、宣传培训等。秘书处设在中国人民银行科技司。

金标委的工作职责主要包括：遵循国家方针政策，向国家标准化管理委员会、中国人民银行以及银保监会、证监会等提出符合金标委内容领域业务发展的标准化工作方针、政策和措施的建议；负责组织制定金融业标准体系，提出金融国家标准和行业标准的制定/修订规划和年度计划的建议；组织开展推荐性金融国家标准和行业标准的起草、征求意见、审查等制定/修订工作；跟踪收集已发布金融标准实施情况的反馈信息，组织金融国家标准和行业标准的宣贯和解释工作；负责具体承担金融服务相关国际标准组织的技术归口工作，包括牵头组建国际标准化组织技术委员会、分技术委员会和工作组，组织提出对ISO有关标准文件的表决意见，组织开展对口领域国外标准化体系研究，积极推动中外标准互认工作等。

在金标委统筹下，我国正在构建适应新时代金融发展需要的制度与新型标准体系。这一体系由政府主导制定的强制性金融国家标准、推荐性金融国家标准、推荐性金融行业标准和由市场自主制定的金融团体标准、金融企业标准五个层次组成。截至2019年11月，现行有效的金融国家标准达65项，金融行业标准252项。上述系列金融标准的颁布实施促进了金融业技术与管理的进步，为金融业的健康发展奠定了坚实基础，取得了显著的社会效益和经济效益。

2）证券分技术委员会。全国金融标准化技术委员会证券分技术委员会（简称证券分委会，SAC/TC 180/SC 4），成立于2003年12月。证券分委会由国家标准化管理委员会批准组建，是在证券、期货领域从事全国性标准化工作的技术组织，负责证券期货业标准化技术归口工作。国家标准化管理委员会委托证监会对证券分委会进行领导和管理。

第三届证券分委会秘书处设在中证信息技术服务有限责任公司，秘书处设秘书长1名。主要负责标准化的日常管理工作。证券分委会下设11个专业工作组，对应的业务领域分别为：WG 1 基础编码、WG 21 数据模型、WG 22 机构间接口、WG 23 机构内部接口、WG 3 信息披露、WG 4 技术管理、WG 51 系统安全、WG 52 数据安全、WG 61 证券业务、WG 62 期货业务、WG 63 基金业务。

3）保险分技术委员会。全国金融标准化技术委员会保险分委员会（简称保险分委会，SAC/TC 180/SC 1），2018年之前由原保监会归口管理，现归中国银保监会对口管理。

保险分委会负责制定保险标准化发展规划、建立与维护保险标准体系，加强保险业标准化工作的管理和协调，以及推进国家标准、行业标准制定/修订，组织开展保险业标准化宣贯、标准化人才培养和国际交流等工作，对团体标准制定机构给予业务指导。保险分委会下设秘书处，具体落实保险分委会各职能任务、承担标准制定/修订与委员管理等日常工作。

经过10多年来历届保险分委会的组织推动，初步形成了监管部门领导，保险分委会、社会团体积极配合，保险机构主动参与的多层次分工协作格局；通过近两年扶持保险团体标准发展，初步建立起政府与市场标准协调补充、技术与业务标准结构优化的保险业新型标准体系。

4）印制分技术委员会。全国金融标准化技术委员会印制分技术委员会（简称印制分委会，SAC/TC 180/SC 2）于1996年8月14日成立，由中国印钞造币总公司对口管理。

印制分委会是在我国印钞造币专业领域内从事标准化工作的非法人技术组织，负责我国印钞造币行业标准化技术归口工作，以及同国际印钞、造币、钞纸等行业技术标准的对口工作。

(2) 美国金融标准化组织

美国标准化由美国国家标准协会（ANSI）统一协调。ANSI是经美国法律授权的非营利性机构，主要通过认可的标准制定组织（SDO）来管理和协调国家标准的制定工作，代表美国参加国际标准化活动。美国的专业团体标准由专业标准化协会、联盟等制定。美国现有民间标准组织700余家（如ASTM、ASME等），其中268家得到ANSI的认可（被认可的SDO制定的标准可以成为国家标准，否则只能是团体标准）。

1974年ANSI批准X9银行标准委员会负责促进银行业务标准化。1976年该认证委员会将成员扩大到金融服务领域的供应商、保险公司等，更名为X9金融服务公司，为美国金融服务业研发标准。当前由X9制定的美国国家金融标准超过125项。

美国金融国家标准本身为推荐性标准，但被金融法规引用后，就具有了强制性。20世纪90年代以前，美国联邦政府强调，凡是涉及安全、健康、环境保护等内容，都由政府根据法律的规定，制定相关的法规和强制性标准。随着标准化作用的不断提高，美国于1995年颁布《国家技术转让和进步法案》（NTTAA），要求所有联邦机构和部门应使用自愿共识标准机构制定或采用的技术标准，使用此类技术标准作为执行政策的目标或机构和部门确定活动的手段

（除非此类使用不符合适用的法律或其他不切实际的原因），开始重视标准化与技术法规的进一步衔接，推进联邦政府在技术法规中采用或引用自愿性标准，进一步加强标准与国家治理的融合发展。其中，NTTAA（公法104-113）的关键条款规定了使用标准和合格评定的联邦政策。

美国联邦政府授权ANSI负责协调和管理国家标准化工作，包括组织协调制定标准，批准和发布美国国家标准（ANSI制定《国家标准制定程序的基本要求》），对美国的标准制定组织进行认可，代表美国参加ISO或IEC等的活动。ANSI是一个私有的、非营利性民间组织，参与标准制定过程的人员非常广泛，既包括政府人员，也包括来自企业、团体、行业协会等市场利益相关方的人员及技术专家等。为推动实施NTTAA，美国管理和预算办公室（Office of Management and Budget，OMB）发布通告A-119《关于联邦政府参与指定和使用自愿性标准及合格评定程序活动》，指导联邦机构采用自愿性标准及积极参与自愿标准化机构的活动。

2. 国际金融标准化组织

（1）国际标准化组织金融服务技术委员会（ISO/TC 68）

1972年，国际标准化组织金融服务技术委员会作为ISO第68个技术分委会（ISO/TC 68）成立。国际标准化组织金融服务技术委员会在不同的时期设立不同的分委会开展工作，并根据标准化工作的需要进行调整。目前设立有安全分委会（ISO/TC 68/SC 2）、参考数据分委会（ISO/TC 68/SC 8）和信息交换分委会（ISO/TC 68/SC 9）。我国于2004年成为ISO/TC 68及其各分委会正式成员。从整体上看，欧美国家在ISO/TC 68标准化工作中的参与人员占比较高，在会议讨论和决议的形成过程中起主导作用。

ISO/TC 68已经编制了诸多国际金融标准，主要包括安全标准、参考数据标准和信息交换标准。安全标准如《秘钥管理（零售）》（ISO 11568）等；参考数据标准如《证券及相关金融工具国际证券识别编码体系（ISIN）》（ISO 6166：2013）、《证券及相关金融工具 金融工具分类（CFI）编码》（ISO 10962：2019）、《金融服务 全球法人识别编码（LEI）》（ISO 17442：2019）等；信息交换标准如《金融服务 金融业通用报文方案》（ISO 20022）、《金融交易卡原始电文 交换电文规范》（ISO 8583）等。

（2）可持续金融技术委员会（ISO/TC 322）

2018年9月，经ISO全体成员和技术管理局（ISO/TMB）投票，ISO批准成立由英国标准协会（BSI）提议的可持续金融技术委员会（ISO/TC 322）。ISO/TC 322现有18个参与成员和14个观察成员，我国为参与成员。BSI作为组建 ISO/TC 322 提案的发起者，担任 ISO/TC 322 主席和秘书处。

目前，ISO/TC 322 主要负责可持续金融领域的标准化工作，促进在机构投资决策和财务管理中充分考虑可持续因素以及环境（Environmental）、社会责任（Social Responsibility）和公司治理（Corporate Governance）（简称ESG）实践，以期支持全球金融体系与可持续发展的紧密结合。ISO/TC 322 将按两个阶段开展工作。第一阶段，ISO/TC 322 将制定可持续金融管理框架指南，明确有关概念、术语（如定义和分类）、原则和实践指南。第二阶段，ISO/TC 322 将在三个方面深入开展标准制定：①在金融决策和更广泛的金融服务与产品中考虑可持续性因素和ESG原则，在责任投资、资产管理和社会影响力投资等领域，制定有关术语、产品分类与标记、原则、评估等标准；②在绿色金融领域，制定全球通用的分类、术语、指导原则和评估标准；③在产业层面的可持续投资/可持续金融应用领域，制定特定项目类型、产业和主要投资类别的准则、过程和评估要求。

ISO/TC 322 首次全体会议于 2019 年 3 月 26—28 日在英国伦敦召开。会议的主要目标是确立 ISO/TC 322 的名称和工作范围、建立可持续金融框架、制订战略工作计划、确立 ISO/TC 322 的组织架构、与内外部利益相关方建立联络关系等。

（3）金融稳定理事会

金融稳定理事会（Financial Stability Board，FSB）成立的背景：伴随金融市场全球化程度的加深，全球金融市场溢出效应越发明显。2008 年美国次贷危机后，为有效应对全球金融市场的系统性风险、保障金融资本安全和有序流动，国际金融机构协调制定了一系列国际标准和规范，各国监管机构加强了在制定国际标准和规范方面的协调与合作，以实现全球金融治理的共同目标。

FSB 是负责协调跨国金融监管、制定并执行全球金融标准的国际组织。自成立以来，FSB 协同巴塞尔银行监管委员会等 15 个国际标准制定机构，协调各成员国（地区）的主管机关以及国际金融机构，制定了一个覆盖金融各业务领域的标准库，对健全、稳定和运作良好的金融体系具有重要意义。

（4）巴塞尔银行监管委员会

巴塞尔银行监管委员会（Basel Committee on Banking Supervision，BCBS，简称巴塞尔委员会），主要制定有关银行的监管标准与指导原则，是 1975 年 2 月成立于国际清算银行下的常设监督机构。该委员会的 45 个成员包括比利时、德国、加拿大、日本、法国、意大利、卢森堡、荷兰、瑞典、瑞士、英国、美国和中国等 28 个辖区的中央银行及银行监管机构，通常在巴塞尔的国际清算银行召开会议。

巴塞尔委员会每年召开三次例会。其工作主要致力于以下几个方面：提高对国际银行监管的效能；提出任何影响从事国际银行业务的问题；为了改善全世界银行业监管的工作，与世界各监管机构交换信息和意见。

巴塞尔委员会自成立以来，制定了一些关于银行监管方面的协议、监管标准与指导原则，如《关于统一国际银行资本衡量和资本标准的协议》《有效银行监管核心原则》等。这些协议、监管标准与指导原则统称为巴塞尔协议。这些协议的实质是为了完善与补充单个国家商业银行监管体制的不足，减少银行倒闭的风险与代价，是对国际商业银行联合监管的最主要形式。这些文件的制定与推广对稳定国际金融秩序起到了积极作用。

ISO/TC 68 制定的标准偏向技术层面，巴塞尔委员会制定的标准偏向系统风险管控层面。当前呈现的趋势是，ISO 制定的金融标准逐步成为金融监管、治理和管理的工具，因而逐渐为 FSB 等机构认可，成为国际金融治理体系的组成部分。

【本章小结】

本章系统介绍了金融标准的界定与我国金融标准化进程、金融标准化的意义与目标、金融标准化的范围与内容、金融标准化的原则、金融标准化组织等内容。通过对上述内容的学习，可以了解金融标准的概念、金融标准化的目标以及金融标准化的原则，掌握金融标准化的范围与内容，并熟悉金融标准化组织等。

【思考题】

1. ISO 涉及金融标准化的技术委员会有哪些？
2. 我国的金融标准化是如何组织的？
3. 我国的金融标准分为哪些类型？

第三章
银行业标准化

【学习目标】

1. 了解信息分类编码、数据通用和通用报文标准的相关内容，了解存款与贷款标准、担保承诺标准、投资银行标准、投资理财标准、资金交易标准等子类的相关内容，了解《银行金库》《金库门》和《组合锁》的相关内容，了解金融统计标准、征信管理标准和货币金银管理标准的相关内容。

2. 熟悉银行业标准化的必要性，熟悉《金融电子化基本术语》《银行卡名词术语》《银行业会计凭证基本信息描述规范》《支付业务统计指标》等标准的基本内容，熟悉银行卡标准、电子支付标准的基本内容，熟悉《商业银行内部控制评价指南》等银行业内部控制评价的相关规定、《银行集中式数据中心规范》等银行业IT基础设施建设的相关规定、《银行间市场基础数据元》《网上银行系统信息安全通用规范》《规范金融基于声纹识别的安全应用技术规范》等信息交换和信息安全标准的相关规定。

3. 掌握银行业标准化的基本内涵、银行标准体系的基本架构，掌握《银行业标准化工作指南》《银行客户基本信息描述规范》和《银行业产品说明书描述规范》的基本内容。

【导入案例】

数据标准化在数据式审计中的场景应用

在经济新常态下，银行业如何依托技术变革完成信用功能转型，基于数据资产发现信用、经营信用和管理信用，发挥数据的基础资源作用，探索建立银行间统一的数据标准和互通共享机制，实现信用风险穿透式管理成为亟待解决的问题。目前，银行业内外部数据质量普遍不高，难以直接用于客户精准画像和精细化风险管控，同业间或跨行业间数据"信息孤岛"现象也普遍存在，尚未实现"数据资源"向"数据资产"的转变。其重要原因之一就是数据标准化建设滞后，数据治理体系尚未建成。

在银行信贷业务押品审计实践中，对押品的关注重点主要是抵质押权是否可实现，以及押品管理是否合规。通常审计数据分析平台的源数据来自押品管理系统（CEMS）、信贷管理信息系统（CMIS）以及对公信贷流程管理系统（CLPM）等业务系统。但由于系统开发人员在业务字段代码设置过程中缺少标准化规则，系统对各业务数据的控制逻辑不能充分满足日常监测需求和监管要求。同时，由于缺少统一的"工作语言"，不同业务人员对同一业务字段含义的理解也存在差异，数据录入内容随意性较高。此外，业务人员与开发人员之间的沟通也存在成本高、效率低的问题，最终导致系统功能不能通过开发设计及时、有效地实现。上述多方原因最终造成业务系统输出的押品数据整体质量不高，关键信息缺失、错误或无效等问题普遍存在。同时，数据源精细化、规范化、标准化不足也限制了数据式审计技术在押品审计中的应用效果。

JR/T 0170—2018《商业银行担保物基本信息描述规范》的发布有效支持和完善了金融基础设施建设，从基础资源层面解决了同业间担保物信息不对称、沟通成本高的问题，为押品信息管理系统研发和数据式审计的数据资源优化奠定了基础。数据式审计模式是指在信息化条件下，审计工作对象从传统纸质账目转变为种类繁多的电子数据后采用的审计取证模式。其应用使得审计人员可以通过数据分析工具对银行的海量数据进行精准分析处理，扩大审计覆盖范围，提升审计质效，有助于前瞻性预判潜在风险。

依托数据标准可深入开展数据治理，通过数据流跟踪业务流程及变化趋势，实现深层次、跨业务、跨区域、多维度的全面风险分析预判及防控。以担保物数据标准化引领押品风险管理，可以通过提高系统开发及前台录入的规范性和通用性，提升审计数据源质量，提高审计分析模型的准确性、针对性、有效性和丰富性，在降低抽样成本的同时提高疑点命中率，强化数据式审计技术的应用，增强风险监控和预警能力。

（资料来源：《中国银行业》，2019 年第 8 期）

问题：金融数据标准如何在金融治理中发挥作用？

第一节 银行业标准化概述

为贯彻落实国家标准化战略,推动我国银行业标准化工作,提高银行业整体竞争能力和可持续发展水平,2009年起,中国人民银行和全国金融标准化技术委员会(简称金标委)组织金标委的部分委员单位启动了银行业标准体系的研究制定工作,并于2012年正式发布。这意味着我国银行的标准化步伐向科学化、系统化迈出了一大步,过去已经发布的标准被科学地划分到不同的功能子类之中,正在或将要制定的标准将成为标准体系中的重要元素,共同支撑并推动我国银行业的持续、健康、稳定发展。

1. 银行业标准化的基本内涵

银行业标准化就是以实现一国银行业的健康、有序发展为目的,制定并实施符合银行业特征与实际的系列标准化条款的活动及其过程。银行业实施标准化,需要充分考虑银行业及金融市场的完善程度和发展水平,考虑市场的开放性和竞争性,需要确立科学、系统的标准体系来统揽标准化工作的全局,从市场和行业实际出发,重视银行业整体实践效果。

银行业标准化是一项有组织的活动,无论是标准体系的确立、具体标准的制定,还是标准的实施与总结,都在中国人民银行和金标委的统一组织协调下有序展开。

银行业标准化涉及的范围,既包括技术领域,也包括经营和管理领域。金融科技的快速发展,凸显了技术创新和技术标准化的重要性。没有统一的技术标准,跨行、跨国的支付结算就会受到约束,银行内和银行间的信息交换就会出现歧义,银行服务介质(如银行卡、存折)就都只能专用。如果缺乏相应的管理标准和工作标准,各项管理措施就很难落实,这将阻碍先进的、符合标准的新技术、新产品发挥其最佳效能,甚至使技术标准无法落实。因此,银行业的标准化,除了基础设施、硬件设备和技术指标外,还涉及银行经营中的管理流程、服务规范等诸多领域。

2. 银行业标准化的必要性

随着金融体制改革和经济全球化信息化的发展,我国银行业已进入快速发展期,其业务领域、服务范围、经营方式、管理水平都发生了巨大变化,由粗放式发展向集约化重效益转变,更加注重合规经营、流程再造、国际接轨、精细管理,这对银行业标准化工作提出了更为迫切的要求。

（1）银行业标准化是适应金融市场开放的必然要求。随着我国对外开放水平的不断提高，跨国交易和结算的规模越来越大，对国际金融市场的参与度越来越高。"一带一路"倡议的实施、人民币国际化步伐的加快、外资银行的入驻、跨国分支机构的设立，都需要我国银行业在金融产品、基础设施、管理流程等方面适应国际金融市场，如果与国际标准相去甚远或者格格不入，那将无法在国际竞争中立足。

（2）银行业标准化是维护金融安全的必然要求。金融科技迅速发展，金融产品日新月异，金融安全警钟长鸣。安全性、流动性、效益性是商业银行经营的基本原则，其中安全性又是根本前提和基础。设立基本的安全指标、明确的技术标准、严密的控制程序，让商业银行严格遵守，这是实现金融安全的基础和保障。

（3）银行业标准化是提高金融效率的必然要求。标准化的客户信息描述和存贷款流程，能够降低信息不对称程度，促进金融资源的合理配置；标准化的服务和管理流程能够加快金融交易的达成和处理速度，降低时间和资金成本；标准化的终端和数据接口，使支付结算更为便捷和顺畅，给客户更快速、更安全的服务体验。无论什么样的金融创新和科技手段，其最终目的都是促进金融服务效率的提高，实现金融资源的最佳配置，而银行业标准化是提高金融效率的必要手段和有力保障。

3. 银行业标准体系的基本内容

银行业标准体系是银行业标准按其内在联系构成的有机整体，既包括现行有效的标准，也包括未来一段时间需要制定的标准，涵盖了银行业从产品研发、经营管理、客户服务到技术应用、行业管理的方方面面，是银行业标准编制及规划的重要依据。它描绘出当前银行业标准的概貌，确立了未来一段时期内银行业标准化活动的基本内容。

根据银行业金融活动领域和标准属性，银行业标准体系将银行业标准分为通用基础标准、产品服务标准、运营管理标准、信息技术标准、行业管理标准五大类，每一大类又细分为若干子类。标准大类与标准子类共同构成银行业标准体系框架（见图3-1）。

相关标准与银行业标准化工作密切相关，是银行业标准体系类目的补充。

1）通用基础标准。通用基础标准是对银行业标准化工作的通用性、全局性、基础性事项给出的规范和指南，是银行业其他标准的基础并被普遍使用，具有广泛的指导意义。

通用基础标准分设5个子类，分别是标准化工作指南、术语标准、信息分

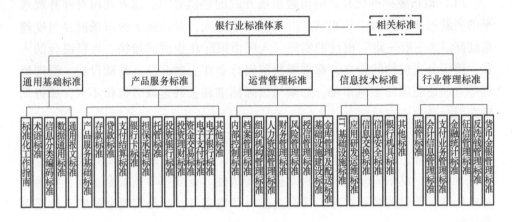

图3-1 银行业标准体系框架

类编码标准、数据通用标准和通用报文标准。

2）产品服务标准。产品服务是指银行业金融机构开发的金融产品、电子渠道及实施的各种金融服务活动，包括银行同业金融市场服务等。产品服务标准是对银行业金融产品服务事项做出的规范。产品服务标准按业务领域、服务渠道，分设13个子类，分别是产品服务基础标准、存款标准、贷款标准、支付结算标准、银行卡标准、担保承诺标准、托管标准、投资银行标准、投资理财标准、资金交易标准、电子支付标准、电子银行标准和其他标准。

3）运营管理标准。运营管理是银行业金融机构为保证机构正常运营、履行机构工作职能、提高运营决策效率、降低运营成本而对本机构内设组织部门、人力资源、资金财物等实施的管理活动。运营管理标准是对银行业金融机构运营管理事项做出的规范。运营管理标准按业务管理条线分设9个子类，分别是内部控制标准、档案管理标准、组织机构管理标准、人力资源管理标准、财务管理标准、风险管理标准、授信管理标准、基础设施建设标准和金库管理及配送标准。

4）信息技术标准。信息技术应用活动是银行业金融机构实施的金融信息化建设活动，包括IT基础设施建设，应用系统开发、测试、运行、维护以及安全技术应用，信息技术咨询与服务等。信息技术标准是对银行业金融机构信息技术应用活动相关事项做出的规范。信息技术标准分设6个子类，分别是IT基础设施标准、应用研发运维标准、信息交换标准、信息安全标准、银行机具标准和其他标准。

5）行业管理标准。行业管理是指银行业行政主管部门实施的金融市场管理和行业监管活动。行业管理标准是对行业管理事项做出的规范，分设 7 个子类，分别是监管标准、会计信息管理标准、支付业务管理标准、金融统计标准、征信管理标准、反洗钱管理标准和货币金银管理标准。

银行业标准体系既对当前已发布的标准进行了科学划分，也是今后标准建设的规划和基本框架。本章将按照银行业标准体系框架，对部分子类中已发布实施的典型标准做简要介绍。

第二节　银行业通用基础标准

1. 银行业标准化工作指南

JR/T 0116—2014《银行业标准化工作指南》是一部对银行业标准化工作事项进行规范的标准。该标准规定了银行业标准化的工作原则、标准化工作的角色和职责、标准的宣传与贯彻、银行业金融机构标准化。接下来介绍其中部分内容。

（1）银行业标准化的工作原则

银行业标准化工作应满足银行业实际需要，并符合以下原则：

1）银行业制定的所有标准应严格遵守国家的相关法律、法规，严格遵守行业主管部门的相关规定。

2）银行业制定的所有标准应与已经颁布实施的各项国家标准相协调，不得与相关国家标准相违背。

3）银行业标准化工作应采用综合标准化原则。

4）银行业标准的制定应从中国银行业的整体利益角度出发，以银行业整体经济效益、社会效益的提高为目标，局部利益应服从银行业整体利益。

5）制定的各项标准应具有体系化的特点。银行业的各项标准应组成一个完整的标准体系，体系中各项标准的制定和实施应相互配套、相互衔接，不得出现标准之间相互违背的现象。

6）制定的标准要具有可行性，保证标准便于实施。对于强制性标准，应保证能够得到强制执行；对于推荐性标准，一经采用，也应严格执行。

7）自主制定标准和积极采用国内国际标准相结合。

（2）标准化工作的角色和职责

标准化工作角色和职责的设置应确保标准的制定/修订和贯彻工作顺利进行。在应用该标准的组织机构内，标准化工作的角色可根据实际情况，落实到具体的组织机构内设部门和岗位，且与内设部门、岗位的绩效考核关联。一个角色可由多个具体的组织部门和（或）岗位承担，一个组织部门和（或）岗位可承担多个职责。

标准化工作的角色包括标准化的主管者、归口者、提出者、编制者和应用者。标准化主管者是应用本标准的组织机构的标准化工作统管主体；标准归口者是对某一专业领域内的标准制定、修订、宣贯实施的主体；标准提出者是提出标准化项目建议的主体；标准编制者是承担标准化项目研究或标准制定/修订任务的主体；标准应用者是贯彻实施标准的主体。

（3）标准的宣传与贯彻

在标准的制定与实施阶段，JR/T 0116—2014《银行业标准化工作指南》明确了标准宣传贯彻的内容及要求。在标准制定过程中，宜与标准草案同步编制《标准宣贯指南》，其主要内容包括宣传范围、宣传方法、贯彻方法、检验方法等。在标准实施过程中，标准实施单位应根据《标准宣贯指南》，结合标准实施单位的具体情况，细化宣传与贯彻的内容，包括：明确宣传的时间段，以及在每个时段宣传的重点；明确针对不同人员的宣传方法；明确具体的检验方法。

（4）银行业金融机构标准化

银行作为提供金融服务的企业，实施标准化管理，应贯彻执行国家和行业有关标准化的法律、法规、方针政策，建立并实施企业标准体系，按照GB/T 12366—2009《综合标准化工作指南》的要求考虑综合标准化；制定企业标准化规划，宣传和贯彻实施金融国家标准、行业标准，制定、发布和实施企业标准。JR/T 0116—2014《银行业标准化工作指南》鼓励银行制定严于相关国家标准和行业标准的企业标准，同时鼓励制定国家标准和行业标准的补充标准。银行应执行有关强制性标准和本企业制定的企业标准，积极实施推荐性金融标准，鼓励采用国际标准和国外先进标准；银行要开展标准化宣传培训，对标准的实施进行监督、检查和评价，对本企业为标准化工作做出突出贡献的部门和个人给予适当的表扬和奖励；银行要参加国内、国际有关标准化活动；鼓励银行企业向社会声明或公开其所执行的产品标准和服务标准，接受社会和公众监督；银行要承担有关部门委托的标准化工作任务。

此外，JR/T 0116—2014还就银行业标准的分类与编号、标准制定/修订要求做出了规定。

2. 银行业术语标准

银行业术语标准目前包括GB/T 15733—1995《金融电子化基本术语》、JR/

T 0061—2011《银行卡名词术语》和 JR/T 0062—2011《金融工具常用统计术语》三项。

（1）GB/T 15733—1995《金融电子化基本术语》

GB/T 15733—1995《金融电子化基本术语》是国家标准，适用于金融行业电子化应用领域，它对金融电子化常用的基本术语进行了定义和规范描述，其中较为典型的术语包括：

电子资金转账：在计算机系统中，资金以电子信息形式在账户间转移。

大额支付系统：以电子方式逐笔实时处理每笔金额在限额以上和应客户要求每笔金额在限额以下的贷记交易，并以全额方式清算资金的应用系统。

批量电子支付系统：以电子方式批量处理借记交易及每笔金额在限额以下的贷记交易，并以净额方式清算资金的应用系统。

分布式数据处理：除输入、输出功能外，将部分或全部处理、储存和控制功能分散在各数据处理节点、数据处理设备及其软件上协调进行的一种数据处理方式。

电子密押：根据银行之间的约定由计算机产生的支付业务专用的密码。

（金融）报文：在发出金融机构（或其代理）和接收金融机构（或其代理）之间传输的信息，不包括用于传输目的的头和尾的信息。

密钥：用于将明文转换成密文或者密文转换成明文的算法中的一个数值。

银行专用机具：根据银行或其他金融机构业务处理的特殊需要而设计和生产的专用机器设备和工具的总称。

（银行）销售点终端：电子资金转账的一种终端设备。将其安装在消费现场，通过银行卡的使用，可实现消费活动的非现金货币支付。

金融交易卡：用于标识发卡者和持卡人，便于金融交易并为金融交易提供输入数据的一种卡片。

（2）JR/T 0061—2011《银行卡名词术语》

JR/T 0061—2011《银行卡名词术语》适用于与银行卡应用相关的卡片设计、管理、发行、受理以及应用系统的研制、开发、集成和维护等相关部门（单位）。它对银行卡名词术语进行了定义和描述。

1）部分常用的卡片术语。常用的卡片术语包括借记卡、贷记卡、准贷记卡、集成电路卡等。

借记卡：没有透支功能，需先存款后才能进行消费、取现等行为的银行卡。

信用卡：持卡人凭其信用获得发卡机构授信，并在授信额度内从特定金融机构获得现金、转账存取或者从特约商户获得商品、服务等，并按照约定方式清偿账款所使用的电子支付卡片。信用卡按是否向发卡机构交存备用金分为贷记卡和准贷记卡两类。

贷记卡：发卡机构给予持卡人一定的信用额度，持卡人可在信用额度内先消费、后还款的信用卡。

准贷记卡：持卡人须先按发卡机构要求交存一定金额的备用金，当备用金账户余额不足以支付时，可在发卡机构规定的信用额度内透支的信用卡。随着业务的发展，准贷记卡业务日益收缩，很多银行已经不再提供准贷记卡的业务。在这样的情况下，信用卡和贷记卡已经是同义词。

集成电路卡：又称芯片卡，是内部封装一个或多个集成电路用于执行处理和存储功能的卡片。集成电路卡包括逻辑加密卡和智能卡。

逻辑加密卡：以可电擦除的可编程只读存储器和密码控制逻辑单元为核心器件，能多次重复使用的 IC 卡。

智能卡：配置有容量很大、类型不同的存储器、逻辑控制电路以及微处理器（CPU）电路，能多次重复使用的 IC 卡。

随着业务的发展，逻辑加密卡已经不再作为金融卡的主力产品发行。

2）机构及人员术语。

银行卡交易交换网络：由机构、银行卡跨行信息交换系统以及网络设备（如路由器等）构成的，用于承载银行卡跨行业务的专用网络。

个人识别码（缩写为 PIN）或个人密码：交易中识别持卡人身份合法性的数据信息。在计算机和网络系统的任何环节中都不允许 PIN 以明文的方式出现。

3）终端及设备术语。

终端：在交易点安装，用于与银行卡配合共同完成金融交易的设备。

银行自助设备：银行提供，由客户自行完成现金交易、转账交易、账户查询等业务的专用设备，如自动取款机、自动存款机、自动存取款机、货币兑换设施、自助存储保险柜等。

离行式：自助设备设置在非银行营业场所的应用模式。

在行式：自助设备设置在银行营业场所的应用模式。

穿墙式：自助设备设置在建筑实体内，设备操作面穿出墙体，客户在建筑实体外操作使用的应用模式。

大堂式：自助设备设置在储蓄所大厅、商场、宾馆大厅等地的应用模式。

公共支付终端：能够接收银行磁条卡或者金融 IC 卡信息，具有通信功能，采用字符界面实现用户接入，并接受持卡人的操作指令而完成金融交易信息的有关信息交换的设备。

用户移动终端：用于移动支付应用的手机终端或其他设备。

4）业务及应用术语。业务及应用方面的术语涉及交易、代理、圈存及相关凭证等。

系统跟踪审计号：由报文发送方定义的唯一标识交易号码，该号码在整个交易期的全部报文中都保持不变。

交易参考号：由收单行分派的、用来查询交易并在随后的报表中跟踪该查询的一个唯一字符代码。

单信息交易：一笔交易被发送一次，同时用于授权、清分和结算。此类交易也称"全金融交易"。授权、清分和结算全部在线发生。

双信息交易：一笔交易被发送两次，第一次仅用于授权，第二次的附加信息用于清分和结算，即授权实时处理、清分和结算非实时处理。

接近式支付交易：有卡环境下，通过交易点无线接口完成的支付交易，包括由非接触设备、移动电话或微感应器完成的交易。

代理业务：发卡机构受公用事业机构、商业机构、企事业单位等收付方委托，办理的收费、发放现金等交易业务，包括代收和代付，如代收公用事业费（水、电、燃气）、代发工资、代交电话费、售票、缴税、证券交易等。

授权交易：在双信息交易中，由受理方引发向发卡机构索取付款承诺，发卡机构根据持卡人账户情况返回应答信息的过程。

圈存：金融IC卡持卡人将其在银行账户上的资金划转到卡片上的电子钱包、电子存折或电子现金中。

圈提：持卡人将其在电子存折或电子现金中的部分或全部资金划回其在银行的相应账户上。

自动圈存：发卡机构根据持卡人预先协议，在处理电子现金联机交易时，对符合条件的直接通过返回脚本方式将电子现金余额进行更新的交易。

关联圈存：提供电子钱包的账户和提供资金的账户为相同账户的一种电子钱包圈存交易。关联圈存仅发送一笔交易，用以认证电子钱包和对圈存金额进行担保。

非关联圈存：提供电子钱包的账户和提供资金的账户不是同一账户的一种电子钱包圈存交易。

指定账户圈存：持卡人通过圈存终端主动发起，将预先与电子现金绑定的借记卡或贷记卡中资金（或额度）划入电子现金的交易。

非指定账户圈存：持卡人通过圈存终端主动发起，将任一借记卡中资金划入电子现金的交易。

圈存交易凭证：持卡人在自动柜员机（ATM）或圈存设备上充值而产生的交易凭证。

5）信息交换术语。信息交换中的常用术语有通信连接、报文等。

短连接：通信双方每次通信时建立，通信结束后关闭的连接。

长连接：通信双方建立后不再关闭，在通信正常情况下一直保持连通状态，双方在收发数据时不再重新建立的连接。

交易报文：用于传递相关金融交易信息的报文。

授权报文：在支付系统中，受理方和发卡行之间传输的，确立发卡行是否允许交易批准的报文。

交互报文：发生交易时所发送的、要求响应的报文。

通知报文：发送方将已采取的动作通知接收方的报文，不要求认可，但要求响应。

响应报文：原始请求或通知报文的接收方告知发送方该请求报文或通知报文已收到的报文。该响应表示接收方采取了什么样的动作来完成原始的请求或通知。

联机交易：由受理方、交换中心和发卡机构通过报文实时转接并处理完成的交易。

6）安全及风险管理术语。对银行交易中的密钥及其种类的界定催生出常见的安全及风险管理术语。

密钥：用于将明文转换成密文或者将密文转换成明文的算法中的一个数值。

静态密钥：交易双方使用双控方式手工装载的一种工作密钥。静态密钥具有不定期限生命周期。

动态密钥：通过联机网络管理报文实现密钥的更改，而不需要手工干预的一种工作密钥。

主密钥：用于产生交易中其他密钥的密钥（例如以变形或变换的方式）。

根密钥：用来生成导出密钥的密钥。

私钥：一个实体的非对称密钥对中含有的供实体自身使用的密钥。在数字签名方案中，私钥用于签名。

公钥：一个实体使用的非对称密钥对中可以公开的密钥。在数字签名方案中，公钥用于验证。

（3）JR/T 0062—2011《金融工具常用统计术语》

JR/T 0062—2011《金融工具常用统计术语》适用于中华人民共和国境内的金融统计业务的开展和管理。该标准对与金融统计业务有关的金融工具术语进行定义和描述，具体术语包括货币黄金与特别提款权、通货和存款、非股票证券、贷款、股票和其他股权、保险技术准备金、金融衍生品、其他应收/应付、委托代理协议及或有金融工具的术语。

3. 信息分类编码标准

信息分类编码标准包括 GB/T 12406—2008《表示货币和资金的代码》、JR/T 0124—2014《金融机构编码规范》、GB/T 13497—1992《全国清算中心代码》、GB/T 20548—2006《金融零售业务商户类别代码》等标准。下面以应用最广泛的 GB/T 12406—2008 为例说明此类标准的特点。

GB/T 12406—2008《表示货币和资金的代码》等同翻译了 ISO 4217：2001《用于货币表示的代码》及其 2004 年的技术勘误。

该标准提供了表示货币和资金的三位字符型代码结构和相应的三位数字代码结构；对于有辅助单位的货币，也给出了辅助单位与本币的十进制关系。该标准还确立了维护机构的维护程序，并规定了申请代码的方法。该标准适用于需要对货币和资金加以描述的所有贸易、商业和银行业务领域，既适用于手工处理，也适用于自动化处理系统。

货币代码分为字符型代码和数字型代码，例如，人民币元的字符型代码为"CNY"，数字型代码为 156。该标准所采标的国际标准 ISO 4217：2001《用于货币表示的代码》已于 2015 年再次修订，最新的货币代码已经改为通过 ISO 官网链接的网页提供。

标准还规定了货币的辅助单位，辅币单位长度为"0"表示该货币无辅助单位，而"1""2""3"分别表示比率为 10：1、100：1、1000：1。标准中未给出辅助单位的名称。

4. 数据通用标准

数据标准包括如何描述数据的标准和具体的数据描述。目前已经发布了部分涉及银行业务的数据类标准，包括 GB/T 21081—2007《银行业务密钥管理相关数据元（零售）》（采标）、JR/T 0015—2004《银行信息化通用数据元》、JR/T 0027—2006《征信数据元 数据元设计与管理》、JR/T 0028—2006《征信数据元 个人征信数据元》、JR/T 0039—2009《征信数据元 信用评级数据元》、JR/T 0057—2009《票据影像交换技术规范 数据元》、JR/T 0105—2014《银行数据标准定义规范》、JR/T 0137—2017《银行经营管理指标数据元》、JR/T 0065—2019《银行间市场基础数据元》等。

在这些标准中，JR/T 0105—2014《银行数据标准定义规范》是一个重要的基础标准。其制定目的是提高银行业数据管控水平，规范银行业数据标准的定义，统一银行业数据属性的描述，促进银行间数据的共享。它规定了银行对数据标准的定义规范，包括定义框架和各属性规范。

所谓数据，是信息的可再解释的形式化表示，以适用于通信、解释或处理。数据标准是对数据的表达、格式及定义的一致约定，包含数据业务属性、技术属性和管理属性的统一定义。业务属性包括中文名称、业务定义、业务规则等；技术属性包括数据类型、数据格式等；管理属性包括数据定义者、数据管理者等。

为持续保障数据质量、数据可获得性和数据安全性而建立的一套数据管理措施，称作数据管控。它包括一系列从源数据采集到信息供应的、端到端的数据管理政策、工作流程及所采取的控制措施。

银行数据标准的内容是银行在开展业务过程中所涉及的数据的特性。数据标准定义框架规定，银行数据标准应包括业务属性信息、技术属性信息和管理属性信息，可应用于银行的数据管控相关领域。

业务属性描述数据与银行业务相关联的特性。业务属性包括中文名称、英文名称、业务定义、业务规则、值域、标准依据、敏感度、相关数据、与相关数据关系。

技术属性描述数据与信息技术实现相关联的特性，是数据在信息系统项目实现时统一的技术方面的定义。技术属性包括数据类型、数据格式。

管理属性描述数据标准与数据管理相关联的特性，是数据管控在数据标准管理领域的统一要求。管理属性包括数据定义者、数据管理者、数据使用者、业务应用领域、使用系统。

银行数据标准定义框架如图3-2所示。

数据标准定义框架中的每个具体属性并非在所有情况下都是必需的，这些属性被分为必选、条件选、可选几种约束类型。属性的约束类型由数据管控需求和环境决定，同一属性在不同的银行或同一银行的不同发展时期，可以有更严格或者更宽松的约束类型。

5. 通用报文标准

所谓报文，是指在业务交易范围内，业务参与者或业务角色之间交换的结构化信息。银行业一直高度重视用于数据交换的报文和接口标准，目前已经制定的标准包括GB/T 15150—1994《产生报文的银行卡 交换报文规范 金融交易内容》、GB/T 27926—2011《金融服务 金融业通用报文方案》系列标准（共五部分）、JR/T 0055—2009《银行卡联网联合技术规范》系列标准（共五部分）、JR/T 0090—2012《中国金融移动支付 非接触式接口规范》、JR/T 0093—2012

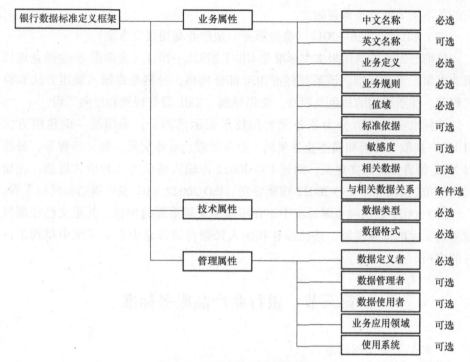

图 3-2　银行数据标准定义框架

《中国金融移动支付远程支付应用》系列标准（共六部分）、JR/T 0094—2012《中国金融移动支付近场支付应用》系列标准（共四部分）、JR/T 0096—2012《中国金融移动支付 联网联合》系列标准（共六部分）、JR/T 0078—2014《银行间市场数据接口》、JR/T 0109—2015《智能电视支付应用规范》系列标准（共五部分）等。

（1）GB/T 15150—1994《产生报文的银行卡　交换报文规范　金融交易内容》

该标准采用的 ISO 8583：1987 版《金融交易卡原始电文——交换电文规范》，是所有 ATM 和 POS 与银行通信的基础标准。该标准设计了一个保证在采用不同应用规范的系统之间能够进行报文交换的接口规范，规定了报文结构、格式和内容、数据元和数据元的值。各应用规范可保持在专用级别上。在报文可以转换成能够进行国际交换的接口格式这一总的约束条件下，各应用的设计者可享有完全的灵活性。

该标准使用一个称为"位元表"的概念，在此，对每个数据元在控制字段或位元表中分配一个位置标记。在一个具体报文中，数据元存在则在指定的位置上用"1"标明，数据元不存在则用"0"标明。各个系统所采用的报文格式取决于各系统签约双方的商务关系。该标准规定的数据格式能够保证符合该标准的各系统之间总是兼容的。

(2) GB/T 27926—2011《金融服务　金融业通用报文方案》

目前已发布的通用报文类标准是 GB/T 27926—2011《金融服务 金融业通用报文方案》系列标准。该系列标准由五部分构成，分别是库输入输出方法和格式规范、注册机构的角色及职责、建模导则、XML 设计规则和反向工程。

该标准将报文拆分为业务元素和技术表示两部分，采用统一的建模方法（UML）提取、分析和描述业务领域、业务过程、业务交易、报文流程等，最终以 XML 语言描述报文定义，阐述 ISO 20022 库输入输出方法和格式规范、注册机构的角色及职责、ISO 20022 建模导则、ISO 20022 XML 设计规则和反向工程。

ISO 20022 在国际金融标准中正在扮演越来越重要的角色，其报文已经覆盖越来越全面的金融领域，且已经在我国人民银行清算总中心的系统中得到了良好的应用。

第三节　银行业产品服务标准

1. 产品服务基础标准

GB/T 31186—2014《银行客户基本信息描述规范》系列标准（共五部分）和 GB/T 32319—2015《银行业产品说明书描述规范》是目前我国银行业产品服务基础标准中已发布的两项重要规范。

(1) GB/T 31186—2014《银行客户基本信息描述规范》系列标准

《银行客户基本信息描述规范》分为 GB/T 31186.1—2014《银行客户基本信息描述规范　第 1 部分：描述模型》、GB/T 31186.2—2014《银行客户基本信息描述规范　第 2 部分：名称》、GB/T 31186.3—2014《银行客户基本信息描述规范　第 3 部分：识别标识》、GB/T 31186.4—2014《银行客户基本信息描述规范　第 4 部分：地址》、GB/T 31186.5—2014《银行客户基本信息描述规范　第 5 部分：电话号码》五个部分。该系列标准提出了描述银行客户基本信息的框架，确立了对银行客户的唯一标识机制，规范了客户名称要素、证件类识别标识、账户类识别标识、地址、电话等通用信息的描述。

(2) GB/T 32319—2015《银行业产品说明书描述规范》

银行产品是商业银行向客户提供服务的基本手段，也是商业银行实现盈利的主要来源。站在存款人、贷款人、委托人、同业机构、监管者等不同视角审视银行产品，会有不同的观点，故全视角的银行产品说明书如何描述一直难以统一。GB/T 32319—2015《银行业产品说明书描述规范》从银行客户的视角，根据客户在签约一个银行产品时应该了解的信息，提出了银行产品说明书需要描述的内容，使银行客户对所签约的银行产品能够有比较准确的了解，易于对收益、费用和风险建立明确的认识，增强对不同银行同类产品的可比性，为我国银行业能够更好地为客户服务提供一种形式上的基础。

该标准规定了银行业金融机构对银行客户提供的银行产品说明书的相关术语、说明书的构成、说明书包含的实质性要素和展现要求，并给出了银行产品说明书逻辑展现基本模型，适用于在中华人民共和国境内注册和经营的银行业金融机构面向中华人民共和国境内的银行客户销售的适宜的银行产品。

2. 存款与贷款标准

存款标准主要对存款产品与服务事项进行规范，内容涉及个人活期、定期、通知存款以及各种对公客户（含同业）的活期、定期、通知存款等事项。贷款标准是对贷款产品与服务事项进行的规范，内容涉及个人贷款，对公客户的各种贷款产品，国际、国内贸易融资，以及票据贴现等事项。在已发布的标准中，JR/T 0138—2016《银团贷款业务技术指南》属于贷款类标准。

银团贷款是由两家或两家以上银行基于相同贷款条件，依据同一贷款合同，按约定的时间和比例，通过代理行向借款人提供的本外币贷款或授信业务。该标准全面衔接银团贷款业务和技术，贯穿了贷款分销、发放、贷后的银团贷款流程化管理各主要环节，填补了金融行业相关银团贷款技术标准的空白，有利于银团贷款行业的标准化和规范化运作。

JR/T 0138—2016《银团贷款业务技术指南》从银团贷款业务初始贷款的一级（筹组）市场业务和转让贷款的二级（交易）市场业务入手进行规范阐述，规定了银团贷款业务的术语和定义、业务分类、成员行角色定位、主要业务流程、公共代码及关键指标等。该标准适用于银团贷款业务一级市场和二级市场的业务办理、数据处理以及相关应用系统的需求提炼、IT 实现等。其适用对象主要是在我国境内依法设立并经营贷款业务的银行业金融机构（包括银行和非银行金融机构）。

3. 银行卡标准

银行卡标准主要包括 JR/T 0052—2009《银行卡卡片规范》、JR/T 0008—2000《银行卡发卡行标识代码及卡号》、JR/T 0025—2018《中国金融集成电路（IC）卡规范》系列标准（共 14 部分）、JR/T 0001—2009《银行卡销售点（POS）终端规范》、JR/T 0002—2009《银行卡自动柜员机（ATM）终端规范》等。本节主要介绍 JR/T 0025—2018《中国金融集成电路（IC）卡规范》的相关内容。

为满足社会公众对安全、便捷、多元化支付工具的创新需求，适应"互联网+"时代银行卡应用可持续发展的需要，加强个人信息保护和资金安全防范能力，体现金融IC卡的层次性、规范性和可扩展性特点，2018年，中国人民银行发布了新的《中国金融集成电路（IC）卡规范》（2018年版）。2018年版标准明确了金融IC卡规范的分层架构，将线上线下应用整合，明确通信方式可扩展。该标准适用于金融集成电路（IC）卡及终端制造商、支付系统或应用开发商及检测认证机构等。

《中国金融集成电路（IC）卡规范》是一个系列规范，其总则部分JR/T 0025.1—2018《中国金融集成电路（IC）卡规范 第1部分：总则》规定了金融集成电路（IC）卡的整体技术架构、基本特点以及整套规范中各个部分之间的关系和主要内容，为其余各部分的使用提供了指南。

除总则外，金融IC卡标准整体架构涉及安全管理、功能应用和通信抽象三个层面。

1) 安全管理层：主要是JR/T 0025.7—2018《中国金融集成电路（IC）卡规范 第7部分：借记/贷记应用安全规范》。该标准规定了借记/贷记应用安全功能方面的要求以及为实现这些安全功能所涉及的安全机制和获准使用的加密算法。该标准适用于由银行发行或受理的金融借记/贷记卡应用以及与安全有关的设备、卡片、终端机具等。

2) 功能应用层：包括JR/T 0025.4—2018《中国金融集成电路（IC）卡规范 第4部分：借记/贷记应用规范》等10个部分。该层面的标准对借记/贷记应用卡片和终端之间的处理技术要求进行了描述，包括交易流程、指令集、数据元等，全面覆盖了线上线下支付应用方式。

3) 通信抽象层：包括JR/T 0025.3—2018《中国金融集成电路（IC）卡规范 第3部分：与应用无关的IC卡与终端接口规范》和JR/T 0025.8—2018《中国金融集成电路（IC）卡规范 第8部分：与应用无关的非接触式规范》两部分。该层面的标准对通信层信息交互模式、握手方式、通信传输方式及链路方式等进行统一要求，支持13.56MHz近场通信协议，同时为将来其他通信技术的扩展预留支持空间。

本规范各部分之间的关系结构如图3-3所示。

4. 担保承诺标准

JR/T0170—2018《商业银行担保物基本信息描述规范》系列标准（共两部分）和JR/T 0069—2012《信用增进机构业务规范》是目前已发布的担保承诺类

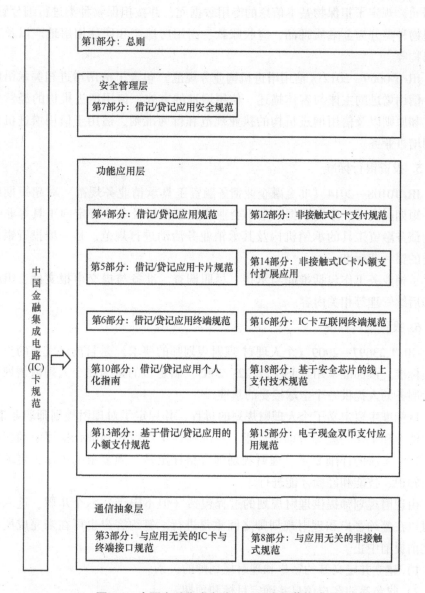

图 3-3 中国金融集成电路（IC）卡规范构成

标准。

JR/T 0170.1—2018《商业银行担保物基本信息描述规范 第 1 部分：通用数据元》规定了商业银行担保物基本信息中通用数据元的分类规则、编码方法、属性及描述规则、内容和应用要求，适用于商业银行的担保物管理。

JR/T 0170.2—2018《商业银行担保物基本信息描述规范 第 2 部分：专用

数据元》规定了担保物基本信息的专用数据元,并按担保物种类进行细分管理。担保物种类分为金融质押品、应收账款、商用房地产和居住用房地产以及其他担保物等。

JR/T 0069—2012《信用增进机构业务规范》包含了信用增进相关术语的界定、信用增进的主体与客体描述、信用增进的方式、信用增进机构的经营管理标准和原则以及信用增进机构的执业规范和行为准则,适用于信用增进机构的信用增进业务。

5. 投资银行标准

JR/T0108—2014《非金融企业债务融资工具承销业务规范》对超短期融资券、短期融资券、中期票据、中小企业集合票据以及非公开定向工具等非金融企业债务融资工具的承销机构及其承销业务活动进行规范,是一项投资银行业务类的银行业标准。

承销业务工作包括推介与承接、尽职调查、准备与提交申报文件、组织发行和后续管理等相关内容。

6. 投资理财标准

GB/T 23697—2009《个人理财 理财规划师的要求》是目前已发布的投资理财类标准。该标准采用了 ISO 22222:2005,制定目的是为在个人理财领域从事专业服务的人提供一个全球接受的基准。

该标准主要定义了个人理财规划的过程,并规定了对理财规划师职业道德、从业能力和工作经验等方面的要求。标准描述了理财规划师合格评定的多种方法和每个方法的详细要求。理财规划师合格评定是一项复杂的工作,要求具备专业知识、技能和经验才能进行。

由理财规划师提供理财规划的过程包括(但不限于)六个步骤,这六个步骤可以在签约客户和理财规划师之间重复进行。签约客户也可在未完成所有步骤之前提前中止。

1)建立并定义签约客户和理财规划师的关系。
2)收集签约客户信息并确定目标和预期。
3)分析评估签约客户的财务状况。
4)制定理财规划书。
5)实施理财规划。
6)理财规划跟踪执行。

7. 资金交易标准

GB/T 21083—2007《银行业务 债券提款单的标准格式》等同采用 ISO

6536：1981《银行业务 债券提款单的标准格式》及其1981年勘误（英文版）。

债券提款单广泛应用于债券发行机构、银行、金融机构和证券交易所。债券提款单可以使这些机构在办理业务（销售、偿还息票、付款等）时，核实持票人出示的债券是否为上次开具或以前开具的已偿还债券，债券提款单还可以使银行和经营债券安全保管业务的其他金融机构在每次出票后检查其债券持有量并作为已偿还债券的付款提示。

由于各国之间和每个国家内部的偿还方式和提款程序各不相同，标准化的提款单减少了错误付款或出售已偿还债券的风险。标准化的提款单使国际信息交流更为便利。

该标准的内容主要包括术语和定义、标准提款单的一般格式、提款单数据元及其印制区域和示例，适用于印制、计算机打印或复印的，由发行机构或其代理机构向相关团体签发的提款单和公报或报纸上通告的提款单。

8. 电子支付标准

为引导和规范我国电子支付标准的规范化发展，实现金融资源的配置效率，中国人民银行于2012年12月正式发布中国金融移动支付系列技术标准，从产品形态、业务模式、联网通用、安全保障等方面明确了系统化的技术要求，覆盖中国金融移动支付各个环节的基础要素、安全要求和实现方案，确立了以"联网通用、安全可信"为目标的技术体系架构。

中国金融移动支付系列技术标准体系结构（见图3-4）共分为六层，包括设

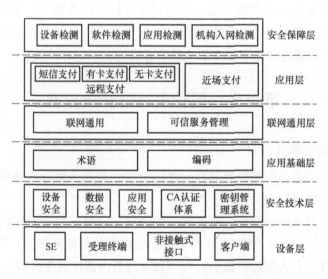

图 3-4 中国金融移动支付系列技术标准体系结构

备层、安全技术层、应用基础层、联网通用层、应用层、安全保障层，覆盖了目前较成熟的关键性、基础性内容，部分新技术应用由于尚未得到充分验证，暂未纳入技术规范。标准主要规定了与移动支付相关的术语、非接触式接口、安全单元（SE）、多应用管理、交易处理流程、报文接口、业务运营的相关要求，包括应用基础类、联网通用类、设备类、应用类、安全保障类和安全技术类六大类。其中，安全技术类标准涉及其他各类标准，因此将安全技术类拆分，并归属于各个类别。拆分后，共计五大类35项技术规范。

该标准不仅适用于参与移动支付业务的商业银行、支付机构、卡组织等，也适用于芯片、卡片、嵌入式软件、客户端软件、SE应用、非接读卡器、手机终端等产品的制造商和第三方服务提供商。

9. 其他标准

其他标准主要包括JR/T 0126—2015《银行与合作方业务数据处理一致性规范》和JR/T 0070—2012《信用增进机构风险管理规范》两项标准。

JR/T 0126—2015《银行与合作方业务数据处理一致性规范》规定了银行在与合作方共同推出产品或服务时，在业务数据处理方面应遵循的规则，包括客户提示用语标准、业务报表与交易登记簿记载规则，适用于所有与银行开展合作业务时需进行业务数据处理的合作双方。

JR/T 0070—2012《信用增进机构风险管理规范》规定，信用增进是以保证、信用衍生工具、结构化金融产品或者法律、法规、政策以及行业自律规范文件明确的其他有效形式提高债项信用等级、提高债务履约保障水平，从而分散、转移信用风险的专业性金融服务。信用增进机构是依法设立的，以提供专业化的信用增进服务为主营业务的金融服务机构。

第四节 银行业运营管理标准

1. 内部控制标准

内部控制标准是内部控制建设、评价与审计等相关管理活动的排除银行间差异的一致性规范要求。

根据财政部会同证监会、审计署、原银监会、原保监会发布的《企业内部控制基本规范》（财会〔2008〕7号）及企业内部控制配套指引，以及原银监会颁布的《商业银行内部控制指引》和《商业银行内部控制评价试行办法》，中国人民银行在充分考虑银行业特点的基础上，制定JR/T 0125—2015《商业银行内部控制评价指南》，并于2015年10月21日正式发布。该标准对商业银行开展的内部控制评价工作做出了统一规范和具体全面的指导，旨在促进商业银行优化内部控制建设，提升风险管理水平和完善企业治理水平，为商业银行健康发展保驾护航。

JR/T 0125—2015《商业银行内部控制评价指南》有效地解决了两个方面的问题：

在应用方面，该标准建立了商业银行内部控制评价的应用框架，确立了以评价内容为基础，以评价标准、评价程序、评价方法为支柱，服务于评价目标的屋形应用体系，阐明了"由谁评价""评价什么""如何评价"以及"评价结果如何运用"等一系列问题。

在实务方面，该标准以风险为导向，将内部控制评价的内容定义在内部控制五要素、空间范围和时间范围三个维度的结合体之中。空间范围强调确认银行内部控制的整体效果，包括整个银行集团、银行各层级、各部门以及附属公司的内部环境、风险评估、控制活动、信息与沟通、内部监督；时间范围是指内部控制评价所关注的是一个时间段的内部控制效果，即这个特定时间段内的内部环境、风险评估、控制活动、信息与沟通、内部监督的有效性。在具体实施时，内部控制评价从公司层面、流程层面、信息技术层面开展，实现内部控制评价的全覆盖。

2. 基础设施建设标准

商业银行基础设施的建设和管理需要统一的行业标准，目的是保证机构组织运营和安全、提高服务水平、降低运营成本、提高销售能力。基础设施建设标准主要包括安全防范标准、金库建设管理标准等。目前已发布的标准包括JR/T 0003—2000《银行金库》、JR/T 0001—2000《金库门》和JR/T 0002—2000《组合锁》三项。

银行金库是指中央银行货币发行库与主要存在于商业银行的现金业务库。其中，货币发行库分为总库、分库、中心支库、支库四级。业务库是指银行为办理日常现金收付业务而设立的库房。其保留的现金是金融机构现金收付的周转金，是营运资金的组成部分。

JR/T 0003—2000《银行金库》规定了银行金库及相关建筑物的总体布局、库址选择、主体库房与辅属配套用房建筑标准、安全防范系统标准等，适用于各类金库的新建与改建设计。

JR/T 0001—2000《金库门》规定了金库门的定义、分类与命名、要求、抽样、试验方法、检验规则、标志、包装、运输、储存等。该标准适用于金融行业各类金库库房使用的库门，也适用于金库备用门（安全门）。

JR/T 0002—2000《组合锁》规定了组合锁的分类、定义、结构要求、性能试验及标志等。该标准的要求适用于安装在保险柜、金库及同类设施的门上的组合锁，它给出了抗非法开启的锁定锁栓的方法。

第五节 银行业信息技术标准

1. IT基础设施标准

IT基础设施标准对包括承载、支持银行业信息技术开发、测试、运行的IT基础设施进行规范。其内容涉及计算机机房、网络通信设备、系统软件等相关技术规范。目前该类标准中已发布的规范包括JR/T 0011—2004《银行集中式数据中心规范》、JR/T 0044—2008《银行业信息系统灾难恢复管理规范》、JR/T 0026—2006《银行业计算机信息系统雷电防护技术规范》、JR/T 0013—2004《金融业星型网间互联安全规范》、JR/T 0012—2004《金融业星型网间互联技术规范》、JR/T 0131—2015《金融业信息系统机房动力系统规范》和JR/T 0132—2015《金融业信息系统机房动力系统测评规范》七项标准。

下面对银行业信息处理有着重要影响的JR/T 0011—2004《银行集中式数据中心规范》加以介绍。

银行集中式数据中心是以集中的数据存储和统一的信息处理平台为依托，在相应系统的支撑下，通过集中的运行、监控、管理手段，承担银行区域或全辖范围内信息存储、处理和传输的机构。它是银行信息的管理中心和业务的处理中心，是银行各项业务开展的重要基础。建立银行集中式数据中心能够减少银行信息技术基础设施和信息技术人员成本，改善银行对外的服务水平和形象，通过科学的统计数据和量化的模型分析，有助于银行提高决策和管理水平，促进银行集约化经营水平的提高。

JR/T 0011—2004《银行集中式数据中心规范》对银行业集中式数据中心进行规范，规定了银行集中式数据中心的定义、目标、范围、技术规范、管理规范和应具有的职能，适用于规范、指导银行集中式数据中心的建设以及集中式数据中心的日常安全生产运行。

银行集中式数据中心正常运行应具备的基本职能包括日常运行、系统维护、网络维护、应用维护、安全管理、设备维护、数据档案管理、应急处理、服务质量管理、对外联系、日常行政人力资源管理等职能。

2. 应用研发运维标准

应用研发运维标准对信息技术类项目从需求分析到进入投产状态及投产后运行维护的全过程、全方位管理和技术要求等事项进行规范,内容涉及应用研发运行的通用基础、基本过程、支持过程、组织过程等。目前已发布的应用研发运维标准有 JR/T 0101—2013《银行业软件测试文档规范》和 JR/T 0140—2017《中小银行信息系统托管维护服务规范》两项标准。下面主要介绍后者的编制背景与内容概要。

JR/T 0140—2017《中小银行信息系统托管维护服务规范》是中小银行信息系统托管维护服务的指导性标准,有助于规范受托机构的维护服务,持续改进受托机构的服务水平,提高中小银行信息系统运行的安全性、稳定性。

JR/T 0140—2017《中小银行信息系统托管维护服务规范》规定了中小银行信息系统托管维护服务生命周期、各阶段的管理要求,包括托管前的准备、托管服务的建立、持续保障、变更和退出,以及托管服务的监督管理,规范了托管服务中委托机构和受托机构双方应具备的资源准备、托管服务运行保障能力、托管流程以及管理机制,明确了托管服务的委托机构和受托机构的职责以及服务范围。

该标准的发布与执行将持续改进受托机构的服务水平,提高中小银行信息系统运行的安全性、稳定性,降低中小银行信息系统运行风险,满足中小银行的业务发展需求;同时,为有基础设施级托管、基础架构级托管和应用系统级托管等方面需求的中小银行等金融机构提供科学、规范、有效的管理和指导依据,对本行业相关业务的开展具有示范和引导作用。

3. 信息交换标准

信息交换标准对信息交换过程中的协议与报文等技术事项进行规范。目前已发布的信息交换标准如表 3-1 所示。

表 3-1 信息交换标准明细表

序号	标准编号	标准名称	主要内容
1	JR/T 0014—2005	《银行信息化通用代码集》	对信息化通用代码进行规范,规定了银行信息交换和共享所使用的代码及其相关内容
2	JR/T 0015—2004	《银行信息化通用数据元》	对信息化通用数据元进行规范,是处理业务信息和建立业务信息数据库的基础标准,为实现各银行间数据的有效集成与共享提供了条件。本标准规定了银行信息交换和共享所使用的数据元的标记、名称、说明及相关内容

(续)

序号	标准编号	标准名称	主要内容
3	JR/T 0065—2019	《银行间市场基础数据元》	对银行间市场基础数据元进行规范，规定了银行间市场业务活动中涉及的银行间市场系统数据元的标记、名称、说明及相关内容。本标准的内容覆盖外汇市场、货币市场和衍生品市场的前台、中台、后台，以及债务市场的前台、中台，不含债券市场的后台清算、结算部分
4	JR/T 0056—2009	《票据影像交换技术规范 影像采集》	对接入票据影像交换系统的影像采集设备的精度，输出影像的分辨率、色彩深度、文件格式及大小等进行了规定，同时提出了保证票据影像质量的建议检查方法。本标准适用于参与票据影像交换、系统建设及应用的各机构
5	JR/T 0057—2009	《票据影像交换技术规范 数据元》	规定了与票据影像交换业务有关的数据元。本标准适用于从事票据影像交换业务的机构与相关机构间的信息交换与共享，不适用于各机构内部系统的数据存储和数据交换
6	GB/T 15948.1—2007	《银行电讯 资金转账报文 第1部分：电子资金转账报文数据段和数据元术语及通用集》	详细说明、定义和阐述了目前使用的数据段及数据元的术语、表示法和不久将使用的金融机构间的资金转账支付交易，订单的描述、处理和格式。本标准适用于电子资金转账报文的数据段及数据元，通用集以逻辑功能组（数据段）为序，可作为资金转账报文的基本格式
7	GB/T 16711—1996	《银行业 银行电信报文 银行标识代码》	规定了用于银行业和相关金融环境中自动化处理的通用银行标识代码（BIC）的元素和结构
8	GB/T 20543.1—2011	《金融服务 国际银行账号（IBAN）第1部分：IBAN的结构》	规定了IBAN格式的构成要素，以便于在金融领域以及其他行业进行跨境数据交换时的数据处理工作。本标准适用于金融领域及其他领域进行跨境数据交换时对国际银行账号（IBAN）的使用
9	GB/T 20543.2—2011	《金融服务 国际银行账号（IBAN）第2部分：注册机构的角色和职责》	描述了IBAN格式的注册机构、注册程序和注册结构，注册的IBAN格式应满足ISO 13616—1的要求。本标准适用于使用IBAN的相关机构的注册管理
10	JR/T 0024—2004	《国际收支统计间接申报银行接口规范通用要素》	规定了国际收支统计间接申报信息交换和共享所使用的银行接口规范要素的标记、名称、说明及相关内容

（续）

序号	标准编号	标准名称	主要内容
11	JR/T 0066—2019	《银行间市场业务数据交换协议》	对银行间市场业务数据交换事项进行规范，规定了银行间市场参与者之间进行银行间交易所需的会话层通信协议（Inter-bank Markets Information Exchange Protocol，IMIX），包括报文语法与结构、会话可靠传输规范、会话管理规范、会话类报文与组件。本标准适用于银行间市场参与方之间的基础会话通信数据交换，还适用于银行间市场机构间的业务数据交换协议报文数据交互
12	JR/T 0078—2014	《银行间市场数据接口》	规定了银行间市场业务（外汇交易、信用拆借、债券回购现券买卖、票据等）数据交换和共享所使用的应用接口规范、使用方式和所使用的银行间市场数据交换消息的内容、格式及其使用方法。本标准的内容覆盖应用编程接口描述、数据传输压缩接口规范、数据落地接口规范、日志接口规范、配置接口规范、业务报文内容快速访问接口规范、订阅发布模式接口规范、业务数据精度标准
13	JR/T 0019—2004	《银证业务数据交换消息体结构和设计规则》	对银证业务数据交换消息体结构和设计规则进行规范，规定了消息体的结构和设计规则，适用于银证业务消息体的设计和使用。数据传输中所依赖的网络协议、网络规则、加密认证等不在本标准中涉及
14	JR/T 0046—2009	《证券期货业与银行间业务数据交换消息体结构和设计规则》	对证券期货业与银行间业务数据交换消息体结构和设计规则进行规范，规定了消息体的结构和设计规则，适用于银行与证券公司间转账、银行与期货公司间转账、证券公司客户交易结算资金第三方存管业务消息体的设计和使用。数据传输中所依赖的网络协议、网络规则、加密认证等不在本标准中涉及
15	JR/T 0031—2016	《银行保险业务人寿保险数据交换规范》	对银行保险业务人寿保险数据交换规范进行规范，规定了银行保险及其同类中介业务领域的交易类型、交易包数据模型及数据字典。本标准适用于全国人寿保险领域的保险数据交换活动
16	JR/T 0037—2016	《银行保险业务财产保险数据交换规范》	对银行保险业务财产保险数据交换事项进行规范，规定了银行保险及其同类中介业务领域的交易类型、交易包数据模型及数据字典。本标准适用于全国财产保险领域的保险数据交换活动

(续)

序号	标准编号	标准名称	主要内容
17	GB/T 15150—1994	《产生报文的银行卡交换报文规范 金融交易内容》	等同采用 ISO 8583：1987，对银行卡报文相关术语进行了定义和描述，规定了报文结构，描述了报文和交易流程以及报文与交易的匹配关系（对应的国际标准现已更新为 ISO 8583：2003（三部分））

下面选取 JR/T 0065—2019《银行间市场基础数据元》、JR/T 0066—2019《银行间市场业务数据交换协议》系列标准（共三部分）和 JR/T 0078—2014《银行间市场数据接口》的编制情况和内容做简要介绍。这三项标准都是在银行间市场交易规模不断扩大这一背景下，为促进其科学、高效发展而制定的，有着相同的编制背景，因此对其进行合并介绍。

（1）JR/T 0065—2019《银行间市场基础数据元》

JR/T 0065—2019《银行间市场基础数据元》

定义了银行间市场业务术语的唯一表达，对银行间市场数据的描述、存储、传输等方面提供了统一的定义，为银行间市场系统建设提供了数据字典。具体包含以下几方面内容：

1）市场类别：包括本币市场、外汇市场、信息系统等。

2）市场及系统术语：对银行间市场所涉及的所有相关术语定义统一的、无歧义的说明。

3）各系统交易要素：对系统中需要用到的交易要素进行明确的描述。

4）存储格式及计算规则：根据系统术语及交易要素的描述，定义计算机中的存储格式，并规定计算公式与计算算法，确保所有要素计算表示方式及计算方式的一致性。

（2）JR/T 0066—2019《银行间数据交换协议》系列标准

JR/T 0066—2019《银行间市场业务数据交换协议》系列标准分为三部分：第一部分为 JR/T 0066.1—2019《银行间市场业务数据交换协议 第1部分：语法、结构与会话层》，规定了银行间市场参与方之间进行银行间交易所需的会话层通信协议（IMIX），包括报文语法与结构、会话可靠传输规范、会话管理规范、会话类报文与组件等；第二部分为 JR/T 0066.2—2019《银行间市场业务数据交换协议 第2部分：应用层》，规定了银行间市场参与方进行交易所使用的数据交换协议的应用层协议规范，包括报文定义、域字典等；第三部分为 JR/T 0066.3—2019《银行间市场业务数据交换协议 第3部分：适流表示层》，规定了银行间市场参与方基于会话层和应用层的银行间市场成员交互数据进行适流压缩的协议（IMAST）。

（3）JR/T 0078—2014《银行间市场数据接口》

JR/T 0078—2014《银行间市场数据接口》规定了银行间市场业务（外汇交易、信用拆借、债券回购、现券买卖、票据等）数据交换和共享所使用的应用接口规范、使用方式以及所使用的银行间市场数据交换报文的内容、格式及其使用方法。

该标准的内容覆盖应用编程接口描述、数据传输压缩接口规范、数据落地接口规范、日志接口规范、配置接口规范、业务报文内容快速访问接口规范、订阅发布模式接口规范、业务数据精度标准。该标准适用于银行间市场业务活动中涉及的业务系统数据接口及所有使用银行间市场数据交换协议的系统。

4. 信息安全标准

信息安全标准对银行信息技术安全防护事项进行规范，内容涉及信息安全通用标准规范、设备安全、网络通信安全、系统软件安全、应用研发运行安全、身份认证、敏感信息保护以及业务连续性保护等。

目前已发布的信息安全标准如表 3-2 所示。

表 3-2 信息安全标准

序号	标准编号	标准名称	主要内容
1	GB/T 27911—2011	《银行业 安全和其他金融服务 金融系统的安全框架》	提供了金融业所必要的安全方面的标准框架，汇总了金融行业已出现的一些关键安全问题，以及针对每一个问题的相关现有标准，适用于金融机构在实施安全策略时的标准参考
2	GB/T27910—2011	《金融服务信息安全指南》	为金融机构提供了制定信息安全方案的指南，包括策略讨论，机构和方案的结构化法律法规组件。在标准中探讨了在选择和实施安全控制措施方面应考虑的内容，以及在现代化金融服务机构中管理信息安全风险的要素，并给出了基于机构业务环境、实践和规程方面应考虑的建议。标准中还包括对法律法规符合性问题的讨论，这需要在方案的设计和实施阶段予以考虑
3	JR/T 0068—2012	《网上银行系统信息安全通用规范》	包含了网上银行系统的描述、安全技术规范、安全管理规范、业务运作安全规范。本标准适用于网上银行系统建设、运营及测评
4	GB/T 27913—2011	《用于金融服务的公钥基础设施实施和策略框架》	规定了通过证书策略和认证业务说明对公钥基础设施（PKI）进行管理，以及将公钥证书用于金融服务行业的要求框架；同时，定义了风险管理的控制目标和控制程序。本标准适用于对开放、封闭和契约环境中的 PKI 系统进行区分，并且根据金融服务行业信息系统控制目标，进一步定义了运行的业务

（续）

序号	标准编号	标准名称	主要内容
5	GB/T 21080—2007	《银行业务和相关金融服务基于对称算法的签名鉴别》	实现了确保已传输的鉴别信息的保密性和通过对鉴别信息的验证提供检测重放的方法，规定了请求访问实体和授权允许访问实体之间的三种签名鉴别方式
6	GB/T 21081—2007	《银行业务 密钥管理相关数据元（零售）》	对密钥管理相关数据元进行规范和定义，说明了密钥管理相关数据，该数据或者在交易报文中传输，或者在加密服务报文中传输
7	GB/T 27909.1—2011	《银行业务 密钥管理（零售）第1部分：一般原则》	规定了在零售金融服务环境中实施的密码系统应遵循的密钥管理原则
8	GB/T 27909.2—2011	《银行业务 密钥管理（零售）第2部分：对称密码及其密钥管理和生命周期》	对对称加密、密钥管理及生命周期等事项进行规范，描述了银行加密过程中密钥的保护技术及密钥的生命周期管理
9	GB/T 27909.3—2011	《银行业务 密钥管理（零售）第3部分：非对称密码系统及其密钥管理和生命周期》	描述了零售金融服务环境中使用非对称密码机制时，对称和非对称密钥的保护技术，以及与非对称密钥相关的生命周期管理
10	GB/T 21082.4—2007	《银行业务 密钥管理（零售）第4部分：使用公开密钥密码的密钥管理技术》	修改采用国际标准 ISO 11568-4：2007，在零售银行业务环境下对公开密钥密码系统密钥的使用和保护技术，适用于任何在密钥生命周期内负责执行密钥保护程序的组织
11	GB/T 21082.5—2007	《银行业务 密钥管理（零售）第5部分：公开密钥密码系统的密钥生命周期》	对公开密钥密码系统的密钥生命周期进行规范，描述了在零售银行业务环境下的安全要求，以及对非对称密钥对的私钥和公钥在密钥生命周期中每一阶段的实现方法
12	GB/T 27928.1—2011	《金融业务 证书管理 第1部分：公钥证书》	定义了用于法人和自然人的金融业证书管理系统，适用于金融行业中公钥证书的管理
13	GB/T 21077.2—2007	《银行业务 证书管理 第2部分：证书扩展项》	修改采用 ISO 15782-2：2001《银行业务证书管理第2部分：证书扩展项》，摘录了从 GB/T 16264.8—2005 中选择的证书扩展项的定义，规定了由金融服务行业使用证书扩展项的附加要求
14	GB/T 21078.1—2007	《银行业务 个人识别码的管理与安全 第1部分：ATM 和 POS 系统中联机 PIN 处理的基本原则和要求》	对 PIN 管理与安全事项进行规范，提出了有效 PIN 管理所需要最小安全措施的基本原则和技术要求，规定了联机环境中金融交易卡所应用的 PIN 保护技术和 PIN 数据交换的标准方法

(续)

序号	标准编号	标准名称	主要内容
15	GB/T 21078.2—2011	《银行业务 个人识别码的管理与安全 第2部分：ATM和POS系统中脱机PIN处理的要求》	规定了脱机PIN处理的最低安全要求和在脱机环境下交换PIN数据的标准方法。本标准适用于要求脱机PIN验证的卡发起的金融交易，也适用于那些负责ATM和收单方布放的POS终端中实施PIN管理和保护技术的机构
16	GB/T 21078.3—2011	《银行业务 个人识别码的管理与安全 第3部分：开放网络中PIN处理指南》	规定了在开放网络系统中PIN的处理指南；在发卡方及收单方没有直接对PIN管理进行控制的环境中，或在发生交易前PIN输入设备与收单方没有关系的情况下，为管理PIN和处理金融卡发起的交易提供金融业务安全措施的最佳实践
17	GB/T 20544—2006	《银行业务 报文加密程序（批发）一般原则》	以提供保密性为目的，规定了整个（或部分）金融批发报文应用层加密和解密的方法
18	GB/T 21079.1—2011	《银行业务 安全加密设备（零售）第1部分：概念、要求和评估方法》	规定了金融零售业务中用于保护报文、密钥及其他敏感数据的安全密码设备（SCD）的物理特性、逻辑特性和管理要求
19	GB/T 20547.2—2006	《银行业务 安全加密设备（零售）第2部分：金融交易中设备安全符合性检测清单》	对设备安全符合性检测事项进行规定，列出了评估金融服务系统中安全加密设备的安全符合性检测清单
20	GB/T 27929—2011	《银行业务 采用对称加密技术进行报文鉴别的要求》	规定了用于保护银行业务报文的完整性和验证报文来源的过程，给出了使用分组密码进行银行业务报文鉴别的方法
21	GB/T 23695—2009	《银行业务 安全文件传输（零售）》	对安全文件传输事项进行规范，适用于零售银行业务中不同类型的文件传输，但不包括ISO 8583中涉及的交易报文
22	JR/T 0118—2015	《金融电子认证规范》	对向金融领域提供服务的CA机构提出了具体要求；对各机构应用电子认证技术提出了具体要求，明确了对数字证书业务的办理、数字证书与应用的关联、数字证书安全、电子认证技术的实现、数字证书在业务系统中的应用的规范性要求
23	JR/T 0114—2015	《网银系统USBKey规范安全技术和测评要求》	对网银系统USBKey安全技术与测评要求进行规范

(续)

序号	标准编号	标准名称	主要内容
24	GB/T 27927—2011	《银行业务和相关金融服务三重数据加密算法操作模式实施指南》	给用户提供了为增强数据加密保护而安全有效地实施 3-DEA 操作模式的技术支持和详细资料。本处 3-DEA 操作模式用于加密运算和解密运算。本标准为产品的互用性和使用 3-DEA 操作模式的应用标准的开发提供了基础
25	GB/T 27912—2011	《金融服务 生物特征识别 安全框架》	规定了金融业使用生物特征识别机制鉴别人员身份的安全框架,介绍了生物特征识别技术的类型,阐述了有关应用问题。本标准也描述了实现架构,详细规定了有效管理的最小安全要求
26	GB/T 16790.1—1997	《金融交易卡 使用集成电路卡的金融交易系统的安全结构 第1部分:卡的生命周期》	详细描述了使用集成电路的金融交易卡从生产、发行到使用、终止的保护原则
27	GB/T 16790.5—2006	《金融交易卡 使用集成电路卡的金融交易系统的安全体系 第5部分:算法应用》	摘录和采纳了 ISO 9594-8 中所选择的证书扩展项的定义,并增加了控制需求和金融机构需要的其他信息
28	GB/T 16790.6—2006	《金融交易卡 使用集成电路卡的金融交易系统的安全体系 第6部分:持卡人身份验证》	规定了为进行有效的国际 PIN 管理而提供所需要的最小安全措施的基本原则和技术
29	GB/T 16790.7—2006	《金融交易卡 使用集成电路卡的金融交易系统的安全体系 第7部分:密钥管理》	规定了使用集成电路卡的金融交易系统的密钥管理要求。它对集成电路卡环境中在卡生命周期内和交易处理过程中所用密钥的安全管理的程序和过程做出了定义。本标准描述了对称与非对称密钥管理方案,并规定了最低密钥管理要求
30	JR/T 0071—2012	《金融行业信息系统信息安全等级保护实施指引》	依据国家《信息系统安全等级保护基本要求》和《信息系统等级保护安全设计技术要求》,结合金融行业特点,对金融行业的信息安全体系架构采用分区分域设计,对不同等级的应用系统进行具体要求,以保障将国家等级保护要求行业化、具体化,提高银行重要网络和信息系统信息安全防护水平
31	JR/T 0072—2012	《金融行业信息系统信息安全等级保护测评指南》	规定了金融行业对信息系统安全等级保护测评估的要求

(续)

序号	标准编号	标准名称	主要内容
32	JR/T 0073—2012	《金融行业信息安全等级保护测评服务安全指引》	总结了金融行业应用系统多年的安全需求和业务特点，明确了等级保护测评服务机构安全、人员安全、过程安全、测评对象安全、工具安全等方面的基本要求
33	JR/T 0156—2017	《移动终端支付可信环境技术规范》	规定了移动终端支付领域可信环境的整体框架、可信执行环境、通信安全、数据安全、客户端支付应用等主要内容
34	JR/T 0164—2018	《移动金融基于声纹识别的安全应用技术规范》	规定了移动金融服务场景中基于声纹识别安全应用的功能要求、性能要求和安全要求等内容

如今网上银行和移动支付业务日益扩大，下面介绍 JR/T 0068—2020《网上银行系统信息安全通用规范》和 JR/T 0164—2018《移动金融基于声纹识别的安全应用技术规范》的相关内容。

（1）JR/T 0068—2020《网上银行系统信息安全通用规范》

该标准通过收集、分析在评估检查中发现的网上银行系统信息安全问题和已发生的网上银行案件，针对性地提出安全要求。该标准旨在有效增强现有网上银行系统的安全防范能力，促进网上银行规范、健康发展。该标准既可作为各单位网上银行系统建设、改造升级以及开展安全检查、内部审计的安全性依据，也可作为行业主管部门、专业检测机构进行检查、检测及认证的依据。

该标准规定了网上银行系统的安全技术要求、安全管理要求、业务运营安全要求，适用于中华人民共和国境内设立的商业银行等银行业金融机构所运营的网上银行系统，其他金融机构提供网上金融服务的业务系统宜参照该标准执行。

（2）JR/T 0164—2018《移动金融基于声纹识别的安全应用技术规范》

随着互联网、智能移动设备的快速发展，移动金融正在并将继续影响和改变人们的支付方式，然而用户真实身份的认证安全问题成了便捷移动金融的制约因素之一。

作为生物特征中可以进行交互行为的声纹特征，其特点是根据说话人语音中所蕴含的、能表征和标识说话人的语音特征，对说话人的身份进行识别，以提供有效的用户身份校验和鉴别；具有唯一性、独特性和较高安全性，不易篡改；无须额外成本；交互自然，使用方便，可以有效增强移动金融身份认证的安全性。

2018年10月9日，JR/T 0164—2018《移动金融基于声纹识别的安全应用技术规范》由中国人民银行正式发布。该标准适用于手机银行等移动金融服务基于声纹识别的开发、检测、应用和风控，进一步增强远程身份认证过程中的安全性，为移动金融服务中声纹识别技术的使用提供指导及规范性标准。

该标准规定了移动金融服务场景中基于声纹识别安全应用的功能要求、性能要求和安全要求等内容，不包括电话或网络电话中涉及声纹识别的应用场景。功能要求方面，明确了声纹注册、声纹验证、声纹变更及声纹注销应满足的要求；性能要求方面，明确了基本性能指标、采样指标、有效语音长度、系统响应时间等具体要求；安全要求方面，明确了声纹信息采集、身份认证、明示同意、声纹信息传输、声纹信息存储等基本要求。

5. 银行机具标准

银行机具标准对银行机具技术事项进行规范，内容涉及自助设备、网点柜员机具设备等技术事项。中国人民银行于2017年6月发布的JR/T 0154—2017《人民币现金机具鉴别能力技术规范》是较为典型的银行机具标准。

现金机具是以现金为处理对象，具备真假鉴别功能的设备，包括纸币鉴别机具和硬币鉴别机具。为了适应不断涌现的新型现金机具管理的需要，促进现金机具生产企业提高机具鉴别能力，引导社会用户选择合格的现金机具，中国人民银行参考以往机具测试模式，借鉴国外央行管理经验，制定并发布了JR/T 0154—2017《人民币现金机具鉴别能力技术规范》。

该标准对存取款一体机、取款机和清分机等机具鉴别纸币、硬币的能力进行了统一，并规范了鉴别机具鉴别能力的验证测试工作。主要内容包括现金机具的分类、人民币防伪特征分类、不同类型现金机具的鉴别稳定性要求、纸币鉴别机具鉴别能力的一般性测试方法、硬币鉴别机具鉴别能力的一般性测试方法、具有收/付款双向鉴别功能机具检测的原则和检测报告的适用范围。

第六节 银行业行业管理标准

行业管理是指银行业行政主管部门实施的金融市场管理和行业监管活动。行业管理标准则是对行业管理事项所做的规范。银行业行业管理标准包括监管标准、会计信息管理标准、支付业务管理标准、金融统计标准、征信管理标准、反洗钱管理标准和货币金银管理标准七个子类。目前已发布实施了具体标准的子类包括会计信息管理、支付业务管理、金融统计、征信管理和货币金银管理。

1. 会计信息管理标准

会计信息管理标准对银行业会计信息相关事项进行规范。2015 年 7 月 22 日，中国人民银行发布的 JR/T 0113—2015《银行业会计凭证基本信息描述规范》属于会计信息管理类标准。该标准规范了银行业金融机构对会计凭证基本信息的描述方法，秉承会计处理的规则，对信息定义、信息来源以及信息使用等进行了规范，给各商业银行提供了统一的会计凭证信息标准，使各行在会计凭证信息印制填写方面的客户服务具有统一的服务质量衡量标准，促进跨行业务发展。

该标准的主要内容包括会计凭证定义、会计凭证分类方案、会计凭证公共要素、现金业务类会计凭证基本要素、支付结算类会计凭证基本要素、账户管理类会计凭证基本要素、融资业务类会计凭证基本要素、存款业务类会计凭证基本要素、贷款业务类会计凭证基本要素和代理业务类会计凭证基本要素。

2. 支付业务管理标准

支付业务管理标准对支付业务相关事项进行规范，内容涉及支付环境、支付组织、结算账户、支付工具、支付系统、证券结算系统、支付统计编码方法和代码结构等相关事项。目前已发布的支付业务管理类标准有 JR/T 0076—2013《支付业务统计指标》。

该标准由指标设计与体系框架、支付环境统计指标、支付服务组织统计指标、人民币银行结算账户统计指标、支付工具统计指标、支付系统统计指标、统计指标编码方法与代码结构七部分组成。

3. 金融统计标准

始于 2008 年的美国次贷危机演变成影响广泛的国际金融危机，暴露出当时金融统计中的一些制度性缺陷，如统计机构范围不全，创新型金融产品监测信息不充分，金融统计指标界定不统一，缺乏可追踪金融风险的多维稳健指标体系，对资产价格关注不够，信息共享较为薄弱等问题。针对上述问题，中国人民银行于 2011 年发布了 JR/T 0063—2011《金融工具统计分类及编码》等一系列金融统计行业标准。

4. 征信管理标准

征信管理标准目前包括 JR/T 0027—2006《征信数据元 数据元设计与管理》、JR/T 0028—2006《征信数据元 个人征信数据元》、JR/T 0039—2009《征信数据元 信用评级数据元》、JR/T 0030—2006《信贷市场和银行间债券市场信用评级规范》系列标准（共三部分）、JR/T 0042—2009《征信数据交换格式 信用评级违约率数据采集格式》和 JR/T 0115—2014《金融信用信息基础数据库用户管理规范》等五项七部标准。

5. 货币金银管理标准

货币金银管理标准目前包括 JR/T 0153—2017《不宜流通人民币 纸币》、JR/T 0162—2018《不宜流通人民币 硬币》、JR/T 0004—2013《贵金属纪念币 金币》、JR/T 0005—2013《贵金属纪念币 银币》、GB/T 15249—2009《合质金化学分析方法》（共五部分）。

【本章小结】

本章论述了银行业标准化的迫切性及必要性，根据银行业标准体系的构成，介绍了当前银行业标准的基本内容。对在银行管理和经营中的一些代表性标准，如通用基础标准中的《银行标准化工作指南》《银行卡名词术语》，产品服务标准中的《银行客户基本信息描述规范》《银行业产品说明书描述规范》《中国金融集成电路（IC）卡规范》等进行了重点介绍。

【思考题】

1. 什么是银行业标准化？
2. 实施银行业标准化的必要性体现在哪些方面？
3. 简述银行业标准体系的基本架构。
4. 银行业标准化工作要遵循哪些原则？
5. 银行客户的基本信息包含哪些基本要素？
6. 银行产品说明书的构成要素有哪些基本内容？
7. 中国金融集成电路（IC）卡标准整体架构涉及哪些层面？
8. 中国金融移动支付系列技术标准体系由哪几个层面构成？
9. 什么是银行集中式数据中心？该中心正常运行的基本职能是什么？

第四章

保险业标准化

【学习目标】

1. 了解保险业标准化的基本内涵、必要性及重要性，了解保险业标准化基础类标准、业务类标准、管理类标准、信息技术类标准以及数据类标准的构成。

2. 熟悉《保险术语》标准的意义，熟悉保险业标准化业务类标准、管理类标准、信息技术类标准以及数据类标准的建设情况和主要内容。

3. 掌握保险业标准化的目的及内容，掌握《保险术语》《保险机构投诉处理规范》《保险电子签名技术应用规范》《人身保险伤残评定标准及代码》等标准的主要内容。

【导入案例】

我国保险行业首个国家标准 GB/T 36687—2018《保险术语》正式实施

2018年9月17日，我国保险行业首个国家标准 GB/T 36687—2018《保险术语》发布，并于2019年4月1日正式实施。该标准共收纳了817项保险专业术语，既包含面向业内人士的专业术语，也包含面向消费者的一般术语，是保险行业内部沟通和外部交流的规范性、通用性语言，是保险业各类标准的基础标准。

《保险术语》国家标准的发布实施对保险行业的稳健发展具有重要意义。①有助于维护保险消费者权益。《保险术语》作为保险业的标准用语"词典"，有利于社会公众更好地理解保险产品、保险条款和保险机构提供的各项服务，减少分歧，提升消费者满意度。②有助于提升行业内外合作沟通效率，推动保险业务发展。《保险术语》是保险数据和信息交互的基础，有利于提升保险行业内及保险业与其他关联行业的合作沟通效率，降低交互成本，推动保险业务发展。③有助于加强行业风险管控，促进保险业稳健发展。《保险术语》有助于监管机构获取统一口径的监管数据，对保险机构的市场行为、偿付能力、公司治理结构等进行有效的风险监测，促进保险业稳健发展。

（资料来源：中华人民共和国中央人民政府网，《中国保险行业首个国家标准〈保险术语〉（GB/T 36687—2018）正式实施》，http：//www.gov.cn/xinwen/2019-04/11/content_5381568.htm）

问题：《保险术语》国家标准的发布为什么对保险行业稳健发展具有重要意义？

第一节　保险业标准化概述

1. 保险业标准化的基本内涵

保险业标准化是标准化这一活动在保险领域中的具体体现，即通过在保险业范围内制定、发布和实施标准，达到统一、规范的目的。保险业标准化不仅可以固化保险业的成功经验，而且可以规范保险业业务经营与管理流程。通过标准化，实现保险业所使用的术语、数据、信息技术、监管内容等的统一规范，实现市场主体、从业人员、监管部门、消费者等利益相关群体以标准为统一行为依据，实现行业发展的最佳秩序，实现良好的经济效益和社会效益，促进保险业不断创新，实现保险业健康、和谐、科学、可持续发展的良好局面。

保险标准化以坚持"政府引导、市场驱动、服务大局、立足长远、统筹推进、突出重点"为本，以建立政府与市场协同发展、协调配套的新型保险标准管理体系为出发点，以建立健全统一协调、运行高效、政府与市场共治的保险业标准化工作体制为导向，为推进保险标准供给侧结构性改革、强化标准应用实施提供坚强的制度保障。

2. 保险业标准化的必要性

我国保险业在近20年的快速发展中出现了很多新情况、新问题、新特点，也面临着众多新机遇与挑战。为了应对这些问题，我国保险业标准化事业快速发展，推出的国家标准和行业标准涵盖保险业务、客户服务、信息技术、基础数据和信息交换等领域，初步构建了一套符合保险业发展需要的基础标准体系，应用范围不断扩大，水平持续提升，影响力逐步显现。保险业标准化已成为保险业破解发展难题、防范化解行业风险、规范保险市场、保护消费者权益的有力工具。保险业标准化建设是保险业又快又好发展的必然要求，主要体现在以下方面：

1) 落实国家标准化战略的需要。近年来，党中央和国务院高度重视标准化工作，中国共产党第十八届中央委员会第三次全体会议通过的《中共中央关于全面深化改革若干重大问题的决定》提出政府要加强发展战略、规划、政策、标准等制定和实施，首次将标准提升到与发展战略、规划、政策同等重要的位置，作为政府治理的重要手段之一。中国共产党第十八届中央委员会第五次全体会议通过的《中共中央关于制定国民经济和社会发展第十三个五年规划的建议》中15次提到标准，标准化成为国家战略，凸显出标准化工作在建设中国特色社会主义事业中的重要地位。习近平总书记高屋建瓴地指出，加强标准化工作，实施标准化战略，是一项重要和紧迫的任务，对经济社会发展具有长远意义。他还指出，谁制定标准，谁就拥有话语权；谁掌握标准，谁就占领制高点。国家对标准化工作的重视程度提升到了史无前例的高度。保险业贯彻落实国家标准化战略，自觉将标准作为行业治理的重要手段，积极推进保险标准化工作。

2) 行业规范化、精细化发展的需要。目前保险业还处于快速发展的初级阶段，销售误导、理赔难等一些行业乱象成为保险业健康可持续发展的障碍。这些乱象的出现归根结底是因为行业市场发展粗放，缺少底线思维和规范约束，其实就是缺少标准。标准是保险法律法规和监管政策的有益补充。标准可以对法律法规未能涉及的技术细节方面予以更多关注。法律法规或监管政策中可以引用标准作为规范市场行为的有效手段。同时，标准还是促进保险业规范服务经营、改进服务管理模式、提高服务质量、增强保险企业市场竞争力的重要措施。

3) 发展普惠保险的必然要求。普惠保险是发展现代保险服务业的需要，是保险服务于国家社会治理的重要体现，是保险业为全社会、全体人民提供的社会问题解决方案。从产品层面看，商业保险要积极对接其他保障体系，为广大人民群众提供一揽子保障。例如，探索将小额保险与外来务工保险有效对接，与大病保险、农房农机保险、扶贫机制相结合等。其中，商业保险与基本社会保障方面的产品对接、数据对接、业务对接都需要标准化的支撑。只有通过标准化的对接，才能使人民群众享受到一站式的保障服务，不跑冤枉路，提升获得感。从服务层面看，普惠保险强调更广泛的客户接触和标准化服务。首先，让消费者看得懂，需要保单条款责任的标准化，需要保险服务流程的标准化；其次，让消费者买得到，利用互联网新渠道拓展触达客户，需要保险电子商务相关标准的支撑；最后，让消费者买得值，保障充分、经济实惠，这对保险公司的运营管理提出了更高要求，通过标准化、规范化的手段降低销售和运营成本，保证产品和服务质量不打折扣，切实惠及民众。

4）参与国际竞争的必要途径。一流的企业做标准，在我国保险业"走出去"、开拓国际市场的过程中，积极参与甚至引领国际保险标准化，是重要的途径之一。在国际竞争环境下，标准竞争已成为各国战略竞争的重要选择。美国、日本等发达国家纷纷加强标准化战略研究，标准战略已经成为这些国家产业政策的主要组成部分。目前，我国保险业已经逐步融入国际金融市场竞争的大环境，加快推进保险业标准化建设，成为提高我国保险业国际竞争能力的当务之急，也必将成为我国保险企业参与国际竞争的重要抓手。

2019年7月，国务院金融稳定发展委员会办公室对外宣布了我国新推出的11条金融业对外开放措施，其中4条关系保险业。对外开放为我国保险业学习借鉴国外先进经验、加快推进和完善保险业标准化建设提供了有利条件。

3. 保险业标准化的重要性

我国保险业标准化发展一贯坚持与行业发展阶段水平相适应，与行业发展特色相协调的工作导向，根据"急用先行打基础、自主创新强体系"等原则，在标准化建设初期快速填补标准空白。在国际上缺少直接对口的标准化组织机构、无法直接采标借鉴的情况下，持续努力整合行业智力资源，以自主性经验总结为特点，逐步建立完善保险标准化体系，在推动行业技术进步、提高产品和服务质量、规范市场秩序和保险业信息化建设等方面发挥重要作用。这主要体现在：

1）是保险行业治理和行业监管的重要手段，有利于守住风险底线。与国外发达国家的成熟保险市场有所不同，处于快速发展的我国保险市场，保险行业治理和行业监管基础相对薄弱，发展中遇到的问题需要在发展中解决。对一些市场突发性问题、阶段性问题，要通过快速制定监管文件的形式规范市场行为；而对一些基础性、制度性、标准化的监管要求，特别是底线要求，如偿付能力、信息披露、风险评级、内含价值等标准，则需要在市场发展和行业监管发展的过程中不断总结经验，稳定后形成标准，长期贯彻执行。

2）是保险行业互联互通、降本增效的重要手段。我国保险业的高质量发展要求保险公司不断降低经营成本、加强信息共享、提高处理效率。特别是跨行业（社保、交通、公安、银行、气象、医药等）、跨机构（经纪公司、兼业代理机构、再保险等）之间信息的互联互通，更需要标准支撑，从而降低整个行业的交互成本，提高处理效率。

3）是提升产品服务质量、保护消费者权益的重要手段。随着保险逐步深入人民群众的生产生活中，保险企业追求利益最大化与消费者保护自身权益之间的矛盾将越来越突出。而标准是调节市场经济各参与方利益分配的重要工具，能够起到规范市场经济秩序、促进公平竞争的作用，是构建和谐社会的重要基础。鉴于保险服务业活动的特性，在市场各参与方中，消费者往往由于信息不对称处于相对弱势地位。因此，加快保险行业服务标准化建设，通过制定实施相关标准，可以有效促进保险业健康发展，保护消费者的合法权益，提升保险企业的服务质量，也有助于行业形象的整体提升。

4）是产品服务创新扩散的重要平台。标准与创新并不矛盾，而是辩证统一的。互联网的发展和新技术的应用在不断改变人们的生活，也同样在改变保险行业。保险新模式、新业态、新体验不断涌现，并逐渐被消费者所接受。将这些创新成果吸纳到标准中，会推动保险企业紧跟新趋势、适应新要求，驱动保险企业不断转变产品和服务模式，以被更多的消费者所接受。

4. 保险业标准化的目的和内容

（1）保险业标准化的目的

保险业标准化是国家治理体系和治理能力现代化基础制度的组成部分，是国家标准化战略和金融标准化体系的组成部分。其目的是促进保险行业健康发展，积极发挥其在防范金融风险、提质增效、助力改革创新、保护消费者权益、促进国际交流合作等方面的支撑保障作用。保险标准化对保险行业治理和行业监管、互联互通、降本增效、提升产品服务质量与创新、保护消费者、规范市场等方面具有重要作用。

（2）保险业标准化的内容

保险业标准化的内容繁多，基于标准化内容所属范围，保险业标准化主要分为基础类标准、业务类标准、管理类标准、信息技术类标准、数据类标准和其他类标准等，各类标准化内容构成了保险标准体系。保险标准体系是指在保险活动开展过程中，保险机构在经营管理、业务操作、技术实现和保险监管机构在监督检查、统计分析、风险评估，以及保险行业内、保险行业与其他行业之间在业务交流和信息交换等方面所需的标准，按其内在联系构成的科学有机整体，是保险活动所需标准的结构化蓝图。保险标准体系的总体框架如图4-1所示。下面将结合我国已发布的保险业国家标准及行业标准，对我国保险业标准进行介绍。

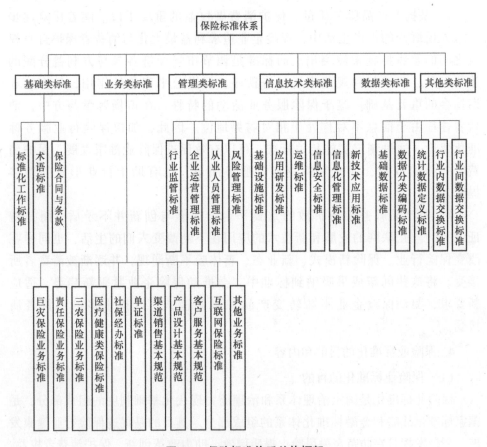

图4-1　保险标准体系总体框架

第二节　保险业标准化基础类标准

基础类标准是保险业其他各类标准编制和引用的依据，应先于其他标准而制定。这类标准主要包括标准化工作标准、术语标准、保险合同与条款等子类标准。截至目前，我国发布的保险行业标准化基础类标准有 GB/T 36687—2018《保险术语》。

术语标准是以各种术语为对象所制定的标准，一般对术语、定义和对应的外文名进行规范。制定术语标准的目的是实现术语的标准化，通过标准化减少多义和同义的现象，避免信息交流过程中的歧义和误解。《保险术语》标准曾是我国恢复国内保险业以来颁布的第一个保险行业标准，也是经修订后第一个由保险业制定的国家标准，该标准作为金融行业标准首次于 2006 年 12 月 8 日发布，经多次修订后申请获得国家标准立项，2018 年 9 月作为国家标准发布，2019 年 4 月 1 日正式实施。

1. 编制背景

如今，我国已成为仅次于美国的第二大保险市场，保险产品作为兼顾风险保障和保值增值服务的金融产品，在社会生产、生活中发挥着无可替代的作用。但我国保险业发展起步晚，保险业社会认知度较低，行业术语使用不统一、不规范。社会公众保险知识的普及和保险相关联行业急需一项国家级术语标准作为规范指导。《保险术语》标准共收纳了 817 项保险专业术语，既包含面向业内人士的专业术语，也包含面向消费者的一般术语，是保险行业内部沟通和外部交流的规范性、通用性语言，是保险业各类标准的基础，也是近年来我国保险标准化建设取得的一项标志性成果。作为保险数据和信息交互的基础，这一标准有利于提升保险行业内及保险业与其他关联行业的合作沟通效率，降低交互成本，推动保险业务发展，同时也是我国保险业走向标准化数字化的基石，有助于监管机构获取统一口径的业务统计分析数据，对保险机构的市场行为、偿付能力、公司治理结构等实现有效风险监测，加强行业风险管控，促进保险业从高速发展走向高质量发展具有重要意义。

2. 适用范围

《保险术语》标准适用于保险企业保险业务活动的开展和管理。

3. 编制原则

1）专业性。标准所选取的术语具有专业内涵和专业特性，术语定义专业、准确、通俗。

2）先进性。术语定义参考国际上已有的一些保险行业术语标准，使国内的标准能够得到国际认可。

3）可扩充性。所建立的体系框架有利于今后对术语的收集和扩充。

4）系统性。术语体系框架对保险术语进行了归类，编写术语的定义时强调系统性及保险概念之间的层次关系。

5）实用性。特别重视术语的推广和运用，方便使用人员查阅和使用。

4. 标准内容

该标准规范了商业保险业务中常用的 10 大类术语。各部分具体术语如下：

1）基础术语部分规范了保险行业最基础的术语，包括保险、财产保险、人身保险、保险人、被保险人、经纪人、保险责任、保险公司、风险术语。

2）保险产品术语部分规范了财产保险产品术语、运输工具保险产品术语等 13 类保险产品术语，具体包括财产保险、运输工具保险、货物运输保险、工程保险、特殊风险保险、责任保险、信用保险、保证保险、农业保险、人寿保险、年金保险、意外伤害保险和健康保险产品术语。

3）投保和承保术语部分规范了投保、核保、确定保额、计算保费及承保术语。

4）保险合同管理术语部分规范了合同种类、合同要素、合同文本及合同管理术语。

5）赔偿和给付术语部分规范了保险事故、赔偿请求、救助、核赔、赔偿和给付、代位追偿术语。

6）市场和营销术语部分规范了保险市场和保险营销术语。

7）保险中介术语部分包括保险中介、中介服务、中介合同及中介佣金术语。

8）精算术语部分规范了产品定价及准备金术语。

9）再保险术语部分规范了再保险市场、再保险种类、再保险安排、再保险合同管理术语。

10）保险组织与监管术语部分规范了保险机构、信息披露与保险监管术语。

第三节 保险业标准化业务类标准

业务类标准是关于保险业务操作和业务管理的标准，针对保险业务发展、产品规范等内容而制定。业务类标准包括单证标准、渠道销售基本规范、产品设计基本规范、客户服务基本规范、互联网保险标准、巨灾保险业务标准、责任保险业务标准、三农保险业务标准、医疗健康类保险标准、社保经办标准及其他业务标准等子类标准。截至目前，我国发布的保险行业业务类标准有 JR/T 0050—2016《寿险单证》、JR/T 0051—2017《产险单证》、JR/T 0127—2015《保险机构投诉处理规范》、JR/T 0150—2016《企业财产保险标的分类》、JR/T 0174—2019《电子保单业务规范》等。本节将就其中部分标准进行说明。

1. 《寿险单证》

保险单证不统一，将导致不同公司之间的保险合同形形色色、业务单证构成不一、单证要素及格式各式各样，不仅使得公司之间信息沟通困难、监管难度加大，而且增加了消费者的阅读成本，不利于消费者权益的保护。随着互联网的迅猛发展，保险业在险种结构、服务能力、创新能力及风险管理能力等方面也加快了发展步伐，并提出了更高的发展要求。保险单证作为从事保险活动、记录保险信息要素、连接与服务被保险人的重要载体和核心资源，需要适应新型管理现状和未来的发展趋势，加大行业标准化的科学性和实用性，规范保险单证行业标准。我国发布的保险单证行业标准包括《寿险单证》和《产险单证》，这里主要介绍《寿险单证》。

标准规范的保险合同包括长期及短期个人人寿保险合同和团体人寿保险合同，业务单证包括承保、保全、理赔等人寿保险业务处理及服务环节涉及的与客户权益有关的单证。标准规定了境内保险公司在人寿保险业务经营过程中，向客户提供的保险合同及业务单证的内容标准和基本格式规范。主要内容包括：

保险合同根据不同的展现形式和输出形式，分为纸质合同和电子合同两大类规范保险合同构件及内容标准。根据合同构件种类的差异、合同保存期限的长短等，纸质合同分为标准式、简易式及监管机构允许的其他形式。电子合同是保险合同信息由电子、光学或类似技术生成、储存，并能通过电子数据的形式传递、调阅的一种形式。标准就每一种合同形式所包含的要素的标准进行了规范。

标准依据不同的业务环节，分别针对承保类单证、保全类单证、理赔类单证三大类业务单证进行了规范。

单证格式标准从合同装订要求、纸张规格、图文区域设置、字体、单证防伪与油墨标准、印刷质量标准与内容输出方式六方面进行了规范。

单证编码应唯一，具体编码长度与编码规则可由各保险公司自行制定。

2. 《保险机构投诉处理规范》

《保险机构投诉处理规范》包括 JR/T 0127.1—2015《保险机构投诉处理规

范 第 1 部分：术语》、JR/T 0127.2—2015《保险机构投诉处理规范 第 2 部分：分类与代码》和 JR/T 0127.3—2015《保险机构投诉处理规范 第 3 部分：统计分析指标》三个部分。该标准是首部将投诉管理纳入行业标准的业务管理类标准，为保险经营机构改善投诉管理工作提供了指引，为监管机构的日常监管、考评提供了公认指标，为提升消费者满意度提供了坚实保障。

《保险机构投诉处理规范》的内容包括术语、分类与代码和统计分析指标三个部分。

1）术语部分。术语部分一共收录了 46 个术语，其中 33 个与投诉管理有关的术语为原创内容，首次定义的术语占比达 71.74%。

2）编码方法与代码结构。采用线分类法，将保险消费投诉划分为门类、大类、中类和小类四级，其中按照产生保险消费投诉的环节划分门类和大类，再根据保险消费投诉的内容划分中类和具体的小类。编码时采用分层次编码法，代码由五位阿拉伯数字组成，其中门类代码、大类代码、中类代码各用一位数字表示，小类代码用两位数字表示。根据各类需要设立带有"其他"字样的收容项，为了便于识别，原则上规定收容项的代码尾数为"9"。

3）统计分析指标。标准设置了亿元保费投诉量、千张保单投诉量、投诉分布密度、亿元保费投诉变化率、越级投诉率、接访响应不规范件数、投诉处理及时率、10 日投诉结案率、投诉处理案均时长和投诉处理满意度 10 个统计分析指标，基本能够对保险机构的投诉处理能力进行全方位的评价。这些统计指标的设计代表着行业投诉管理从简单的数量评价转向品质管理，侧重点转向投诉处理本身。

3.《企业财产保险标的分类》

该标准规定了企业财产保险标的的分类与代码，参考《国民经济行业分类》，根据行业的火灾风险等级划分标的类别，使国民经济行业代码均能够一一对应唯一的占用性质标准。

为与《国民经济行业分类》保持一致，该标准保留了从 A01 至 T96 的所有门类，但其中部分行业的常规标的是企业财产保险的除外标的，不应使用企业财产保险承保。例如，农业（A01）、林业（A02）、牧业（A03）、渔业（A04）应使用农业保险承保，石油和天然气开采业（B07）应使用石油保险承保，建筑业（E）应使用工程保险承保。但上述行业的客户占有或使用的企业财产保险可保标的，可使用企业财产保险承保并适用于该标准。

企业财产保险标的的代码采用两层五位全数字型层次编码。其中：第一层以两位阿拉伯数字表示大类代码，从 01 开始按升序排列至 13（见表 4-1）；第二层以三位阿拉伯数字表示，从 001 开始按升序排列，最多至 999。

表 4-1　企业财产保险标的大类代码及名称

大类代码	名　称
01	一级工业
02	二级工业
03	三级工业
04	四级工业
05	五级工业
06	六级工业
07	储存一般物资
08	储存危险品
09	储存特别危险品
10	金属、粮食专储
11	石油专储
12	社会团体、机关、事业单位
13	综合商业类

不同类型标的适用国民经济行业采用 GB/T 4754—2011《国民经济行业分类》中规定的行业名称与代码，并根据每一大类中具体标的的小类制定相应的代码，从而构成企业财产保险标的分类标准的代码表。

4.《电子保单业务规范》

该标准的内容框架和主要技术内容与国际标准及相关行业标准保持一致。在标准编制过程中主要考虑的因素和工作重点体现在如下方面：

该标准的编制充分考虑了财产险和人身险电子保单业务流程的差异性，在标准整体框架内分别针对财产险和人身险两大险类的关键业务环节重点做出规范。其中，针对人身险重点明确了长期性寿险、短期健康意外险及短期保险凭证电子保单合同构件，对人身险电子保单版式不做规范，由各保险公司自行采用；针对财产险明确了电子保单版式要求。

针对行业普遍关心的电子保单存储、电子保单查询、下载及验真等具备行业服务特点的业务环节，在广泛征求意见的基础上提出统一查验平台渠道建设指导。

为防控在实务操作中的违规违约风险，该标准针对电子投保、电子批单及签收等业务环节中涉及的留存可靠电子证据、真实身份认证、电子签名等内容做出规范。

针对行业征求意见中争议较大的保险业务要素格式,均参考已发布的保险业务要素专项数据规范,该标准不做具体规范。

第四节 保险业标准化管理类标准

为了维护保险行业规范有序运行,指导保险企业运营管理合规、稳健发展,规范保险从业人员从业行为,规避行业风险,需要建立完善的保险业管理类标准,为保险行业、企业及从业人员提供标准引导。保险标准化管理类标准包括行业监管标准、企业运营管理标准、从业人员管理标准和风险管理标准等子类标准。本节主要介绍 2017 年 4 月 26 日发布并实施的 JR/T 0152—2017《化学原料及化学制品制造业责任保险风险评估指引》。

1. 适用范围

该标准适用于保险行业中从事化学原料及化学制品制造业的生产、经营、储存、使用、运输化学原料及化学制品制造企业的环境污染责任保险风险评估。

2. 核心术语

环境污染责任保险:以企业发生污染事故对第三者造成的损害依法应承担的赔偿责任为标的的保险。

风险评估:在风险识别和风险估测的基础上,对风险发生的概率、损失程度,结合其他因素进行全面考虑,评估发生风险的可能性及其危害程度,并与公认的安全指标相比较,以衡量风险的程度,并决定是否需要采取相应措施的过程。

3. 标准内容

该标准规定了化学原料及化学制品制造业中环境污染责任保险风险评估的总体框架与评估模块、评估流程与结果表示、评估规则与结论等。

(1) 总体框架与评估模块

该标准中的化学原料和化学制品制造业是 GB/T 4754—2011《国民经济行业分类》中 C26 规定的行业。环境污染责任保险风险评估由政策风险、经营风险、管理风险、工艺风险、存储运输风险、行业风险、标准评级风险、环境敏感性风险、自然灾害风险九个评估模块构成。其中,每个模块由若干子模块构成,每个子模块包含若干评估内容。实际评估时,可不限于上述评估模块、评估子模块和评估内容。

(2) 评估流程与结果表示

环境污染责任保险风险评估是通过对企业评估内容、评估子模块和评估模块的评估来完成的，主要评估方式包括资料收集、现场查勘和分值计算三个流程。

资料收集主要包括企业基本情况，生产工艺、主体工程及环保工程，企业选址环境敏感性分析（主要收集企业环境风险受体情况）、安全管理措施（主要收集企业安全、管理制度等方面的情况）以及安全及污染事故风险等资料。

现场查勘的内容包括企业布局规划、现场管理、企业周边环境。

计算分值基于资料收集和现场查勘风险评估资料及数据，填写环境污染责任保险风险评分表，根据标准提供的风险评估规则表计算各评估模块及子模块分值，各评估模块分值累加得出被评估企业总评估分值（M），并转换为百分制（N）（$N = M/100 \times 100\%$）。

评估人员应为财产保险从业及相关研究人员。化学原料及化学制品制造业的风险评估结果采用风险等级划分的方法，共分为五个级别，分别为一级（风险较低）、二级（风险偏低）、三级（风险适中）、四级（风险偏高）、五级（风险较高），如表 4-2 所示。

表 4-2　环境污染风险等级划分表

风险等级	总评估分值（%）	风险程度
一级	[0, 20]	风险较低
二级	(20, 40]	风险偏低
三级	(40, 60]	风险适中
四级	(60, 80]	风险偏高
五级	(80, 100]	风险较高

(3) 评估规则与结论

依照标准所提供的风险评估规则表中的评估内容、评估依据、评估取值具体要求，逐步进行风险量化评估。各评估子模块分值累加得出评估模块分值，各评估模块分值累加得出被评估企业总分值。

第五节　保险业标准化信息技术类标准

信息技术类标准是保险业信息化活动中遵循的基本标准及相关管理要求，关注保险业的信息化建设。信息技术是保险业快速发展的重要支撑，对提供优良的信息技术服务、提高保险业内外部客户满意度具有重要意义，也是保险机构核心竞争力的重要体现。保险标准化信息技术类标准包括基础设施标准、应用研发标准、运维标准、信息安全标准、信息化管理标准、新技术应用标准等子类标准。目前，我国已经发布的保险业信息技术类行业标准有JR/T 0161—2018《保险电子签名技术应用规范》、JR/T 0165—2018《保险业车联网基础数据元目录》、JR/T 0179—2019《保险信息系统上线运行基本要求》、JR/T 0180—2019《基于遥感技术的农业保险精确承保和快速理赔规范》等。

1. 《保险电子签名技术应用规范》

该标准就保险电子签名技术应用中应遵循的技术要求、系统管理要求和应用要求等进行了规范。

（1）保险电子签名系统技术要求

保险电子单据上电子签名的应用应符合《中华人民共和国电子签名法》的规定，保证是可靠的电子签名。为此，保险业务应用层的安全可通过保险电子签名密码应用技术框架提供密码支撑。该技术框架由业务支撑层、密码功能层和基础设施层构成。

（2）保险电子签名系统管理要求

该部分从以下几个方面进行了规范：①可用时间。保险电子签名系统应保证不间断服务，原则上应提供 7×24 小时服务；若需系统停机维护，需提前三个工作日向业务管理部门报备，并告知需应用电子签名的客户，且单次停机维护时间原则上应少于两个小时（含）。②数据保护。采取多种措施保护电子签名相关数据，用户口令应以不可逆转的散列值形式保存在数据库中，并于 3~6 个月之间定期更换，重要数据应定期进行备份并在不同地理位置保存多个备份等。③环境及设备安全标准。④日常评估。

（3）保险电子签名应用要求

该部分从以下几个方面进行了规范：①保险电子签名的应用应遵循身份识别、数据传输安全、合法性、易用性的原则；②应用主体；③保险电子签名的应用方式；④保险电子单据的签署要求。同时，标准对电子签名纠纷相关问题进行了规范。

2. 《保险业车联网基础数据元目录》

该标准对车联网数据的采集和分析活动所涉及的基础数据元的标识符、中文名称、英文名称、说明和表示等内容进行了规范。

(1) 数据元的基本属性与规范

一个数据元规范由一组属性组成。根据保险业的实际需要确定的描述数据元的基本属性构成如表 4-3 所示。表中的约束表示在数据元目录中，一个属性是"必选（M）"，还是"可选（O）"。

表 4-3　保险业车联网基础数据元属性

数据元属性名称	约　束
标识符	M
中文名称	M
英文名称	M
同义词	O
说明	M
表示	M
来源	M
归类	M
值域	O
备注	O

数据元的标识符是指在一个机构内与语言无关的一个数据元的唯一标识符。在该标准中，标识符用十位字母数字码表示，共分三级：第一级标识数据元类型，使用三位大写字母表示；第二级标识数据元归类，使用两位流水号表示；第三级为五位流水号。

数据元的中文名称是指赋予数据元的单个或多个中文字词的指称。在一定的语境下，数据元的中文名称应该唯一，名称中一般包括对象类词、特性词和表示词，应用数据元还应包括限定词。

数据元的英文名称应遵循以下规则：①在该标准范围内是唯一的；②应由构成数据元名称的各个成分（即对象类词、特性词、表示词和相关限定词）的英文单词组合而成，各英文单词之间以一个空格作为分隔；③一般使用英文单词的全拼；④不应包括任何标点符号；⑤不应使用复数形式的英文单词，除非该单词本身就是复数形式。

说明是指对数据元含义的解释说明；同义词是指与给定名称有区别但表示相同数据元概念的指称；表示是指规定数据元的表示格式，从中可以得到关于数据元的数据类型、最大和/或最小字符长度的信息；来源是指数据元的获得方式；归类是指根据数据元的性质将数据元分类；值域是指根据相应属性中所规定的表示形式、格式、数据类型而决定的数据元的允许实例表示的集合；备注即数据元的注释。

（2）数据元索引

该标准编制了数据元的汉语拼音索引和数据元归类索引。数据元归类索引又分为静态信息类、轨迹类、事件类、行程类、统计类、外部条件类和车辆状态类数据元索引。

（3）数据元目录

该标准按数据元归类排序编制了数据元目录。

3. 《保险信息系统上线运行基本要求》

该标准是信息技术服务管理的一个重要子集，与信息技术服务管理的容量管理、信息安全管理、发布管理、配置管理、变更管理都有关联。该标准的内容主要包括六个方面：①上线流程要求，包括策略、计划、评审、实施、验证、投产等方面的要求；②架构要求，包括设计及评审要求；③性能容量要求，包括指标定义、配置及优化等方面的要求；④测试管理要求，包括测试机制、评审、缺陷管理和工具等方面的要求；⑤安全管理要求，包括身份鉴别、访问控制、系统安全审计、数据完整性保护、数据保密性保护、安全测试、安全防护以及安全等级保护等方面的要求；⑥运行要求，包括监控、保障和持续改进的要求。

4. 《基于遥感技术的农业保险精确承保和快速理赔规范》

该标准定义了相关术语，规定了基于遥感技术的农业保险精确承保和快速理赔工作准备，遥感数据获取、预处理和解译技术方法，精确承保和快速理赔总体流程、产品内容和精度要求。

在遥感影像解译方面，规定了遥感影像获取、地面调查数据获取、遥感影像预处理、遥感影像解译、地块解译、作物空间分布解译、作物面积估算、作物受灾分布解译等技术标准。

在精确承保方面，规定了按图承保流程规范。在承保前，综合运用卫星遥感、无人机遥感和地面调查，对省、县、地块的农作物进行空间分布制图和面积估算，形成多层次的标的分布图；在承保时，结合基础地理信息数据、遥感数据、历史灾情数据和承保理赔业务数据，评估农作物灾害综合风险，为费率厘定和核保提供支撑，并按图进行承保出单；在承保期间，利用卫星遥感对农作物长势进行监测和评估，为承保区的农户提供农作物风险管理服务。

在精确理赔方面，规定了按图理赔流程规范。首先，基于中低分辨率的遥感影像和先验知识，进行灾情总体快速评估，确定各区域灾情等级；其次，依据总体灾情评估结果，协助政府进行救灾，并调动卫星遥感、无人机遥感和地面调查力量进行详细查勘；最后，基于无人机遥感影像、卫星遥感影像、区域基础地理信息、承保信息和地面调查信息，进行天空地一体化的损失评估，形成损失评估报告，为精确和快速理赔提供支撑，实现按图理赔。

第六节　保险业标准化数据类标准

保险数据标准是保险机构之间信息交换、资源共享、业务协同、业务规范的前提和基础，可以为保险机构的信息化建设提供必要的参考，同时为全行业数据的采集、积累、整合、分析、利用打下基础。保险数据标准的建立有助于提高数据的规范化，有助于构筑数据共享的基础和实现信息的集成整合与深度开发利用，对全面提升我国保险业的现代化和信息化水平、加快我国保险业与国际接轨具有重要作用。保险行业数据类标准包括基础数据标准、数据分类编码标准、统计指标定义标准、行业内数据交换标准、行业间数据交换标准等子类标准。

我国保险行业高度重视数据标准化建设。目前，数据类标准建设已经发布了JR/T 0035—2007《保险行业机构代码编码规范》、JR/T 0054—2009《巨灾保险数据采集规范》、JR/T 0083—2013《人身保险伤残评定标准及代码》、JR/T 0080—2013《石油化工行业巨灾保险数据采集规范》、JR/T 0034—2015《保险业务代码集》、JR/T 0033—2015《保险基础数据元目录》、JR/T 0128—2015《农业保险数据规范》、JR/T 0036—2016《再保险数据交换规范》、JR/T 0037—2016《银行保险业务财产保险数据交换规范》、JR/T 0048—2015《保险基础数据模型》、JR/T 0053—2016《机动车保险数据交换规范》、JR/T 0147—2016《保险公司参与社会医疗保险服务数据交换规范》等。本节将就其中部分标准进行说明。

1. 《人身保险伤残评定标准及代码》

该标准规定了功能和残疾的分类和分级，将人身保险伤残程度划分为一至十级，最重为第一级，最轻为第十级；与人身保险伤残程度等级相对应的保险金给付比例分为十档，伤残程度第一级对应的保险金给付比例为100%，伤残程度第十级对应的保险金给付比例为10%，每级相差10%。同时，规定了意外险产品或包括意外责任的保险产品中伤残程度的评定等级以及保险金给付比例的原则和方法。

（1）伤残评定

伤残评定的内容包括确定伤残类别、确定伤残等级、确定保险金给付比例及多处伤残时的评定原则四个方面。

（2）伤残内容、等级及代码

新标准较原标准对意外伤害保险的保障范围有了大幅扩展，由七级34项扩展增加至十级281项，特别是新增加的八~十级的轻度伤残保障有100余项，大幅提高了对保险消费者的保障程度。标准依据每一伤残类别的伤残条目所列伤残程度的不同，制定对应的伤残等级，并编制了相应的伤残代码。

2.《保险基础数据模型》

保险基础数据模型基于典型保险业务经营管理活动，用实体-关系图的方法总结而成，对保险业务经营管理活动中涉及的数据，以实体的形式进行了抽象和组织，并将相关实体以主题的形式进行了归纳。标准定义了保险业务经营管理活动及环节中涉及的基础数据模型，包括数据主题的划分、数据实体的定义及组织方式、数据实体属性的定义等内容。

标准的编制方法如下：首先，基于典型保险业务经营管理活动，对其中涉及的数据进行组织和抽象，形成一个个数据实体；其次，对实体的属性进行定义，用实体-关系图的方式描述实体间的关系；再次，根据实体间的相关性和聚合程度对实体进行逻辑分类，将逻辑相关的实体包装在一起形成具有特定含义和用途的主题。最终形成一个集主题、实体关系、属性为一体的，多层次立体数据模型，该模型可作为保险相关信息系统，特别是信息交换类系统的数据库设计及信息交换模型的参考模型。具体编制步骤包括四个部分：

（1）数据收集和整理

数据来源涉及整个保险业务领域，覆盖保险活动价值链和全业务流程。

（2）数据组织和抽象

经过筛选的数据是相互离散的，彼此之间没有联系。通过对描述现实生活中不同对象的离散数据加以区分，将其组织在一起并以实体的形式表示出来。通过对数据的再组织，得到一系列实体。不同的实体之间可能包含一些公共的冗余的属性，需要进一步抽象。

（3）实体间关系

通过对数据的组织和抽象，将数据组织到各个实体中，再通过实体关系图的方式描述实体间关系。

（4）实体分类确定主题

建立实体关系图后，通过实体关系图判断实体间的关联程度，将相关性比较大的实体包装到一个主题中。该标准采用从模型分类主题到各主题实体关系，再到实体属性的自顶向下、逐步细化的方式进行描述。其中，对主题及主题间关系的描述包括主题编号、主题中文名称、主题含义说明和主题间关系图；对实体及实体间关系的描述包括实体编号、实体中文名称、实体含义说明和实体关系图；对实体属性的描述包括属性中文名称、属性数据类型和属性含义说明。

3.《保险基础数据元目录》

该标准规定了保险行业各业务活动和业务环节中涉及的基础数据元的标识符、中文名称、英文名称、同义词、说明和表示等内容。

(1) 数据元的构成

数据元一般由对象类、特性和表示三部分组成。

(2) 基本数据元与应用数据元

基本数据元由一个数据元概念和一个表示组成，其经过限定词的约束就构成具体的应用数据元，应用数据元继承基本数据元的属性。一个基本数据元可以对应多个应用数据元，它是对应用数据元的抽象。

(3) 数据元的基本属性及规范

一个数据元规范由一组属性组成。参考国家标准对数据元标准化的规定，结合保险行业的实际需要和特点，确定了描述数据元的基本属性（见表4-4）。表4-4中，纵列"约束"表示在数据元目录中，一个属性是"必选（M）"，还是"可选（O）"。

表4-4 保险基础数据元属性

数据元属性名称	约束
标识符	M
中文名称	M
英文名称	M
同义词	O
说明	M
表示	M
值域	O
备注	O
业务应用领域	M

数据元属性的定义如下：

标识符：在一个注册机构内，与语言无关的一个数据元的唯一标识符。本标准的数据元标识规则为用六位字母数字码表示：第1、2位为保险行业标识，即"保险"拼音首字母大写BX；第3、4、5、6位为四位数字顺序码，表示为

BXnnnn。

中文名称：赋予数据元的单个或多个中文字词的指称。在一定语境下，数据元的名称应唯一，名称中一般包括对象类词、特性词和表示词，如果是应用数据元，一般还应包括限定词。特性词是表示数据元对象类的显著的、有区别的特征。数据元的名称中应有一个且仅有一个特性词。表示词是数据元名称中描述数据元表示形式的一个成分，描述了数据元有效值集合的格式。数据元名称中应有且仅有一个表示词。

英文名称：数据元的英文名称。

同义词：与给定名称有区别但表示相同的数据元概念的指称。

说明：对数据元含义的解释说明。对数据元含义的解释说明应与《保险术语》保持一致。

表示：规定数据元值的表示格式，从中可以得到关于数据元的数据类型、最大和/或最小字符长度的信息。

值域：根据相应属性中所规定的表示形式、格式、数据类型而决定的数据元的允许实例表示的集合。

备注：数据元的注释。

业务应用领域：数据元应用的业务领域。

（4）数据元的检索

该标准对数据元建立了多种方式的索引，可分别按照数据元使用的业务领域、数据元名称的汉语拼音、数据元表示词类型、基本数据元还是应用数据元、数据元英文名称等进行检索。

4.《保险业务代码集》

该标准规定了保险业务信息交换和共享所使用的代码及其内容，主要包括代码集分类说明及代码编写两个部分。

标准将保险业务代码体系划分为参与方、合同、理赔、资产、风险评估、财务活动、保险产品、地域及联系方式和事件九个子体系，如图4-2和表4-5所示。该标准分别对这九个子体系进行了代码编制说明，每一子体系所规范的代

图4-2 保险业务代码体系

码类型数量分别为 23 个、15 个、26 个、21 个、11 个、19 个、11 个、6 个和 2 个。

表 4-5 保险业务代码子体系及其说明

子体系名称	子体系说明
参与方	保险经营管理活动中涉及的所有人或组织本身所固有属性的分类代码
合同	保险各类合同及合同管理信息的分类代码
理赔	保险理赔活动的分类代码
资产	保险活动中涉及的有形资产或无形资产相关信息的分类代码
风险评估	用于评估保险标的可能存在风险的条件或状况的分类代码
财务活动	保险经营管理活动中与合同和理赔相关的账户及收付费信息的分类代码
保险产品	保险产品定义的相关信息的分类代码
地域及联系方式	地域及联系方式的相关信息的分类代码
事件	保险活动中主要事件相关信息的分类代码

保险业务代码根据业务领域下各代码所属的业务环节的顺序排列。其基本格式如下所示：**数据元标记** 代码型数据元名称

说明：……

表示：……

编码方法：……

备注：……

代码值的类型及表示格式如下：

a 字母字符；

n 数字字符；

an 字母和/或数字字符；

M、N 表示自然数；

aN N 位字母字符的固定长度；

nN N 位数字字符的固定长度；

anN N 位字母和/或数字字符的固定长度；

a..N 可变长度，最长为 N 位字母字符；

n..N 可变长度，最长为 N 位数字字符；

an..N 可变长度，最长为 N 位字母和/或数字字符；

aM..N 可变长度，从 M 到 N 位字母字符；

nM..N 可变长度，从 M 到 N 位数字字符；

anM..N 可变长度，从 M 到 N 位字母和/或数字字符。

5.《银行保险业务财产保险数据交换规范》

该标准规范了中华人民共和国银行保险及其同类中介业务领域的交易类型、交易包数据模型及数据字典。其主要包括以下内容：数据交换的交易及交易模式；数据字典，统一业务概念的命名和分类；数据模型，统一数据交换格式及交易数据各元素的数据类型和数据结构等。

财产保险交易均由请求消息和应答消息组合而成，这样的模式通过交易流水号将请求消息和应答消息关联起来，交易流水号由请求方创建并传送至应答方。但在银行保险领域，银行、保险公司与请求方和应答方的对应关系并不固定，而应该依据具体业务需求而定。批量处理是通过将多个交易打包成一个交易集合的方式来完成的，其交易过程和其他单处理的交易一样。为了保证交易的安全性，标准建议可以对交易报文进行通信加密。在应答消息中，可能会包含错误的信息。错误信息包括两个部分：第一部分包括整个交易状态；第二部分包含对具体错误信息的描述。所有的错误信息均采用标准化定义（类型代码）。

标准还就通用交易、保险通用交易及产品线相关交易及对象、对象类和消息分别进行了规范，并针对主要内容分别建立了索引，其中中文索引是按条目的首字拼音首字母的索引，英文索引是按条目的英文名称首字母的索引。

6.《机动车保险数据交换规范》

该标准规定了机动车保险（简称车险）业务领域的交易类型、交易包数据模型及数据字典。其内容主要包括以下三方面：

1) 车险数据交换的交易及交易模式。交易的定义包括六个部分，分别为交易归属类别、交易码、定义、用途、约束条件和消息组成。

标准中的交易归属类分为通用交易、承保类交易、理赔类交易和支付类交易四类。其中，通用交易表示相关交易不区分保险产品线特性。任何财产保险产品线的业务处理均可能用到此类交易，如车辆查询、当事人查询等交易。承保类交易表示相关交易需要区分保险产品线进行定义，业务范畴包括所有的投保、承保和批改行为，如询价交易、新契约交易、保单变更询价交易等。理赔类交易涉及的业务范畴包括所有保险理赔处理行为，相关交易需要区分保险产品线进行定义，如理赔状态查询交易、报案交易等。支付类交易及业务范畴包括所有支付处理行为，主要目标是解决车险业务"见费出单"管控问题、理赔支付问题，相关交易不需要区分保险产品线进行定义，如支付确认交易、支付记录查询交易等。上述分类主要是从概念和功能上进行的分类，不具备内容上的强制性。

行业平台的交易码由3~5位字符组成：核心业务类第1位固定为"V"，代表车险交易；第2、3位为数字，用于代表相应的主交易；第4、5位为数字，用于代表相关主交易的子交易。车型及风险保费等辅助类第1位为"F""B""C"等，表明该交易的所属类型，并附加两位数字区分该分类中的具体交易。

关于交易模式，车辆保险相关的交易均由两种消息组合而成，分别是请求消息和应答消息。这样的模式通过交易流水号将请求消息和应答消息关联起来，交易流水号由请求方创建并传送至应答方。该标准暂未提供通知类交易。同时，在保险代理人、理赔代理人、保险公司、车险信息平台之间，请求方和应答方的对应关系并不固定，而应该依据具体业务需求而定。

关于交易安全性，该标准建议通过对交易报文进行通信加密的形式来提高交易的安全性，暂不规定具体的加密方法种类和措施。对于支付类交易的报文，标准建议对全文进行数字签名处理，以适当形式将签名报文附在主报文中。

2）标准编制了车险数据字典，统一业务概念的命名和分类。

3）标准规定了车险数据模型，统一数据交换格式，以及交易数据各元素的数据类型和数据结构。

【本章小结】

本章主要介绍了我国保险业标准化概述与保险业标准化各类别标准的建设情况。其中，概述部分介绍了保险业标准化的基本内涵、必要性、重要性、目的与内容。保险业标准化各类标准部分分别从基础类标准、业务类标准、管理类标准、信息技术类标准和数据类型标准几方面进行了介绍；在简单介绍了每类标准建设现状后，对每一类标准中较为重要标准的编制背景、适用范围及主要内容等进行了介绍。

【思考题】

1. 保险业标准化建设的必要性体现在哪些方面？
2. 保险业标准化建设具有什么样的重要意义？
3. 保险业标准化建设的目的是什么？
4. 我国保险业标准体系由哪几部分组成？每一部分都包含哪些子类标准？
5. 如何认识《保险术语》国家标准推出的重要意义？

第五章

证券期货业标准化

【学习目标】

1. 了解证券期货业标准化的意义和必要性，了解证券期货业基础编码领域标准、信息披露领域标准、技术管理领域标准的建设目的，了解证券期货业接口领域、信息安全领域标准的构成，了解接口领域标准的意义。

2. 熟悉基础编码领域国家标准和行业标准，熟悉接口领域、信息披露领域、技术管理领域、系统安全领域、数据安全领域、证券业务领域和期货业务领域标准的建设情况。

3. 掌握证券期货业标准化的基本内涵、领域分类及证券期货业的标准体系，掌握《证券及相关金融工具 国际证券识别编码体系》《证券及相关金融工具 金融工具分类（CFI编码）》的编码组成，掌握《证券期货业信息系统安全等级保护基本要求（试行）》的安全保护能力等级，掌握《证券期货业信息系统审计规范》和《证券公司客户资料管理规范》的主要内容。

【导入案例】

《证券及相关金融工具》系列国家标准制定及应用

随着我国资本市场双向开放不断有序推进，交易场所、金融产品不断增多，参与机构间的信息交互也越来越多，跨机构、跨交易场所对相关数据的编码规则不一致，会导致金融产品在跨机构、跨交易场所交易时难以进行。为防范金融风险，促进我国资本市场与国际互联互通，全国金融标准化技术委员会证券分技术委员会组织制定了 GB/T 21076—2017《证券及相关金融工具国际证券识别编码体系》、GB/T 23696—2017《证券及相关金融工具交易所和市场识别码》和 GB/T 35964—2018《证券及相关金融工具金融工具分类（CFI 编码）》三项国家标准，规定了中国境内注册发行的证券及相关金融工具的国际识别码的编码体系和规范，标识交易所、交易平台、监管或非监管市场的通用方法，以及各类金融工具赋予编码的具体规则和方法。这些金融领域基础性标准，将进一步规范国内证券及相关金融工具的识别、交易和管理，对于统一国内现有的证券编码，支持多层次资本市场健康发展，便利国际化证券识别和信息交换具有重要意义。

（资料来源：周云晖，《〈证券及相关金融工具〉系列国家标准制定及应用》，《金融电子化》，2018（10）：20-22）

问题：《证券及相关金融工具》系列国家标准的制定具有哪些重要意义？

第一节　证券期货业标准概述

1. 证券期货业标准化的基本内涵

标准化是推动证券期货业提升治理能力和风险防范水平的重要着力点，在证券期货业推进标准化建设具有重要的意义。证券期货业标准化即制定证券期货及相关领域共同使用和重复使用的条款，以获取证券期货业最佳秩序的活动。我国证券期货市场是一个技术含量高、信息化程度高的新兴转轨市场，标准作为市场规范发展和信息化工作的基础，其地位尤为重要。作为基础工作之一，证券期货业标准化能够避免行业内大规模重复建设的风险，实现技术与管理的跨越式发展，降低行业风险，降低业务发展成本，降低信息系统运行风险，增强市场流动性，构建统一互联的证券市场，提高行业运行效率，提升行业服务质量，有助于促进证券期货业技术创新，以及有效推动证券期货行业的稳定、健康、可持续发展。

2. 我国证券期货业标准管理组织

我国证券期货领域标准化工作在证监会的领导下，由全国金融标准化技术委员会证券分技术委员会（简称证券分委会，国内编号 SAC/TC 180/SC 4）进行管理。此委员会成立于 2003 年 12 月，是由国家标准化管理委员会批准组建，在证券期货领域从事全国性标准化工作的技术组织，负责我国证券期货业标准化技术归口工作，并参与国际标准化组织中证券相关金融标准化工作。

3. 证券期货业标准化的必要性

我国资本市场建设迅速，主体数量日益增加，市值规模巨大，面对如此庞大的市场，非标准化将会使得各市场主体系统软件封闭独立、产品各不兼容，交易所数据交换模式不统一、编码方式不统一、接口不统一、重要数据过程流程不统一。非标准化不但会造成系统适应性差、效率低下、交易成本高昂、交易风险增加，也会带来巨大的经济损失，所以，资本市场的标准化建设迫在眉睫。标准化可以使证券期货业工作去繁就简，统一规范，增强可操作性；可以避免市场主体类似标准重复建设带来的风险，同时能够节省大量的人力、物力和财力，有助于实现技术及管理工作的跨越式发展；有助于推动证券期货业的信息化发展。随着全球一体化、信息化发展进程的推进及我国资本市场的进一步对外开放，无论从国际大环境还是从国家和行业现状来说，都急切需要我国完善、修订、提升标准化水平，不断研发、推出并积极采用行业标准、国家标准和国际标准，以全面提升我国证券期货业标准化水平，提升市场主体核心竞争力和参与国际竞争的能力。

首先，技术进步需要证券期货业开展标准化建设。证券期货行业是一个高度信息化行业，证券期货业务的发展与技术进步关系密切，二者辩证互动。通过标准化建设，能够从全局、系统的角度对证券期货业发展进行战略性规划，实现各主体间系统结构一致、数据标准统一、交易平台和通信接口兼容、业务规范对接。

其次，科学管理需要证券期货业开展标准化建设。标准化是国际通用技术语言，是一种有效的科学管理方法。无论是在交易所、结算公司、证券、期货、基金公司，标准化都能够把复杂的过程简单化，使繁杂的流程清晰化，使业务管理被量化，增强可操作性。标准化还能够减弱个人因素，使行为主体的行为标准化、制度化、科学化。通过证券期货业标准化建设，实现主体间有机联系、协调互动，将整个证券期货业有机统一，实现系统高效运转。

再次，业务发展需要证券期货业开展标准化建设。只有大力推进标准化建设，才能够更好地促进证券期货业业务发展，实现行业分类、统计指标、数据分类体系的统一；才能规范主体行为，提升信息披露的透明度和科学性；才能更好地保护利益相关者的权益，促进业务进一步发展。

最后，金融风险防范需要证券期货业开展标准化建设。我国证券期货市场因标准化建设滞后，市场上大小风险事故时常出现，防范技术事故、化解技术风险需要通过标准化建设来实现。因为采用标准化制度，以量化的具有较强可操作性的风险监控标准对产品、流程、系统进行设计、建设、衡量和评估，能够强化安全意识，加强系统安全。

4. 证券期货业标准领域分类及标准化管理的基本内容

为了提高标准立项、评审工作的专业水平，充分发挥行业专家的优势，证券分委会根据证券期货行业细分领域标准化工作的需要组建证标委专业工作组，专业工作组由证标委领导和管理。证券分委会可根据行业发展需求，对专业工作组的专业领域和业务范围进行调整。各专业工作组设首席专家一名，行使组长权利，专家若干名，联络员一名。

各专业工作组负责内容如下：

1）WG 1 基础编码专业工作组，负责证券期货（基金）市场的金融产品、金融衍生品、参与机构、投资者、账户、相关金融工具等的分类及编码标准、规范以及相关的管理规范和工作指引。

2）接口标准专业工作组负责三个领域的标准建设工作：①WG 21 数据模型专业工作组，负责以证券期货行业相关法律法规、业务规则、制度及流程等为依据，提取市场全业务流程与数据共性，形成具有通用性、稳定性和扩展性的数据模型；②WG 22 机构间接口专业工作组，负责各金融机构之间信息交换的接口标准，包括数据通信协议的数据字典、报文类别、数据格式、传输机制等，以及信息交换参与方的责权利关系等；③WG 23 机构内部接口专业工作组，负责金融机构内部不同信息系统的数据交换协议及关键业务之间的数据交换通信报文格式和数据报文格式。

3）WG 3 信息披露专业工作组，负责各市场相关机构、产品信息披露内容、格式的电子化规范，主要包括报文类型、发布主体、持有人权益、信息内容以及相应的技术标准。

4）WG 4 技术管理专业工作组，负责行业基础设施、软件工程、项目管理、质量管理、运行维护以及组织管理、IT 治理等相关制度和标准的建设工作。

5）信息安全专业工作组，负责两个领域的标准建设工作：①WG 51 系统安全专业工作组，负责信息安全等级保护、灾难备份、运维管理、应急管理、安全审计、自主可控（包括安全审查、开源系统等）、新技术（云计算、大数据、虚拟化、互联网金融安全）等行业网络与信息安全方面的相关制度和标准建设；②WG 52 数据安全专业工作组，负责行业信息系统数据处理和数据存储的机密性、完整性和可用性的防护技术、管理制度和能力要求等标准建设。

6）业务规范专业工作组，负责三个领域的标准建设工作：①WG 61 证券业务专业工作组，负责证券业务的证券经纪、交易结算、投资咨询、资产管理、客户服务与管理、后台运行等方面的制度要求和数据标准建设；②WG 62 期货业务专业工作组，负责期货业务的交易、结算、交割、客户服务、资产管理、投资咨询、监测监控、后台运行等方面的制度要求和数据标准建设；③WG 63 基金业务专业工作组，负责基金业务的注册登记、估值核算、投资交易、资产管理、投资咨询、基金销售等核心业务的业务规则、服务协议、合同要素等方面的制度要求和数据标准建设。

上述内容构成了证券期货业标准体系，如图 5-1 所示。

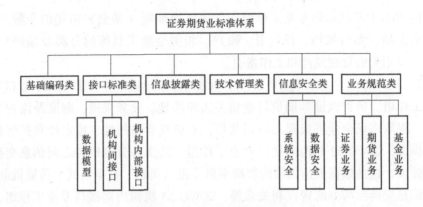

图 5-1 证券期货业标准体系

上述标准体系的构建对我国证券期货业的发展具有重要意义。证券期货业标准体系是系统描述证券行业相关标准的总体框架和发展蓝图。标准体系在全面确立标准体系框架的同时，重点描述面临迫切需求的标准，为今后一段时间证券期货业标准化工作的重点和发展方向提供了依据，为标准的科学分类、标准内容及范围的界定提供了依据。

同时，证券分委会立足优化资本市场监管、提升标准服务水平，加强新技术新业态标准规范引领作用，统筹制定行业标准设计方案，系统规划和全面指导整个行业标准化工作，组织编制《证券期货业标准设计方案》，并每年进行修订，为行业的应用提供便利，有效避免标准的重复性建设，全面提升行业标准制定/修订水平，成为证券期货业标准制定/修订工作的主要依据和重要参考。

证券期货业标准体系为证券市场的创新发展提供了有力的技术支撑，从而形成了有利于市场发展的制度环境，为行业标准化工作本身的不断完善和发展奠定了基础。

第二节 证券期货业基础编码领域标准

目前,我国证券期货业基础编码体系仍面临如下问题:①基础编码的编码规则不同。行业编码规则不统一,导致同一编码对象在不同机构具有不同的编码长度和编码类型,在一定程度上影响了行业数据交换和统计分析工作的开展。②基础编码的管理方式不同。由于行业机构在发展过程中形成了各具特色的基础编码管理方法,虽然以机构为单位管理基础编码可以灵活有效地应对业务发展,但也使得编码标准分布处于相对零散化、碎片化的状态,无法有效获得行业基础编码全景,影响市场共识和行业监管的效果。

基于上述问题,需要针对我国证券期货业的具体业务和特点,以及未来行业的发展趋势和监管要求,研究制定适用于证券期货业统一的基础类编码标准体系。目前,证券期货业已发布三项基础编码国家标准和四项基础编码行业标准。国家标准分别为GB/T 21076—2017《证券及相关金融工具 国际证券识别编码体系》、GB/T 23696—2017《证券及相关金融工具 交易所和市场识别码》和GB/T 35964—2018《证券及相关金融工具 金融工具分类(CFI编码)》;行业标准分别为JR/T 0104—2014《证券期货业非公开募集产品编码及管理规范》、JR/T 0085—2012《证券投资基金编码规范》、JR/T 0086—2012《证券投资基金参与方编码规范》和JR/T 0020—2004《上市公司分类与代码》。

1. 《证券及相关金融工具 国际证券识别编码体系》

该标准规定了中国境内注册发行的证券及相关金融工具国际识别码(ISIN)的编码规则、注册机构、编码分配等内容,为可替换和不可替换的证券和金融工具提供了一种统一的标识结构。

(1) 编码规则

ISIN由三部分组成:①前缀码,即根据GB/T 2659规定的两位字母的国家编码。②基本编码,由产品类别码和产品顺序码组成。其中,产品类别码是证券及相关金融工具的类型码,由一位字母组成。对交易类的证券及相关金融工具,其产品类别码按照ISO 10962的规定进行编码,对权益类、债券类、权利类、期权类、期货类、结构性金融产品、参考工具和综合类的金融工具分别用字母E、D、R、O、F、S、T和M表示;对非交易类的证券及相关金融工具,用字母Z进行产品类别码编码(见表5-1)。产品顺序码为一个八位字符组成的代码,每位字符由数字(0~9)及字母(A~Z)按照其申请顺序自动生成。③检验码由一位数字组成。ISIN 编码规则如表 5-2 所示。

表 5-1 产品类别码及覆盖的具体产品

产品类别		产品类别码	具体产品种类
交易类业务	权益	E	普通股票、优先股票、可转债股、优先可转债股、共同基金等
	债券	D	债券、可转换债券、带权证的债券、中期票据、货币市场工具等
	权利	R	分配权利、认购权利、购买权利、权证等
	期权	O	买入期权、卖出期权等
	期货	F	商品期货、金融期货等
	结构性金融产品	S	有预定收益或有一个或多个基础价的金融产品,指数或未来日期的利率等
	参考工具	T	具有参考性金融工具（如货币、商品、利率等）
	综合类	M	其他资产产品（如房地产契约、保险计划等）
非交易类业务		Z	转托管、市值配售、网络投票、新股申购、配股认购、可转债转股、可转债回售等

表 5-2 ISIN 编码规则

位置	1	2	3	4	5	6	7	8	9	10	11	12
编码	C	N	×	×	×	×	×	×	×	×	×	×
码段	前缀码固定为 CN 代表中国		产品类别码代表产品基本类型	产品顺序码								校验码

(2) 编码分配

根据之前版本分配的 ISIN 保持不变,而对尚未分配 ISIN 的证券和金融工具按照该标准进行分配。在 ISIN 标准分配时,申请人应向注册机构提供的必要信息,一般包括发行名称及描述（包括类别或种类）、发行人名称及注册地、主要管理人或管理集团的名称及注册地、国际债券类产品对应的中央政权存管机构/国际中央证券存管机构名称及所在国家、衍生品及商品交易所的名称和所在国家、利率及期限和利息支付日、货币、其他国务院证券监督管理机构授权的证券行业标准化机构要求的信息。

2. 《证券及相关金融工具 金融工具分类（CFI 编码）》

该标准规定了金融工具的分类编码和定义。

（1）CFI 的编码规则与规定

1）编码的一个重要原则即根据对应的金融工具本质特性，而非根据在特定国家惯用的名称或术语决定产品如何分类。这一原则避免了由于使用不同语言描述金融工具所造成的混乱及重复，同时允许各国市场间对金融工具进行客观的比较。

2）CFI 编码由六位字母组成。字母 A、B、C、D、E、F、G、H、I、J、K、L、M、N、O、P、Q、R、S、T、U、V、W、X、Y、Z 可供分配。其中有两个字母有特殊含义，分别为：对于未知的信息而在当时不适用分配编码，用字母 X 表示；M 为其他类（混合型）。编码的第一位字母代表分类和种类间区分的最高级别，如权益、集合投资工具等；第二位字母代表每个类别下的具体细分组；最后四个字母显示的是适用于每个分组的最相关的属性，如投票权、所有权/转移/销售限制、缴交股款状况和形式对于权益是有用的信息，而这些特性在期权中是不存在的，期权中含有其他属性，如期权类型、标的资产、交割方式、标准/非标准或触发条件。CFI 编码规则如表 5-3 所示。

表 5-3　CFI 编码规则

位置	1	2	3	4	5	6
编码	六位大写字母（由标准制定的字母组成）					
含义	分类	分组	第一级属性	第二级属性	第三级属性	第四级属性

（2）CFI 编码的分配

CFI 编码的分配原则遵循（1）中的原则与规定。对于没有分配 ISIN 的金融工具，CFI 编码可被使用者按照该标准衍生得出。同时，根据早期版本分配的现存且有效 CFI 编码应根据最新版本的规则进行转化。目前未分配 CFI 编码的金融工具应根据最新版本的规则进行分配。

（3）编码与示例

1）产品类别。CFI 编码首位字母可表示如下类别：E 权益；C 集合投资工具；D 债务工具；R 权利（权利资格）；O 上市期权；F 期货；S 互换；H 非上市和复合上市期权；I 现货产品；J 远期产品；K 交易策略；L 融资；T 参考性金融工具；M 其他类（混合型）。

为增强后面编码内容的易读性，CFI 编码中的字母彼此都由连字符分割，星号（*）可代表不同字母的占位符。

2) CFI 编码示例。以权益类为例：权益 -E-*-*-*-*-*-

代表在某经济实体或资产组合中所有者权利的金融工具。

权益类别可分为以下组类：S 普通/一般股票；P 优先/优惠股票；C 可转换普通/一般股票；F 可转换优先/优惠股票；L 有限合伙份额；D 权益类存托凭证；Y 结构性金融工具（参与性）；M 其他类（混合型）。

下面以权益类的普通/一般股票为例（见表5-4）来说明 CFI 的编码。

普通/一般股票-E-S-*-*-*-*-

表5-4 普通/一般股票 CFI 编码属性

第一级属性		表决权（指赋予股票持有人的表决权力）	
	V	普通表决权（每股有一票表决权）	-E-S-V-*-*-*-
	N	无表决权（持股人不具有表决权）	-E-S-N-*-*-*-
	R	限制表决权（持股人每股表决权可允许不足一票）	-E-S-R-*-*-*-
	E	扩大表决权（持股人每股表决权多于一票）	-E-S-E-*-*-*-
第二级属性		所有权/转让权/出售限制权（股票所有权或转让权受特殊条件约束，其中包括各个国家的特殊限制条件）	
	T	有转让限制	-E-S-*-T-*-*-
	U	无转让限制（不受约束的）	-E-S-*-U-*-*-
第三级属性		缴交股款状况	
	O	无偿取得股份	-E-S-*-*-O-*-
	P	非足额缴款	-E-S-*-*-P-*-
	F	足额缴款	-E-S-*-*-F-*-
第四级属性		形式（可转让性，流通性）	
	B	不记名（股票所有人姓名或机构名称并不登记在发行人或登记机构的账目上）	-E-S-*-*-*-B-
	R	记名（股票所有人姓名或机构名称记载在发行人或其登记机构的账目上，并且该股票职能由登记的所有人背书后转让给受让人）	-E-S-*-*-*-R-
	N	记名/不记名（股票同时以记名和不记名的形式发行，且两种形式的股票识别编码相同）	-E-S-*-*-*-N-
	M	其他类（混合型）	-E-S-*-*-*-M-

第三节 证券期货业接口领域标准

证券期货业接口标准工作组主要负责数据模型、机构间接口、机构内部接口三个专业领域的标准建设。

1. 证券期货业数据模型领域标准

行业数据模型是证券期货行业数据治理的核心工作，也是行业中各接口、标准制定的基础。制定行业数据模型标准，支持中央监管信息平台建设，支持行业中机构间数据交换和全行业风险管控，为证券期货行业标准化工作奠定基础，对进一步规范行业标准化管理、提升行业信息标准质量、提高行业数据治理效率具有重要意义。

我国证券期货业正处于新兴转轨、高速发展阶段，行业对数据模型的要求多且高。目前行业尚无统一的数据模型，证券期货业各市场参与主体自行规划，基于同样业务的操作、监管、分析系统也各成体系。为了进一步推进行业标准化工作，提升我国证券期货业的信息化质量，指导行业内系统建设和机构间数据交换，以行业数据模型为原点的行业数据治理工作成为现阶段行业信息化建设的基本工作之一。为确保行业内机构信息数据的一致性，2013年12月，在中国证监会信息中心、证券分委会领导下，证券期货业启动基于行业数据模型的数据治理工作，构建了证券期货业数据模型，组织开展行业数据模型相关标准编制工作。

《证券期货业数据模型》金融行业系列标准由八个部分组成，分别为《证券期货业数据模型 第1部分：抽象模型设计方法》《证券期货业数据模型 第2部分：逻辑模型公共部分行业资讯模型》《证券期货业数据模型 第3部分：证券公司逻辑模型》《证券期货业数据模型 第4部分：基金公司逻辑模型》《证券期货业数据模型 第5部分：期货公司逻辑模型》《证券期货业数据模型 第6部分：证券交易所逻辑模型》《证券期货业数据模型 第7部分：期货交易所逻辑模型》《证券期货业数据模型 第8部分：监管机构逻辑模型》。截至2019年11月，JR/T 0176.1—2019《证券期货业数据模型 第1部分：抽象模型设计方法》已发布；《证券期货业数据模型 第3部分：证券公司逻辑模型》已形成征求意见稿；《证券期货业数据模型 第4部分：基金公司逻辑模型》正在进行草案编写；其他部分标准处于预研状态。

2. 证券期货业机构间接口领域标准

证券期货业机构间接口领域标准关注于各金融机构之间信息交换的接口标

准，包括数据通信协议的数据字典、报文类别、数据格式、传输机制等，以及信息交换参与方的责权关系等。

为适应证券期货业各类业务的创新与发展，降低行业整体数据通信安全风险与应用成本，进一步规范行业机构间各类接口标准的制定与应用，提高机构间接口标准化水平，需要制定和完善证券期货业机构间接口标准设计方案。截至2018年年底，机构间接口标准共有10项行业标准，分别为JR/T 0018—2004《证券登记结算业务数据交换协议》、JR/T 0046—2009《证券期货业与银行间业务数据交换消息体结构和设计规则》、JR/T 0017—2012《开放式基金业务数据交换协议》、JR/T 0087—2012《股指期货业务基金与期货数据交换接口》、JR/T 0022—2014《证券交易数据交换协议》、JR/T 0103—2014《证券交易数据交换编解码协议》、JR/T 0016—2014《期货交易数据交换协议》、JR/T 0111—2014《证券期货业数据通信协议应用指南》、JR/T 0163—2018《证券发行人行为信息内容格式》、JR/T 0160—2018《期货市场客户开户数据接口》。下面就其中部分标准内容说明如下：

(1)《证券交易数据交换协议》

证券交易业务是证券市场的核心业务，而交易所与市场参与者之间的电子数据交换，是联系各市场参与主体、保障交易有序有效运行的纽带。设计标准化、科学合理的证券交易数据交换协议，是确保交易业务安全高效运行、降低行业交易成本的基础，其必要性和重要性不言而喻。而沪深证券交易所和期货交易所与券商和其他机构之间都采用各自设计的非标准化的接口，数据信息交换模式不统一，编码方式不统一，接口定义不统一，业务数据流程也不统一，存在对业务创新的适应性较差、适应成本高，不同市场间难于有效交换信息等问题。基于此，中国证监会2014年2月10日颁布并实施了《证券交易数据交换协议》，该版本是2004版的修订版。

该协议适用于证券交易所与市场参与者和相关金融机构之间的业务数据交换。该协议提供了市场参与者内部系统与其他市场参与者协议转换接口的连接标准，以及市场参与者内部系统通过开放接口与证券交易所之间的连接标准，也可支持证券期货行业各机构系统之间的连接。

该协议规定了证券交易所交易系统与市场参与者系统之间进行证券交易所需的数据交换协议，规定了应用环境、会话机制、消息格式、安全与加密、数据完整性、扩展方式、消息定义、数据字典等内容。标准的实施将优化市场接口协议，提高全市场证券交易数据交换的规范性水平，加强证券交易数据交换接口的灵活性，从而提高全市场的数据交换效率。

(2)《期货交易数据交换协议》

为了适应国内期货市场业务模式的发展、创新，以及新增业务的实施，2014年12月中国证监会颁布并实施了《期货交易数据交换协议》，该协议在2004版的基础上，对原有的期货交易数据交换协议标准进行了调整和更新，并在数据流的管理机制上做出优化，从而更有利于加强接口的灵活性，为全市场期货交易数据交换应用提供了规范。

该标准适用于交易所系统和会员系统之间进行交易所需的数据交换和通信，也适用于交易所内部、会员内部、交易所之间或者会员之间的数据交换和通信。

该标准规定了交易所、会员单位之间进行交易数据交换时所采用的数据格式、数据定义和数据内容；确立了该数据交换协议的体系结构、报文格式、数据字典、运作机制等内容。

(3)《证券期货业数据通信协议应用指南》

随着证券期货行业多年的快速发展，业务模式从最初的手工报单柜台发展到基于信息技术的自动化处理，不同市场参与方系统之间需要进行复杂的数据交换与指令通信，大量的数据通信需求催生出多种数据通信协议。同时，各参与方为了满足不断创新与发展的业务需求，针对不同的业务需求制定了多种数据通信协议，导致数据通信协议的数量快速增加，协议之间的差异较大。一些相同的业务概念在不同的协议中存在不同的逻辑关系、规则、元素数据类型、通信报文组织形式与数据格式，一些协议采用了不同的通信报文传输机制，行业内的数据通信协议显现多元化、发散式发展的趋势，加大了系统间通信的复杂性和运行风险，增加了维护成本和开发周期，因此，急需从行业角度进行整体规划。基于此，中国证监会于2014年12月颁布并实施了《证券期货业数据通信协议应用指南》。该标准适用于证券期货行业内及行业间机构在选择或制定数据通信协议时参考。

该标准规范了各参与方之间交换信息的业务概念、逻辑关系与规则、元素数据类型、通信报文组织形式与数据格式、通信报文传输机制等内容，使得各参与方能够依据统一的规范定义，生成、封装、编码、传输、解析数据通信报文，大大提高了信息交换的质量和效率，促进了业务的创新与发展。

该标准提出了数据通信协议渐进式收敛演进的目标、原则、方法、流程与路线，描述了数据通信特征，以及主要数据通信业务与协议的特征值，总结出数据通信协议筛选决策树等内容，确立了证券期货行业内及行业间机构在制定数据通信解决方案过程中，选择现有数据通信协议或制定新数据通信协议时应遵守的原则。该标准通过科学实用的原则与方法，指导市场各参与方的系统选择最适宜的数据通信协议，降低系统间通信的复杂性和运行风险，减少系统维护成本，缩短系统开发周期，同时促进行业数据通信协议的收敛演进，逐步达成协议演进目标。该标准的实施极大地提高了业务运行的效率，有力地支持了业务创新与发展，并在行业内形成一个良性的循环，共同促进业务与数据通信协议的健康有序发展。

(4)《证券发行人行为信息内容格式》

证券发行人行为信息不仅关系到证券持有人的权益，而且关系到相关业务参与方的业务处理；同时，分红派息会引起账户资金的变动，所以还涉及业务参与方资金清算等业务的处理。此外，证券发行人行为信息往往对上市（挂牌）证券的市场价格产生一定影响。为了规范证券发行人行为信息，中国证监会编制了 JR/T 0163—2018《证券发行人行为信息内容格式》，并于 2018 年 9 月 27 日公布并实施。此标准适用于在信息服务机构、结算机构、托管银行、投资者等相关业务参与方之间传递标准化的证券发行人行为信息。

该标准的实施有助于降低数据检查、校对等人力成本，减少因理解错误、操作失误及疏忽遗漏等带来的人工出错风险。一方面，可以降低证券信息服务行业的业务风险和运营成本；另一方面，有助于投资机构实现投资管理的自动化，提高业务处理效率，有助于提升证券发行人行为领域相关业务的自动化处理能力，有效降低业务处理成本和风险，满足标准化证券发行人行为信息的生成与应用的需要。

该标准参考 ISO 20022 证券事件领域中的公司行为通知和公司行为取消通知两类报文规范制定。报文规范基于 XML 格式，给出了适用于我国证券市场的证券发行人行为信息的应用指导规范，规定了股票、债券、基金、权证等上市（挂牌）证券相关的证券发行人行为通知与证券发行人行为取消通知（简称证券发行人行为信息）的内容与格式，描述了事件类型及元素的扩展方法。

3. 证券期货业机构内部接口领域标准

证券期货业机构内部接口领域标准关注于金融机构内部不同信息系统的数据交换协议及关键业务间的数据交换通信报文格式和数据报文格式等标准的建设。

信息技术对证券期货行业发展发挥着重要推动作用，但随着行业创新不断深入，各经营机构内部信息技术逐渐面临众多问题，主要体现为信息系统数量众多、缺乏统一标准、数据共享难度大，系统架构相对紧耦合、市场技术就绪周期长，难以快速适应业务与管理创新变化等。为了建立系统、实用、有效的机构内部接口标准体系，需要全面梳理机构内部关键业务流程与数据交换，研究各机构内部信息交互的共性热点问题，制定机构内部接口标准。截至2018年年底，我国共发布了五项证券期货业机构内部接口标准，分别为JR/T 0151—2016《期货公司柜台系统数据接口规范》、JR/T 0155—2018《证券期货业场外市场交易系统接口》系列标准（共三项）及JR/T 0159—2018《证券期货业机构内部企业服务总线实施规范》。

（1）《期货公司柜台系统数据接口规范》

该标准规定了期货公司柜台系统数据接口数据类型、数据格式、业务主体、接口内容、业务组件以及元素数据类型，明确了数据项的取值类型，各模块之间的数据传输格式，柜台系统内部各关键子系统之间的数据交互方式，柜台系统四大模块的主体业务范围，五大接口规范，客户信息、成交信息等组件描述，账户变更状态和转账类型的元素数据类型。

（2）《证券期货业场外市场交易系统接口》系列标准

该系列标准包含三个部分，各部分适用范围如下：

JR/T 0155.1—2018《证券期货业场外市场交易系统接口 第1部分：行情接口》，适用于场外交易系统与证券公司柜台交易系统等机构之间进行的行情数据交换。

JR/T 0155.2—2018《证券期货业场外市场交易系统接口 第2部分：订单接口》，适用于场外交易系统与证券公司柜台交易系统等机构之间进行的订单数据交换。

JR/T 0155.3—2018《证券期货业场外市场交易系统接口 第3部分：结算接口》，适用于场外市场资管计划、收益凭证、非公开发行公司债、ABS产品、衍生品、私募股权融资产品。本部分适用于场外交易系统与产品注册登记系统，以及与证券公司等机构之间进行的结算数据交换。

该系列标准规定了证券期货业场外市场交易系统行情接口的术语和定义、会话传输、消息格式、消息结构、实时报送业务、行情推送业务、辅助处理、数据字典等内容。系列标准的实施厘清和规范了场外交易系统与证券公司柜台系统机构之间进行行情、订单及结算等数据交换接口，有利于扩展及完善场外交易系统和柜台交易系统的功能，提升证券公司柜台市场互联互通的对接效率，实现对证券公司柜台市场业务的统一监管。

（3）《证券期货业机构内部企业服务总线实施规范》

证券期货业机构对信息技术高度依赖，随着信息建设的逐步深入，各机构内部传统的信息技术架构大多面临着如下难题：信息系统数量众多，各系统数据及技术异构，缺乏统一标准，资源共享难度大；各信息系统模块之间、系统之间耦合度高，结构复杂，变更修改成本昂贵，运维风险高居不下；信息技术架构相对落后，缺乏统一的IT规划，不能有效利用IT的价值；面对业务的变更与创新，信息系统难以对业务需求实现灵活应对、快速响应。

为解决以上问题，推荐采用基于企业服务总线的面向服务架构。该架构能改变系统之间两两网状交互现状，将内部各系统之间的数据交互包装成服务，统一在企业服务总线注册，供其他系统调用。该标准结合行业已有实施经验，规定了企业服务总线的技术结构与组成、服务生命周期以及项目组织管理，并给出了企业服务总线的典型应用场景，为行业各机构实施企业服务总线、实现面向服务架构提供了指导性规范。

第四节 证券期货业信息披露领域标准

证券期货业信息披露领域标准主要关注各市场相关机构、产品信息披露内容、格式的电子化规范，主要包括报文类型、发布主体、持有人权益、信息内容以及相应技术标准的制定。

证券期货业信息披露标准以建立合理有序的资本市场信息披露标准体系、规范数据、统一数据格式、提高数据质量、方便数据交换与应用为目标，致力于指导行业信息披露标准的制定和应用，以提高资本市场透明度，促进资本市场更加健康有序发展。我国证券期货业高度重视信息证券期货业的信息披露，先后出台了《证券期货业电子化信息披露规范体系》系列国家标准、GB/T 25500.1—2010《可扩展商业报告语言（XBRL）技术规范 第1部分：基础》和行业标准JR/T 0021—2004《上市公司信息披露电子化规范》。

1.《证券期货业电子化信息披露规范体系》系列国家标准

《证券期货业电子化信息披露规范体系》系列国家标准由GB/T 30338.1—2013《证券期货业电子化信息披露规范体系 第1部分：基础框架》、GB/T 30338.2—2013《证券期货业电子化信息披露规范体系 第2部分：编码规则》、GB/T 30338.3—2013《证券期货业电子化信息披露规范体系 第3部分：标引模板》、GB/T 30338.4—2013《证券期货业电子化信息披露规范体系 第4部分：实例文档封装格式》和GB/T 30338.5—2013《证券期货业电子化信息披露规范体系 第5部分：注册管理规范》五个部分构成。该系列标准规定了我国资本市场XBRL电子化信息披露应用的基本范围、技术框架、原则和管理要求，为资本市场 XBRL 应用提供了指导性框架，提高了资本市场分类标准制定的规范程度和资本市场不同领域应用 XBRL 的协同性，创建了一种标准内容共享的机制。

《证券期货业电子化信息披露规范体系　第1部分：基础框架》的主体内容包括证券期货业分类体系集合、实例文档和注册管理三个方面。其中，分类体系集合部分约定了证券期货市场分类体系集合的整体框架，又分别约定了核心层分类标准、分类标准的层级结构、元素、扩展角色和类型、组件、自定义分类标准、通用维度、框架实现的目录结构和版本更新等内容；实例文档部分则约定了实例文档结构、实例文档的生成、校验、命名规则、上下文和单位以及统一的封装格式；注册管理部分介绍了注册管理的基本原则和主要内容。

《证券期货业电子化信息披露规范体系　第2部分：编码规则》规定了在证券期货业可扩展商业报告（XBRL）电子化信息披露中进行元数据 XBRL 格式标引时，对元素进行编码的方法、技术处理方式和管理机制。唯一的元素编码对于制定 XBRL 分类标准及扩展分类标准、编制报告模板、开发报告填写工具软件、向公众或监管部门披露或报送信息、存储和应用数据等各个技术环节均有重要的指导和规范作用。编码体系的建立是世界范围内 XBRL 技术应用的一次重要创新。

《证券期货业电子化信息披露规范体系　第3部分：标引模板》将制作业务模板规范化。业务模板是 XBRL 分类标准制定的前提，是披露具体业务内容和格式的依据，也是实例文档校验的依据。规范化的业务模板除了对应规章制度所要求的内容之外，还多了一些元素标记，正是这些标记，在模板与分类标准之间建立了关联，可以给报送系统开发提供规范化的指引和帮助。标引模板规范的核心是通过对模板的写作及标记方法进行规范，同时提供两种不同的标引模板表达形式：为业务人员提供可视化表达形式和为技术人员提供 XML 表达形式。

《证券期货业电子化信息披露规范体系　第4部分：实例文档封装格式》定义了实例文档封装格式，将制作、发布、应用和管理实例文档所需要的相关信息组织并封装为一个 Zip 格式的封装文件，并对封装文件的制作和管理进行了规范和指导。

《证券期货业电子化信息披露规范体系　第5部分：注册管理规范》是中国证券期货市场报告义务人按法律法规和中国证监会的有关规定向公众披露信息或向监管部门报送电子化信息的过程中，通过注册管理平台按照中国证券期货业电子化信息披露的注册原则和管理机制，对元素、角色、类型、分类套件、标引模板和自定义部分等进行统一注册、审核、发布管理所必须遵循的规则和要求。该标准的发布，使元素的注册和发布正规化，并规范了证券市场的扩展类型和扩展角色，进而规范了证券市场的分类套件和标引模板，最终推动证券市场电子化信息披露的可持续规范发展。

2.《上市公司信息披露电子化规范》

该标准是对上市公司信息编制、上报、审核以及披露过程的规范，规范了上市公司的电子公告文档和电子公告文档中重要信息的数据化过程，包括信息披露和信息采集合二为一的过程。该标准涵盖了对外公开发布的各类公告、上市公司向证券监管机构报送的各类待审查的公告以及所需提供的相关材料。

分类信息（Taxonomy）是一组 XML 文件，用于定义信息披露中涉及的元素及这些元素之间的关系，包括模式定义文件和链接库。模式定义文件定义元素名称、ID 属性、元素类型等属性；链接库则定义元素之间的各类关系。

1）"公告基本信息分类信息"定义了一系列用于描述公告文件本身信息的元素，通过这些元素，可以详细记录一个公告文件的信息，包括公告类别、公告标识、公告披露日期、公告披露媒体，以及与该公告文件相关联的商业实体的基本信息。

2）"核心分类信息"是各种业务类型的信息披露公告分类信息的扩展基础。

3）"财务报表分类信息"提取了上市公司披露信息中涉及财务报表的元素，描述了上市公司定期报告包含的各个财务报表，规范了报表中各会计科目间的勾稽关系和计算关系，确定了上市公司财务数据的命名空间。财务报告分类信息按行业分为工商类财务报表分类信息和金融类财务报表分类信息。

4）"公告非财务信息分类信息"定义了上市公司披露信息中除财务报表和相关财务数据以外的信息元素。

5）"定期报告分类信息"是为了满足上市公司定期报告的业务需求而扩展定义的分类信息。它在"核心分类信息""财务报表分类信息""公告非财务信息分类信息"的基础上进行了适当扩展，界定了定期报告摘要中涉及的披露信息的内容，并重新定义了这些信息（在分类信息中表现为各种元素）的组织方式。

第五节 证券期货业技术管理领域标准

技术管理领域标准主要关注行业基础设施、软件工程、项目管理、质量管理、运行维护以及组织管理、IT治理等相关制度和标准的建设。

为规范证券期货业信息技术治理、信息系统开发建设、信息系统运维、信息系统内控、新技术新应用等方面的管理，保障资本市场信息系统安全稳定运行，服务于资本市场业务创新和发展，需要制定并逐步完善证券期货业技术管理领域标准。截至目前，我国共有证券期货业技术管理领域行业标准六项，分别为JR/T 0059—2010《证券期货经营机构信息系统备份能力标准》、JR/T 0084—2012《证券期货业网络时钟授时规范》、JR/T 0099—2012《证券期货业信息系统运维管理规范》、JR/T 0133—2015《证券期货业信息系统托管基本要求》、JR/T 0145—2016《资本市场交易结算系统核心技术指标》及JR/T 0175—2019《证券期货业软件测试规范》。

1. 《证券期货经营机构信息系统备份能力标准》

该标准明确了证券期货经营机构信息系统备份能力的含义，定义了备份能力的等级。

1）备份能力与备份能力等级的定义。经营机构信息系统备份能力包括数据备份能力、故障应对能力、灾难应对能力和重大灾难应对能力。

对数据备份能力，从备份频率、保存方式和恢复验证三个方面进行要求；对故障应对能力、灾难应对能力和重大灾难应对能力，分别从恢复时间目标（RTO）、恢复点目标（RPO）和性能容量三个方面进行要求。

该标准根据经营机构不同的业务类型、信息系统的特点，定义了六个等级的备份能力，从低到高依次为第一级到第六级：第一级为数据备份级，包括对数据备份的要求；第二、三、四级为故障应对级，包括对数据备份的要求和对故障应对的要求，从行业实际出发，一般地，实时信息系统对应第二、三、四级，非实时信息系统对应第二级；第五级为灾难应对级，包括对数据备份的要求，对故障应对和灾难应对的要求；第六级为重大灾难应对级，包括对数据备份的要求，对故障应对、灾难应对和重大灾难应对的要求。

2）关于备份能力需求的确立。经营机构在进行信息系统设计和建设时，应确定信息系统在备份能力上的需求。信息系统备份能力的确定过程主要有以下三个步骤：通过业务影响分析，明确信息系统的重要性；通过风险评估，识别信息系统所面临的风险；在业务影响分析和风险评估的基础上，确定信息系统的备份能力等级需求。

3）关于备份能力的建设与管理。经营机构信息系统备份策略的制定和实现，备份设施的规划、建设与管理，可参照 GB/T 20988—2007《信息系统灾难恢复规范》实施。

2.《证券期货业信息系统运维管理规范》

该标准明确提出了证券期货业信息系统运维管理的各项任务及相关要求。内容主要包括以下四个方面：

1）基本要求部分就证券期货业信息系统运维管理组织、经费管理、制度和流程管理、文档管理、设备和软件管理、供应商管理、关联单位关系管理、督促检查等事项进行了规定。

2）运行保障部分就信息系统运维管理的值班管理、日常操作、监控分析、数据与介质管理、机房管理、网络与系统管理、安全管理、事件与问题管理等事项进行了规定。

3）系统维护部分就系统的交付管理、系统测试、系统变更和配置管理提出了明确的规范。

4）应急管理部分就应急准备、应急处理和调查处理等内容进行了规范。

3.《资本市场交易结算系统核心技术指标》

资本市场交易结算系统核心技术指标是指以交易核心业务为切入点，完成对行业内证券期货交易所、结算机构的交易系统的核心技术指标及其适用的业务、技术场景的全面遍历，梳理与境外交易系统对接需重点关注的相关指标。该标准规定了资本市场交易结算系统核心技术指标的术语和定义、性能指标、容量指标、连续性指标、静态指标和功能指标，用来评估核心交易结算系统技术及业务支持能力。

1）性能指标包括订单峰值吞吐速率、成交峰值吞吐速率、订单持续吞吐速率、成交持续吞吐速率、订单处理延时、市价成交延时、基本行情频率、基本行情延时。

2）容量指标包括日订单处理容量、日成交处理容量、日开户处理能力、日证券过户处理能力、日结算处理能力。

3）连续性指标包括系统恢复时间和数据恢复时间。

4）静态指标是指核心交易结算系统在参数中默认设置的技术能力性能及容量指标。静态指标包含通用指标、证券类指标和期货类指标。其中，通用指标有三个，分别为最大账户总数、最大持仓总数和最大成交金额；证券类指标为最大证券个数；期货类指标有两个，分别为最大品种个数和最大合约个数。

5）功能指标是指核心交易结算系统为满足交易所的业务创新发展需求所需的技术能力。评估业务功能承载能力对于支撑未来交易所业务创新规划具有重要意义。对于功能指标的测试只需确认该功能有无、是否可以正常工作即可。

第六节 证券期货业信息安全领域标准

为了适应证券期货业各类业务的扩展与客户群的发展，降低行业各参与者的整体信息安全风险，有效应对行业数据在各种场景下所面临的安全威胁，需要制定规范行业信息安全的执行标准。信息安全领域标准可细分为系统安全领域标准和数据安全领域标准两类。

1. 系统安全领域标准

系统安全领域标准主要关注信息安全等级保护、灾难备份、运维管理、应急管理、安全审计、自主可控（包括安全审查、开源系统等）、新技术（云计算、大数据、虚拟化、互联网金融安全）等行业网络与信息安全方面的相关制度和标准建设。

截至 2018 年年底，我国证券期货业共发布了 10 项系统安全领域行业标准。其中，《证券期货业信息系统审计指南》系列标准包括七个组成部分，标准编码从 JR/T 0146.1—2016 到 JR/T 0146.7—2016，另外三项标准为 JR/T 0067—2011《证券期货业信息系统安全等级保护测评要求》、JR/T 0060—2010《证券期货业信息系统安全等级保护基本要求（试行）》和 JR/T 0112—2014《证券期货业信息系统审计规范》。

（1）《证券期货业信息系统安全等级保护基本要求（试行）》

该标准对国家标准的内容进行了细化、明确和调整，规定了证券期货业不同安全保护等级信息系统的基本保护要求，包括基本技术要求和基本管理要求。

1）证券期货业信息系统安全等级保护。具体包括以下内容：

① 第一部分为证券期货业信息系统安全保护等级与不同等级的安全保护能力。

证券期货业信息系统根据其在国家安全、经济建设、社会生活中的重要程度，遭到破坏后对国家安全、社会秩序、资本市场稳定、公共利益以及投资者、法人和其他组织的合法权益的危害程度，由低到高划分为五级。各等级保护能力的要求如下：

第一级安全保护能力：应能够防护系统免受来自个人的、拥有很少资源的威胁源发起的恶意攻击，一般的自然灾难，以及其他相当危害程度的威胁所造成的关键资源损害；在系统遭到损害后，能够恢复部分功能。

第二级安全保护能力：应能够防护系统免受来自外部小型组织的、拥有少量资源的威胁源发起的恶意攻击，一般的自然灾难，以及其他相当危害程度的威胁所造成的重要资源损害；能够发现重要的安全漏洞和安全事件，在系统遭到损害后，能够在一段时间内恢复部分功能。

第三级安全保护能力：应能够在统一安全策略下防护系统免受来自外部有组织的团体、拥有较为丰富资源的威胁源发起的恶意攻击，较为严重的自然灾难，以及其他相当危害程度的威胁所造成的主要资源损害；能够发现安全漏洞和安全事件；在系统遭到损害后，能够较快恢复绝大部分功能。

第四级安全保护能力：应能够在统一安全策略下防护系统免受来自国家级别的、敌对组织的、拥有丰富资源的威胁源发起的恶意攻击，严重的自然灾难，以及其他相当危害程度的威胁所造成的资源损害；能够发现安全漏洞和安全事件；在系统遭到损害后，能够迅速恢复所有功能。

第五级安全保护能力：（略）。

② 第二部分为基本技术要求和基本管理要求。

证券期货业信息系统安全等级保护应依据信息系统的安全保护等级情况保证它们具有相应等级的基本安全保护能力，不同安全保护等级的证券期货业信息系统要求具有不同的安全保护能力。

根据实现方式的不同，基本安全要求分为基本技术要求和基本管理要求两大类。技术类安全要求与信息系统提供的技术安全机制有关，主要通过在信息系统中部署软硬件并正确地配置其安全功能来实现；管理类安全要求与信息系统中各种角色参与的活动有关，主要通过控制各种角色的活动，从政策、制度、规范、流程以及记录等方面做出规定来实现。

基本技术要求从物理安全、网络安全、主机安全、应用安全和数据安全几个层面提出；基本管理要求从安全管理制度、安全管理机构、人员安全管理、系统建设管理和系统运维管理几个方面提出。基本技术要求和基本管理要求是确保信息系统安全不可分割的两个部分。

③ 第三部分为基本技术要求的三种类型。

根据保护侧重点的不同，技术类安全要求进一步细分为：保护数据在存储、传输、处理过程中不被泄漏、破坏和免受未授权的修改的信息安全类要求（简记为 S）；保护系统连续正常的运行，免受对系统的未授权修改、破坏而导致系统不可用的服务保证类要求（简记为 A）；通用安全保护类要求（简记为 G）。

2）信息系统等级安全保护基本要求。针对第一级到第五级安全等级的差异，信息系统等级安全保护的基本要求也存在差异，各等级安全保护要求具体事项如表 5-5 所示。

表 5-5 证券期货业信息系统安全等级保护要求

安全类别	安全层面	安全控制项	安全等级			
			第一级	第二级	第三级	第四级
技术安全	物理要求	物理位置选择		√	√	√
		物理访问控制	√	√	√	√
		防盗窃和防破坏	√	√	√	√
		防雷击	√	√	√	√
		防火	√	√	√	√
		防水和防潮	√	√	√	√
		防静电		√	√	√
		温湿度控制	√	√	√	√
		电力供应	√	√	√	√
		电磁防护		√	√	√
	网络安全	结构安全	√	√	√	√
		访问控制	√	√	√	√
		安全审计		√	√	√
		边界完整性检查			√	√
		入侵防护			√	√
		恶意代码防范				
		网络设备防护	√	√	√	√
	主机安全	身份鉴别	√	√	√	√
		安全标记				√
		访问控制	√	√	√	√
		可信路径				√

(续)

安全类别	安全层面	安全控制项	安全等级			
			第一级	第二级	第三级	第四级
技术安全	主机安全	安全审计		√	√	√
		剩余信息保护			√	√
		入侵防范	√	√	√	√
		恶意代码防范	√	√	√	√
		资源控制		√	√	√
	应用安全	身份鉴别	√	√	√	√
		安全标记				√
		可信路径				√
		安全审计		√	√	√
		剩余信息保护			√	√
		通信完整性	√	√	√	√
		通信保密性	√	√	√	√
		抗抵赖			√	√
		软件容错	√	√	√	√
		资源控制		√	√	√
	数据安全与备份恢复	数据完整性	√	√	√	√
		数据保密性			√	√
		备份和恢复	√	√	√	√
管理安全	安全管理制度	管理制度		√	√	√
		制定和发布		√	√	√
		评审和修订			√	√
	安全管理机构	岗位设置	√	√	√	√
		人员离岗	√	√	√	√
		人员考核			√	√
		安全意识教育和培训	√	√	√	√
		外部人员访问管理	√	√	√	√
	系统建设管理	系统定级	√	√	√	√
		安全方案设计	√	√	√	√
		产品采购和使用	√	√	√	√
		自行软件开发		√	√	√
		外包软件开发	√	√	√	√

(续)

安全类别	安全层面	安全控制项	安全等级			
			第一级	第二级	第三级	第四级
管理安全	系统建设管理	工程实施	√	√	√	√
		测试验收	√	√	√	√
		系统交付			√	√
		等级测评			√	√
		安全服务商选择	√	√	√	√
	系统运维管理	环境管理	√	√	√	√
		资产管理		√	√	√
		介质管理	√	√	√	√
		设备管理	√	√	√	√
		监控管理和安全管理中心			√	√
		网络安全管理	√	√	√	√
		系统安全管理	√	√	√	√
		恶意代码防范管理	√	√	√	√
		密码管理		√	√	√
		变更管理		√	√	√
		备份与恢复管理	√	√	√	√
		安全事件处置	√	√	√	√
		应急预案管理		√	√	√

(2)《证券期货业信息系统审计规范》

该标准规定了证券期货业信息系统审计工作的要求,主要内容包括审计目的、审计内容、审计过程、审计结果的运用及审计档案保存等。

1)审计目的。期望通过审计,自觉贯彻落实国家及行业信息系统建设、安全运行、绩效考核相关规范和标准,通过查找突出的风险隐患,有针对性地采取防范和改进措施,提高信息安全保障水平、系统建设合规性和应用绩效。

2)审计内容。证券期货业信息系统审计包括系统运行安全审计、系统建设合规审计和系统应用绩效审计三个方面的内容。

3)审计过程。审计过程包括三个阶段:审计准备阶段、审计实施阶段和审计终结阶段。每个阶段的具体工作如下:

① 审计准备阶段。审计立项,即内审部门每年将信息系统审计列入年度审计工作计划,同时报董事会或者高级管理层批准。审计组由内审部门负责组建,

确定审计组组长和成员，成员不得少于2人，其中内审部门人员不得少于1人。

②审计实施阶段。首先，审计组应在实施审计10个工作日前通知被审计部门，并向信息技术部门等被审计部门送达审计通知书。之后，审计组进场，进场时召开进场会议，安排审计工作有关事项。接着，实施审计。现场审计结束前，审计组应就审计发现的问题、审计结论、审计意见和建议与相关业务部门负责人、信息技术部门负责人进行认真、充分的沟通，听取其意见。

③审计终结阶段。此阶段包括撰写审计报告和提交报告两项内容。现场审计结束后，审计组应对取得的审计证据进行综合分析，并撰写审计报告（草稿），且此报告应提交被审计部门。被审计部门应自收到审计报告（草稿）之日起10个工作日内，提出书面反馈意见。现场审计结束后，审计组应将审计报告、审计工作底稿等相关材料报送内审部门并向董事会或高级管理层提交审计报告，并抄送有关部门。

4）审计结果的运用。审计结果主要运用于整改方案和落实整改两个方面。

5）建档保存。审计工作结束后，审计组应整理相关材料，并建立、保管审计档案。审计档案的保存期限应至少5年。

2. 数据安全领域标准

证券期货行业业务种类繁多，数据呈现出复杂性、多样性的特点。采用规范的数据分类、分级方法，有助于行业机构厘清数据资产、确定数据重要性或敏感度，并有针对性地采取适当、合理的管理措施和安全防护措施，形成一套科学、规范的数据资产管理与保护机制，从而在保证数据安全的基础上促进数据开放共享。截至目前，我国发布的此领域标准有 JR/T 0158—2018《证券期货业数据分类分级指引》。

数据安全领域标准为数据分类分级工作提供了指导性原则、数据分类分级的前提条件、进行数据分类及分级的依据、数据分类分级中关键问题的处理办法等，并提供了证券期货业典型数据分类分级模板。标准中的数据是指证券期货行业经营和管理活动中产生、采集、加工、使用或管理的网络数据或非网络数据（指非经网络收集、存储、传输、处理和产生的各种电子或非电子数据）。

（1）进行数据分类分级的前提保障

在数据分类分级之前，要建立组织保障、管理制度及分类分级清单。

（2）数据分类应遵循的原则

数据分类应遵循的原则包括：①系统性原则，数据分类宜基于对机构所有数据的考量，建立一个层层划分、层层隶属、从总到分的分类体系，每次划分应有单一、明确的依据；②规范性原则，即所使用的词语或短语能确切表达数据类目的实际内容范围,内涵、外延清楚,保证用语的一致性和简洁性;③稳定性原则,宜选择分类对象最稳定的本质特性作为数据分类的基础和依据;④明确性原则,即同一层级的数据类目间宜界限分明;⑤扩展性原则,即在数据类目的设置或层级的划分上,宜保留适当余地,利于分类数据增加时的扩展。

(3) 数据分类分级方法

数据分类分级方法共分为三个阶段:业务细分、数据归类、级别判定。

1) 业务细分阶段:确定业务一级子类——基本业务条线、每个业务条线下所有的业务管理主体、每个业务管理主体对应的管理范围,明确对应关系。

2) 数据归类阶段:明确各个业务二级子类的管理范围,确定业务二级子类管理范围对应的管理对象,即找到业务二级子类下的全部数据,按照数据细分方法对各个"单类业务数据总和"分别细分,得到数据一级子类并命名。

3) 级别判定阶段:确定影响对象、影响范围、影响程度后,参考数据定级规则表进行定级。数据定级规则如表5-6所示。

表5-6 数据定级规则

影响对象	影响范围	影响程度	数据一般特征	数据重要程度标识	数据级别标识
行业	多个行业	严重	数据主要用于行业内大型或特大型机构中的重要业务使用,一般针对特定人员公开,且仅为必须知悉的对象访问或使用	极高	4
机构	行业内多机构	严重		极高	4
客户	行业内多机构	严重		极高	4
机构	本机构	严重	数据用于重要业务使用,针对特定人员公开;且仅为必须知悉的对象访问或使用	高	3
客户	本机构	严重		高	3
机构	本机构	中等、轻微	数据用于一般业务使用,针对受限对象公开;一般指内部管理、办公类且不宜广泛公开的数据	中	2
客户	本机构	中等		中	2
机构	本机构	无	数据可被公开或可被公众获知、使用	低	1
客户	本机构	轻微		低	1

第七节 证券期货业业务领域标准

为适应证券、期货、基金业务的创新和发展,降低业务发展成本,提高行业各参与方对业务的理解,需要逐步建立和完善各类业务标准。截至目前,我国发布的证券期货行业业务标准有两项,即 JR/T 0110—2014《证券公司客户资料管理规范》和 JR/T 0100—2012《期货经纪合同要素》。

1. 证券业务领域标准

证券业务领域标准主要关注证券业务的证券经纪、交易结算、投资咨询、资产管理、客户服务与管理、后台运行等方面的制度要求和数据标准的制定。截至 2019 年 12 月底，我国证券期货行业发布的证券业务行业标准有 JR/T 0110—2014《证券公司客户资料管理规范》。该标准于 2014 年 12 月 26 日发布并实施，其主要内容如下：

该标准规定了证券公司对其客户资料进行管理的原则、体系、流程、信息系统及内部控制的要求。

（1）客户资料管理原则

客户资料管理原则包括准确性原则、完整性原则、安全性原则及保密性原则。

（2）客户资料管理体系

客户资料管理体系包括组织管理、制度建设、人员管理和信息系统四个方面。

（3）客户资料管理流程

客户资料管理流程包含客户资料的收集、保管、更新、使用、销毁、移交六个方面。

1）客户资料收集。证券公司应及时通过客户开立账户、办理业务等渠道收集各业务环节产生的客户资料，也可以经过客户同意后通过第三方获取客户资料。

2）客户资料保管。对纸质客户资料，证券公司应以客户编号为序，为每个客户单独建档；对业务凭证，按照业务类别、时间顺序或按照客户编号有序保管；对于代理业务资料根据代理机构要求装订保管；对其他客户资料，按照证券公司内部制度规定保管；对客户电子资料，应采取在线热备和离线备份相结合的方式进行存储；证券公司灾备中心应保留备份的客户电子资料，并具备恢复能力。

客户资料的保存期限自账户注销后起算，不得少于 20 年。对同一介质上保存的不同保存期限的客户资料，应当按最长期限保存。

3）客户资料更新。证券公司应定期对客户资料进行核对，及时办理变更手续，并确保电子资料能同步更新。

4）客户资料使用规定。证券公司在使用客户资料时应遵守国家及行业有关保密规定，采取稳妥安全的保密措施，严格客户资料查阅管理，建立查阅审批机制，防止客户资料丢失和泄密。

5）客户资料销毁。证券公司应建立客户资料销毁工作规程。销毁客户资料时，证券公司客户资料管理部门、合规管理部门以及相关部门应参与，并应有两人以上监销，确保客户资料不丢失、不泄密、不漏销。证券公司应建立销毁清册，监销人员应在销毁清册上签字，销毁清册应永久保存。

6）客户资料移交。移交客户资料时，双方应就交接客户资料编制移交清册，并由双方签章确认。

该标准同时对建立客户资料电子化信息系统及客户资料管理的内部控制进行了相应的规范。

2. 期货业务领域标准

期货业务领域标准主要关注期货业务的交易、结算、交割、客户服务、资产管理、投资咨询、监测监控、后台运行等方面的制度要求和数据等标准的制定。截至2019年12月底，我国发布的期货业务领域行业标准有JR/T 0110—2012《期货经纪合同要素》。该标准于2013年1月31日正式发布并实施。

该标准规定了期货经纪合同制定的必备要素，用于指导期货公司制定期货经纪合同。其所规定的期货经纪合同制定的必备要素主要包括：关于期货交易风险的说明；关于客户须知的内容；开户申请的内容包括开户申请表自然人及机构信息要素的填写，客户身份信息的变化及通知等；合同订立前的说明、告知义务。该标准同时就委托相关内容、保证金及其管理、交易指令的类型及下达、交易指令的执行与错单处理、通知与确认、风险控制、交割与套期保值、信息及培训与咨询、手续费项目、合同生效与变更、合同终止与账户清算、免责条款、争议处理及其他未尽事宜等事项进行了规范。

【本章小结】

本章主要介绍了我国证券期货业标准概述与证券期货业各类别标准的建设情况。概述部分介绍了证券期货业标准化的基本内涵、管理组织、必要性、标准领域分类及标准化管理的基本内容。证券期货业标准领域分类部分分别对基础编码领域标准、接口领域标准、信息披露领域标准、技术管理领域标准、信息安全领域标准和业务领域标准进行了介绍；在简单介绍了我国每类标准建设现状的前提下，就每一类标准中较为重要标准的编制背景、适用范围及主要内容等进行了介绍。

【思考题】

1. 证券期货业标准化建设的必要性体现在哪些方面？
2. 证券期货业标准建设由哪几个领域的专业工作组组成？
3. 证券期货业标准体系的组成部分及其子类标准分别是什么？
4. 每一领域标准建设的目的分别是什么？

第六章
金融科技标准化

【学习目标】

1. 了解我国金融科技的发展概况以及金融科技标准的制定情况，了解发达国家和国际组织的金融科技标准化工作情况。

2. 熟悉金融科技的特点及金融科技与金融科技标准化的关系，熟悉国际金融标准化组织的金融科技标准化相关工作，熟悉金融科技的主要应用场景，熟悉云计算标准的详细内容。

3. 掌握金融科技的基本概念、技术属性、主要特点及发展趋势，掌握我国金融科技标准的制定现状。

【导入案例】

《云计算技术金融应用规范 技术架构》的框架特性举例

某基金公司一款货币基金的交易量在大型促销期间往往达到平日的数十倍，现有技术难以支撑如此大规模的交易量。为解决这一问题，该基金公司对直销和清算系统进行了一期扩容，随后又将系统整体部署上云（见图6-1）。该基金公司通过云计算技术的应用，将清算时间由原来的 8 小时缩短到现在的 0.5 小时，交易并发峰值从 500 笔/秒扩容到 5000 笔/秒，单日交易数从每日最高 1000 万笔扩容到 3 亿笔，支持的有效用户数扩大到亿级。

根据中华人民共和国金融行业标准 JR/T 0166—2018《云计算技术金融应用规范 技术架构》，云计算的架构特性主要表现为高弹性、开放性、互通性、高可用性、数据安全性等。该案例主要体现了云计算高弹性的特点。正如该案例显示：在业务高峰期，云计算平台资源能够快速扩容支持大流量、高并发的金融交易场景；在业务低谷期，云计算平台资源能够合理收缩，避免资源过度

第六章 金融科技标准化

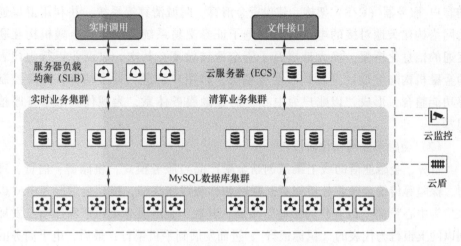

图 6-1 某基金公司云上架构部署

配置。

（资料来源：中国互联网金融协会，《中国金融科技应用与发展研究报告 (2018)》）

问题：该标准中的架构特性和架构体系具体指什么？

第一节 金融科技标准化概述

1. 金融科技的概念

金融稳定理事会（Financial Stability Board，FSB）于 2016 年首次提出 FinTech（Financial Technology，金融科技）概念，将 FinTech 定义为技术带来的金融创新，直译为科技驱动的金融创新。FinTech 能创造新的业务模式、应用、流程或产品，从而对金融市场、金融机构或金融服务的提供方式造成重大影响。

2. 金融科技发展阶段及演化趋势

FSB 指出，金融科技发展的一般驱动因素包括消费者对便捷、快速、低成本和友好体验的偏好，互联网、大数据、移动技术和算力等相关科技的进步，以及监管要求、商业诱因的变化等。我国的金融科技发展经历了以下三个阶段：

（1）金融业务电子化阶段

金融业务电子化起始于 20 世纪 80 年代。首先，金融管理部门基于当时领先的客户/服务器（C/S）架构，建设资金清算、同城清算等系统，并利用卫星通信网络构建天地对接的电子联行和电子证券交易系统，搭建起金融机构互联互通的信息化桥梁，极大地提升了资金流转效率；其次，以商业银行为代表的金融机构陆续设计开发核心业务系统，将用户管理、资金结算、风险控制等功能整合，形成"以账户为中心"的金融服务体系，为现代金融服务厚植根基。

（2）金融渠道网络化阶段

首先，金融业借助线上渠道创新金融产品与服务模式，将储蓄、信贷、理财、保险等传统金融业务迁移至互联网和移动智能终端，推动金融服务由"以账户为中心"向"以客户为中心"发展；其次，金融服务渠道从实体网点发展到以网上银行为代表的"鼠标银行"，进而发展到手机银行；最后，电子商务的不断繁荣助推第三方支付产业。

（3）金融与科技深度融合阶段

近年来，以人工智能、大数据、云计算、物联网等为代表的新兴技术在金融创新中发挥的作用越来越重要，从而推动了普惠金融、数字经济的发展。金融机构利用信息技术创新金融产品、改变经营方式、优化业务流程，催生出"APP 经济""API 经济"等新型发展模式。金融业呈现出一些新特征：①产品和服务更加智能。金融机构借助机器学习、生物识别、自然语言处理等新一代人工智能技术，打造智能系统、渠道、产品等。②场景结合更加紧密。金融机构将金融服务嵌入衣食住行、医疗教育、电子商务等民生领域，金融服务向着精细化、多元化的方向发展。③数据价值更加凸显。作为基础性战略资源，数据在新技术赋能下显著提升金融机构获客导流、精准营销、风险防控等能力。

近年来，我国金融科技的发展呈现出开放共享、分布式、场景化、智能化等特征和趋势。

1）开放共享。信息技术催生了共享经济模式，使共享行为成为一种低成本、普遍的现象。一方面，共享经济模式可以提高社会资源的配置和利用效率，减少总体投资成本；另一方面，共享经济模式可以降低供给方对商业组织的依附性，直接向最终用户提供产品或服务。从长期来看，传统金融机构作为资金中介的角色作用将逐步减弱，更多地向平台化和开放式方向发展。

2）分布式。从质量和效率的角度，信任体系有必要向分布式转型，而区块链技术的引入将加速推动这一趋势。区块链技术解决分布式架构下金融活动中的信任难题，因而被视为未来支付结算、征信体系、交易所等金融基础设施的底层核心技术，典型的应用包括数字货币等。

3）场景化。在互联网浪潮和代际更替的推动下，消费者行为习惯的变化必然要求金融产品和服务相应调整甚至革新来与之相匹配。从场景端看，移动互联网和智能终端技术的日益成熟使金融服务与各种消费场景相互融合、渗透，虚拟现实（VR）、增强现实（AR）、生物识别、重力感应、可穿戴设备等技术将线上和线下应用场景打通、关联，使场景端更具有获客优势；从金融端看，无论是传统金融机构还是互联网公司，都在积极向场景端拓展，不断提升对特定消费场景的把控能力、对目标客群的低成本触达能力以及风险识别能力，从而在竞争中占据优势。

4）智能化。新一轮信息化浪潮中，大数据技术正扮演着越来越重要的角色，金融机构、互联网公司所拥有的数据资源急剧增长，这需要半导体和集成电路技术作为支撑。然而，大数据技术的战略意义不仅在于存储容量的提升，还在于如何从海量数据中获得经验，提取有效信息，对事物发展趋势做出精确的判断。对此，人工智能、机器学习等技术将发挥积极作用，为金融创新、风险管理和宏观决策带来强大的计算和建模能力，是未来发展的方向。

3. 金融科技对金融活动及监管的深刻影响

（1）对货币政策的影响

金融科技打破了资金融通的时空限制，降低了金融资产转换的交易成本和时间成本，有助于价格型货币政策工具发挥调节作用。同时，金融科技使货币概念不断延伸，资产流动性差异日趋缩小，货币层次间的界限逐渐模糊，导致数量型货币政策工具收效渐微。在传导机制方面，金融科技加剧了金融市场竞争，提升了不同金融市场间的资金流动性，使金融市场对利率更敏感、利率期限结构更平滑、利率传导机制更顺畅。然而，金融科技也削弱了货币需求的稳定性；在中介目标方面，互联网支付加速了电子化货币的规模扩张，在减少现金流通量的同时使货币供给内生性增强，给货币供应量统计带来了较大挑战，导致货币乘数、流通速度、需求函数的估算面临更多的不确定性，货币政策中介目标选择更加困难。

（2）对金融市场的影响

在参与主体方面，部分互联网公司借助金融科技进入金融领域，加剧了金融市场竞争，倒逼传统金融机构加速转型升级；在业务形态方面，金融科技以信息技术赋能金融业务、开辟细分市场，催生互联网保险、智能投顾等众多新兴业态；在交易效率方面，金融机构将大数据、人工智能、云计算等技术渗透现有业务环节，推动业务流程优化与再造。另外，由于资本的逐利性，科技公司纷纷涉足金融领域，从信息中介变身资金中介，给金融准入管理、市场秩序规范、金融风险防控方面带来新挑战。

（3）对金融稳定的影响

对机构而言，人工智能、大数据等技术应用能够有效识别客户需求，合理优化资源配置，帮助金融机构提升运营水平和风险抵御能力，有利于维护金融稳定。同时，部分科技公司基于互联网优势，汇聚了大量资金和信息，有可能逐步演变成"技术寡头"，加剧强者恒强、大者愈大的马太效应。对行业而言，金融科技应用有利于减少金融信息不对称，扩大金融活动参与者基数，推动主体多元化，增强行业发展稳健性。然而，技术复杂度的提升也会加强金融机构对科技公司的依赖性，容易形成"单点故障"，可能引发系统性金融风险。

（4）对金融监管的影响

金融科技的出现对传统金融监管提出了挑战：①由于部分金融创新业务交叉重叠，管理部门难以准确识别跨界嵌套产品的底层资产和最终责任人；②时效性方面，传统监管大多采用统计报表、窗口指导等方式，依赖金融机构定期报送数据，而当前风险发生、蔓延、扩散的速度大幅提升，危机处置时间窗口急剧缩短，金融监管存在时滞性；③统一性方面，金融科技加剧了金融混业经营，不同金融管理部门对同类业务管理不一致，导致金融机构在经营管理、数据报送、信息披露等方面对监管要求理解与执行效果有偏差，增加了沟通成本，造成监管落实困难。

4. 金融科技标准化要求

2019年8月，中国人民银行发布《金融科技（FinTech）发展规划（2019—2021年）》（银发〔2019〕209号），要求针对金融科技发展的新情况、新趋势，完善金融科技标准体系，培育满足市场和创新需要的国家及金融行业标准，加强标准间协调，从基础通用、产品服务、运营管理、信息技术和行业管理等方面规范引导金融创新；加快制定完善人工智能、大数据、云计算等在金融业应用的技术与安全规范；针对金融业信息技术应用，建立健全国家统一推行的认证机制，进一步加强金融科技创新产品的安全管理，促进金融标准的实施落地，有效提升金融服务质量与安全水平；持续推进金融业信息技术创新应用标准的国际化，积极参与国际标准制定，推动国内优秀标准转换为国际标准，促进我国金融科技创新全球化发展。

第二节 金融科技标准化实践

1. 发达国家和国际组织重视金融科技标准化工作

2018 年,国际货币基金组织和世界银行发布《巴厘金融科技议程》,提出政策制定者应该应对市场集中度风险,并促进关键基础设施的标准化、互操作性和公平透明的准入;整体的政策应对措施,可能需要在国家层面、在标准制定机构的指导下来建立。

2018 年,欧盟委员会发布《金融科技行动计划》,提出金融服务的生产和交付需要产业链条上的不同部门进行合作和交互,没有公开标准的支持,金融科技难以实现最大潜力,应该基于公开、透明、一致原则,与国际标准组织合作,制定金融科技标准。

2017 年,美国国家经济委员会发布《金融科技框架》,提出金融科技拥有无与伦比的潜力,能够彻底变革人们获取金融服务的渠道,改进金融系统功能;政府应当采取能够帮助行业进步的政策战略,并在科技和金融服务领域保持强大的竞争优势,以此来促进国内和国外广泛领域内的经济增长。其金融服务业的目标包括:扶持金融服务的积极创新和创业;推动安全、可负担且公平的资本渠道;加强美国内外的普惠金融和金融健康;应对金融稳定风险;未来 21 世纪的金融监管框架。

2018 年,英国财政部发布《金融科技产业战略》,提出为加强金融科技公司和金融机构间的合作,英国将制定发布一系列行业标准。2018 年 11 月,英国标准协会在英国政府的支持下发布了《支持金融科技公司与金融机构合作指南》(PAS 201:2018) 标准,对金融科技公司和金融机构的合作流程、金融机构需关注的风险点、金融科技公司应具备的能力等方面进行了较为系统的梳理和规范。

2. 国际金融标准化组织的金融科技标准化相关工作

2016 年,国际标准化组织金融服务技术委员会(ISO/TC 68)提出从标准功能和利益相关方角度对 TC 68 架构进行调整:撤销证券和相关金融工具分委会(SC 4)和银行核心业务分委会(SC 7),成立参考数据分委会(SC 8)和信息交换分委会(SC 9),并保留安全分委会(SC 2);TC 68 现有标准将划归到各分委会中,TC 68 不再直接管理标准;同时,成立金融科技(FinTech)技术咨询组和外联宣传组两个常设工作组。

2017年，TC 68常设金融科技技术咨询组确定了工作范围，设立数字货币、数字身份识别、语义、外联四个工作组，与区块链和分布式账本技术委员会（ISO/TC 307）、标准咨询组（SAG）等建立联络关系。

为规范云计算技术及应用，降低采用云计算带来的信息交互风险，安全分委会（SC 2）成立云计算研究组，积极开展该领域的标准化研究工作。

银行核心业务分委会（SC 7）组建"移动银行业务/支付"工作组（WG 10），并提出《移动银行业务/支付》新工作项目建议，开始启动相关标准的制定工作。

3. 我国金融科技标准制定现状

随着人工智能、区块链、云计算、大数据等新一代信息技术在金融领域应用的日益深化，我国迫切需要加强金融科技标准化工作，相关标准研制工作正陆续开展。

（1）人工智能技术标准制定现状

我国正抓紧推进人工智能技术的标准化进程。目前，我国人工智能技术领域已有基本概念与专家系统、语音识别与合成、机器学习、神经系统四项推荐性国家标准。全国信息技术标准化技术委员会、全国信息安全标准化技术委员会、全国智能运输系统标准化技术委员会等已发布了一批关于人工智能概念、自动语音识别、生物特征识别和智能交通等有关人工智能技术的标准文件。2018年1月，国家人工智能标准化总体组的成立，有助于促进我国人工智能技术标准化工作的统筹推进。2018年10月9日，由中国人民银行发布的JR/T 0164—2018《移动金融基于声纹识别的安全应用技术规范》开始实施。该标准是金融领域生物特征安全应用技术标准，规定了移动金融服务场景中基于声纹识别的安全应用相关功能要求、性能要求和安全要求等内容。2019年3月，《信息技术 人工智能 术语》国家标准正式立项，相关工作正在有序推进中。

（2）区块链技术标准制定现状

我国有序推动区块链技术标准体系建设，积极参与相关国际标准的研制工作，如关于分类和本体（Taxonomy and Ontology）、参考架构（Reference Architecture）的2项ISO标准以及关于参考架构、技术评估准则等的6项ITU标准，同时还立项了多项国家标准、行业标准、团体标准。在金融领域，2020年，中国人民银行先后发布了《金融分布式账本技术安全规范》（JR/T 0184—2020）、《区块链技术金融应用 评估规则》（JR/T 0193—2020）。《金融分布式账本技术应用 技术参考架构》《金融分布式账本技术应用 评价规范》《分布式账本贸易金融规范》等其他由全国金融标准化技术委员会归口管理的标准正在积极研制中;中国互联网金融协会也正在研究推进金融领域区块链应用系统通用评价规范、区块链跨链协议、区块链开源软件测评和区块链供应链金融行业应用规范等团体标准的研制工作。

(3) 云计算技术标准制定现状

我国积极推进云计算技术标准体系建设，已正式发布GB/T 32400—2015《信息技术 云计算 概览与词汇》、GB/T 35301—2017《信息技术 云计算 平台即服务（PaaS）参考架构》、GB/T 31167—2014《信息安全技术 云计算服务安全指南》、GB/T 34942—2017《信息安全技术 云计算服务安全能力评估方法》、GB/T 36326—2018《信息技术 云计算 云服务运营通用要求》等多项国家标准，对云计算概念术语、架构体系、安全指南和评估等进行了规范。此外，工业和信息化部已正式发布YD/T 2806—2015《云计算基础设施即服务（IaaS）功能要求与架构》《云资源管理技术要求》系列标准、YD/T 3157—2016《公有云服务安全防护要求》等多项行业标准，对云计算的功能要求、技术要求、安全防护等方面进行了规范。全国金融标准化技术委员会已正式发布JR/T 0166—2018《云计算技术金融应用规范 技术架构》、JR/T 0167—2018《云计算技术金融应用规范 安全技术要求》、JR/T 0168—2018《云计算技术金融应用规范 容灾》等云计算技术在金融领域应用的相关行业标准，对金融领域中云计算平台的技术架构、技术要求、容灾要求等方面进行了规范。

(4) 大数据技术标准制定现状

我国大数据技术标准化工作正稳妥推进。2018年3月，中国电子技术标准化研究院等发布《大数据标准化白皮书（2018）》显示，我国有已发布、已报批、已立项、已申报、在研以及拟研制的大数据相关国家标准104项。国家标准全文公开系统数据显示，截至2020年7月，名称中带有"大数据"的现行国家标准共有6项，内容涉及术语、技术参考模型、服务安全能力要求、分析系统功能要求、存储与处理系统功能要求、安全管理指南等；另有12项名称中带有"大数据"的国家标准将于2020年10月或11月开始实施。

第三节 金融科技的应用场景范例

1. 大数据技术在银行业的典型应用场景

(1) 大数据在金融领域的应用现状

目前，大数据技术在我国金融领域已经得到广泛应用。较为成熟的大数据处理和分析技术包括分类分析、聚类分析、关联提取、预测分析、序列模式分析、社交网络分析等,在诸如银行、证券、保险、互联网金融等领域的应用已较为普遍,主要包括反欺诈、风险管理、投研投顾、评分定价、金融监管等场景。

(2)基于大数据技术的银行信贷解决方案

1)背景说明。传统信贷服务中,银行对个人客户的违约风险评估多是基于个人的征信数据,存在维度不够丰富、时效性不足的问题,其风险控制更多地依赖人工,造成进件平均成本高、效率低。一些中小金融机构由于业务经验和数据积累不足,造成对信贷风险的控制能力相对薄弱,也给中小银行带来了风险管理的诸多困难。

2)解决方案。某金融科技公司贷款解决方案整合了数十项人工智能和大数据技术,如预测AI、决策AI、智能双录等,基于万亿级贷款实例测试,有助于提高中小银行风控水平。

在反欺诈场景中,银行利用该公司提供的智能反欺诈平台(见图6-2),基于设备反欺诈、大数据反欺诈和关联反欺诈三大核心技术,实现对贷款客户的反欺诈审查等管控行为:借助对设备端数据研究,构建了200多个设备风险标签,包括用户行为异常度、基于位置的服务(Location Based Service,LBS)异常度、社交活跃异常度等;大数据反欺诈通过对接身份认证、地址认证等风控数据源,同时利用设备反欺诈标签及场景化的定制模型,形成风险控制的预警指标体系,以达到对异常信息的拦截。关联反欺诈通过复杂网络关联技术,将注册手机号、设备信息、用户申请数据等历史数据形成关联网络,并结合社区分群、标签传播等算法进行欺诈识别。

图6-2 某金融科技公司的贷款解决方案

在信贷面审场景中,该金融科技公司基于大数据与心理学领域的交叉成果研发的微表情面审辅助系统(见图6-3),可实时抓取客户的微表情以精准刻画客户的心理状态,判断并提示欺诈风险。系统还构建了微表情心理数据库,包含500万张人脸图片和54种微表情识别技术、39种面部动作识别技术、11种手脸交互(Hand over Face)识别技术及头动和眼动监测模型,以及对人脸、语音和文字的情绪识别技术。该系统还整合了基于知识图谱的智能回答引擎,覆盖众多行业的海量问题库,提升面审问题的随机性和质量,从而降低欺诈风险。

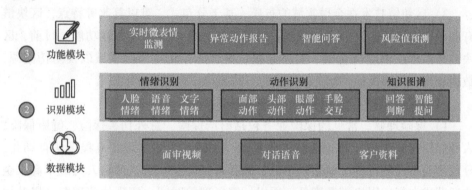

图6-3 某金融科技公司的微表情面审辅助系统

3)实现效果。该金融科技公司已为近百家银行机构提供信贷反欺诈服务,降低了坏账率。比如,某农商行的首月逾期率从17%降至4%,批核率从37%提升至79%,申请流程简化60%以上,使审批时间由数小时、数天缩短至3~5分钟。此外,微表情欺诈识别准确率超过80%,平均开发成本降低30%以上。

2. 区块链技术在金融领域的应用

(1)区块链技术及其应用概述

1)区块链的概念和技术特点。所谓区块链,即以时序关联方式加密组合的一种链式数据结构。广义上,区块链技术是利用块链式数据结构来验证与储存数据,利用分布式节点共识算法来生成和更新数据,利用密码学的方式保证数据传输和访问的安全,利用由自动化脚本代码组成的智能合约来编程和操作数据的一种全新的分布式基础架构与计算范式。

区块链技术通过加密算法、共识机制、时间戳、智能合约等手段,在分布式系统中实现点对点交易、协调和协作,可解决集中式结构存在的数据安全、协同效率和风险控制等问题,具有分布式、难以篡改、可追溯、开放式、算法信任等特点。

2)我国区块链产业发展概况。在我国,区块链产业创业热情较高。中国信息通信研究院发布的《区块链白皮书（2019）》显示，截至 2019 年 3 月，我国区块链企业数量达 499 家，仅次于美国的 553 家，主要集中在北京、上海、广东、浙江等东部发达地区。

2019 年 8 月，由中国人民银行印发的《金融科技（FinTech）发展规划（2019—2021 年）》提出，积极探索新兴技术在优化金融交易可信环境方面的应用，稳妥推进分布式账本等技术验证试点和研发应用。

3）区块链技术在金融领域的布局。基于分布式、难以篡改等特点，区块链有助于实现权益独立、交易溯源、隐私保护、自动执行等关键功能。目前，区块链技术已在供应链金融、贸易金融、资产证券化等金融领域以及防伪溯源、数据身份、版权保护等非金融领域的不同场景开展相关应用探索。

(2) 区块链技术在金融领域的应用场景

1）保险理赔。常见的保险业务包括财产保险、意外伤害保险、健康保险、人寿保险等。传统保险理赔的流程复杂、中间环节多，理赔流程无法自动化，导致理赔过程耗时长、理赔效率低，而且理赔流程冗长，理赔人力成本高、企业运营成本高、用户满意度低。所以，缩短理赔时间、实现快速理赔、提升用户满意度，有助于企业发展。

基于华为云企业智能（Enterprise Intelligence，EI）的文字识别、图像识别、人脸识别等服务能力，为理赔业务提供了智能理赔解决方案，助力保险理赔业务实现从传统理赔到智能理赔的转型，提高理赔效率、降低理赔成本、提升用户满意度，具有安全合规可信、资源专属、可定制化、专业保障服务等优势。

2）再保险交易。在传统条件下，再保险流程复杂，交易双方易产生信息不对称，双方沟通时间长，数据需在多方之间交换，操作风险高。而区块链对再保险数据的记录，能有效改善信息不对称，提高交易信息透明度。通过智能合约自动化关联和执行相关业务流程，优化了再保险交易规则，简化了承保和理赔流程，降低了人工操作成本和风险。区块链以其难以篡改、交易可追溯等特点提高了交易的安全可信度，减少了交易纠纷。

3）基于区块链的电子钱包跨境汇款服务

① 背景说明。跨境汇款属于跨区域、跨机构业务，在传统业务模式和技术条件下，存在中间环节较多、过程复杂、手续费高、耗时较长等痛点。应用区块链技术，有助于解决跨境支付中时间长、手续烦琐的问题，在跨境收付款人之间建立直接交互，简化处理流程，实现实时结算，提高交易效率，降低业务成本。

②解决方案。某金融科技公司应用区块链技术,以银行和第三方支付机构等的跨机构协同为途径,实现给所有参与方提供统一实时的信息,使得各方能够有效加强同时同步的协调工作。汇款模式由逐个节点非同时传递转变为多节点实时同步并行确认,有效提升了交易效率。

区块链技术对该项业务的主要提升机制如下:汇出端钱包发起汇款,所有参与方即刻同时收到该信息,审核后各方协同完成汇款交易。若转账过程中出现问题,会实时反馈至汇款者。不仅如此,区块链技术应用也给金融机构、用户和监管部门带来许多益处:降低了金融机构的对账成本,更高效地实现了汇率的测算和报价;用户的隐私信息也能得到全面保障;监管部门可对个人跨境汇款链路进行实时、全程监测,提高监管的时效性和有效性等。

③实现效果。汇款时间从几天缩短为 3~6 秒,可提供 7×24 小时不间断服务,且减少了业务流程中的人工处理环节。

4)基于区块链的贸易金融解决方案

①背景说明。目前贸易金融业务主要面临交易效率低、安全级别低和监管难度大三项挑战。交易涉及多方,审核时间长,大大影响了效率,增加了成本。贸易背景难以核实,在法律和实务层面均不支持物权凭证的存在,只能依靠银行对交易双方的信任而运行;线下数据不加密,信息容易丢失或被篡改。贸易背景的真实性较难把握,关联交易使融资风险加大,监管线下收集信息难度大,无法对交易过程实时监控。

②解决方案。区块链技术的分布式数据存储、点对点传输、共识机制、加密算法等特点,能够满足银行在开展跨行贸易金融业务中信息流通、数据安全、隐私保护、交易执行等多方面的管理和业务需求,在不改变银行各自流程的前提下,实现跨行交易的电子化、信息化和便捷化。

③实现效果。有效优化了业务流程,与业务关联方建立了联盟链,对实时传输进行数据加密,实现了业务场景的数据闭环。

5)区块链技术在银行业的典型应用场景(供应链金融)

①背景说明。目前,供应链金融在信用评估环节存在交易真实性难以验证、额外成本较高和还款环节难以监控资金结算情况等问题,易出现资金挪用和恶意违约等行为。而区块链分布式、算法信任的特点有助于解决以上问题,利用区块链难以篡改的特点,有助于确保交易真实性,解决银行对信息篡改的顾虑,降低中小企业的融资成本。

②解决方案。某区块链解决方案应用高性能底层提高吞吐量,采用隐私中

间件[1]为数据隐私提供安全保证，构建一键部署和管理平台优化用户体验，可实现生产级别的区块链应用。

在供应链金融方面，通过区块链技术将核心企业、供应商、经销商、物流仓库、银行机构连接起来，在公开透明、多方见证的环境下将核心企业的信用灵活拆分转移，进而在整个供应链中传递。利用区块链可追溯、分布式的特点，打造信任机制，解决信任问题。此外，还保证了贷前严格审查数据来源的真实性，贷后持续跟踪，降低重复融资风险。

③ 实现效果。截至2017年年底，该区块链解决方案已覆盖交易额超12万亿元，注册机构超2300家，全年交易客户逾1000家。

3. 人工智能技术在互联网金融及其他领域的典型应用[2]

（1）智能反欺诈服务

1）背景说明。随着互联网金融行业深入发展，各类金融欺诈行为层出不穷，冒用身份、黑灰色产业攻击、中介代办、组团骗贷等金融欺诈行为频发。

2）解决方案。通过综合应用活体识别、知识图谱等技术，某金融科技公司推出智能反欺诈服务。比如，通过关联网络构建欺诈关联图谱，实时打击网络黑产、黑中介等团伙欺诈；通过用户画像（ID-Mapping）技术实现人、账号、设备之间的关联，识别设备异常和高危账号；通过人脸识别、声纹识别等生物识别技术验证身份。对活体识别技术的应用，能够实现开户、授信等环节对身份的精准判断，让活体识别应用环境更加安全。基于大数据构建的风控体系，能够加强对用户信息厚度的积累，同时利用语义识别等人工智能技术，对百万级黑名单数据进行分类处理，通过识别其特征字段，划分出涉恐类、制裁类、犯罪类、政治公众人物类等不同黑名单类型和风险等级。在用户开户环节，根据黑名单分类开展用户风险识别，能够有效防范不法分子利用公司产品进行非法活动的风险。

3）实现效果。首先，通过引入机器学习对预警模型进行优化，日预警量由超过100条减少到20条以内，有效预警率由不足10%提高到50%左右。其次，应用知识图谱技术提升反欺诈能力，欺诈行为识别准确率达80%。依托人工智能技术，该金融科技公司构建了立体的反欺诈防护体系，有效地提升了反欺诈

---

[1] 中间件是一种独立的系统软件或服务程序，分布式应用软件借助这种软件在不同的技术之间共享资源。

[2] 人工智能、大数据、区块链以及云计算等数字化技术在金融领域的应用，通常表现为几种技术的交叉。

效率。

（2）金融智能风控系统

1）背景说明。随着金融创新的不断发展，各种金融风险层出不穷，智能风控系统为风险控制提供了一份保障。

2）解决方案。智能风控引擎，实现对登录、转账、支付等重要交易环节进行全方位实时风险控制；可将图片或扫描件中的文字识别成可编辑的文本，可代替人工录入，提升业务效率；通过语音合成、自然语言和智能问答服务，提供自动的客户回访服务，减少人工参与；基于图引擎的超大规模关系分析，可用于精准发掘循环转账、庞氏骗局、洗钱网络等；基于大数据＋精准在线推荐算法，结合多维度金融客户画像分析，提供个性化金融产品推荐；智能语音识别，可将口述音频转换为文本，在企业会议中可实时、精准输出会议记录；可精准识别人脸所在位置以及多个属性特征，可用于人脸签到、金融转账身份认证等。

3）实现效果。基于大数据和 AI 技术，实现实时、准实时决策，面向金融行业，支持对线上、线下交易业务进行实时布控，实现对登录、转账、支付等重要交易环节进行全方位风险拦截。

4. 云计算技术在银行业的典型应用场景

（1）云计算技术在金融领域的应用现状

1）云计算技术在金融领域的应用概况。我国金融领域正稳步推进云计算技术的应用。中国信息通信研究院 2018 年 3 月发布的《金融行业云计算技术调查报告（2018）》显示，我国 41.18% 的金融机构已运用云计算技术，46.80% 的金融机构计划应用云计算技术，已经或计划应用云计算技术的金融机构占比共计 87.98%。

在云计算服务中，金融科技公司扮演着重要角色。金融科技公司更倾向于使用公有云，主要与第三方云厂商合作。目前，金融科技公司已在大数据分析、精准营销、客户服务等方面普遍应用云计算技术，并逐步推进云计算技术在信贷风控、支付清算等部分核心业务环节的应用。

2）主要应用场景和技术服务类型。在我国，云计算技术在 IT 运营管理、底层平台开放、客户端行情查询、交易量峰值分配、个性化定价、网络安全管理、网络支付等方面已有一定程度的应用。在应用技术中，容器、高性能计算、微服务、DevOps（过程、方法与系统的统称）等技术的应用发展相对成熟，而边缘计算、云网融合等技术目前还在深入研究阶段。

（2）基于私有云的银行 IT 运营管理自动化应用场景

在银行传统 IT 架构下，设备管理及资源交付的方式要依靠手工完成，分支行在本地大量部署服务器。应用云计算技术,可促进 IT 运营管理向统一部署、自动管理等方向转型。

1)背景说明。某银行 IT 系统长期采用分行独立采购、各自部署的模式,信息系统建设呈现封闭化、定制化特点。伴随分支行数量增加和业务类型不断拓展,该行面临 IT 设施标准不统一、规范性缺失、IT 系统软硬件成本增长过快、服务灵活性下降、需分配较多资源用于设备运维等难题。

2)解决方案。2016 年,该银行推进 IT 架构转型,构建了 IaaS 私有云逻辑架构(见图 6-4),涵盖全行开发测试云、总行生产云、总/分两级分布式资源池构成的分行生产云。为实现分布式部署、集中管理、统一调度,该银行在总行双活数据中心内部署私有云 IaaS 管理模块和 IaaS 资源池,实现"统一灾备",在分行按需部署本地 IaaS 资源池。全行资源池采用集中式和分布式相结合的部署模式,实现集中管理、统一调度;采用全软件驱动的服务交付方式,提升服务水平。

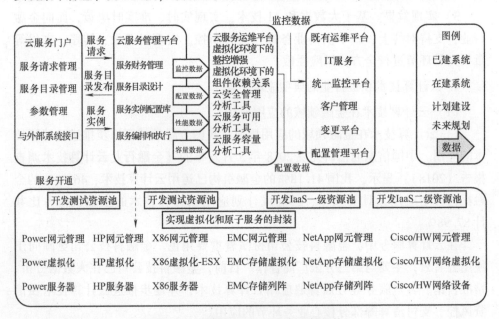

图 6-4 某银行 IaaS 私有云逻辑架构

3)实现效果。通过自动化编排系统和存储同步技术,该银行实现了开发测试环境向生产环境的动态发布,以及分行一、二级资源池之间的按需流动,资源交付时间由原来的 22 小时缩短为分钟级,一次性节约亿元基础设施投入,分行服务器维护人员数量下降 48%,运维压力得到极大减轻。

当前,在金融科技应用领域,除了最为广泛的人工智能、区块链、云计算、大数据,金融领域与移动互联网、智能终端等具体领域相结合,利用虚拟现实

(VR)、增强现实(AR)、生物识别等技术打通线上和线下的应用场景,极大地促进了金融行业的发展。

第四节 《云计算技术金融应用规范 技术架构》

1. 背景说明

云服务主要包括基础设施即服务(IaaS①)、平台即服务(PaaS②)和软件即服务(SaaS③),此外,根据服务内容还可分为网络即服务(NaaS)、数据存储即服务(DSaaS)等具体服务。

金融领域云计算部署模式主要包括私有云④、团体云⑤以及由其组成的混合云等。其中,云服务提供者为云服务使用者提供 IaaS、PaaS、SaaS 等类别的云服务,并负责云计算平台的建设、运营和管理;云服务使用者基于云服务提供者提供的云服务构建、运行、维护自身的应用系统,或直接使用可作为应用系统的云服务;云服务合作者为云服务提供者、云服务使用者提供支撑或协助。有一种特殊的云服务合作者——云服务审计者⑥,对云服务提供者、云服务使用者及其他云服务合作者进行独立审计。

根据中国人民银行 2019 年发布的《金融科技(FinTech)发展规划(2019—2021 年)》,应统筹规划云计算在金融领域的应用,引导金融机构探索与互联网交易特征相适应、与金融信息安全要求相匹配的云计算解决方案,搭建安全可控的金融行业云服务平台,构建集中式与分布式协调发展的信息基础设施架构,力争云计算服务能力达到国际先进水平。

JR/T 0166—2018《云计算技术金融应用规范 技术架构》是中华人民共和国金融行业标准,是云计算技术金融应用系列标准之一。其他两个标准包括 JR/T 0167—2018《云计算技术金融应用规范 安全技术要求》和 JR/T 0168—2018

---

① IaaS 提供计算、存储、网络等基础资源服务。云服务使用者可通过管理平台、应用编程接口等使用、监控、管理云计算平台中的资源。所谓"即",这里是指基于网络技术的快速反应的特征,从而服务具有即时性。

② PaaS 提供运行在云计算基础设施上的软件开发和运行平台服务。云服务使用者可基于云计算平台提供的 PaaS 进行系统开发、测试、集成、部署、运行、维护等工作。

③ SaaS 提供运行在云计算基础设施上的应用软件服务,如电子邮箱服务等。

④ 云服务仅被一个云服务使用者使用,且资源被该云服务使用者控制的一种云部署模式。

⑤ 云服务由一组特定的云服务使用者使用和共享。

⑥ 即负责审计云服务的供应和使用的云服务参与方。

《云计算技术金融应用规范 容灾》。

这些标准概括了云计算框架的主要特征、技术架构要求，涵盖云计算的服务类别、部署模式、参与方、架构特性和架构体系等相关内容。以上标准适用于金融领域的云服务提供者、云服务使用者、云服务合作者等。

2. 架构特性

所谓云计算，是指一种通过网络将可伸缩、弹性的共享物理和虚拟资源池[一]以按需自服务的方式供应和管理的模式。而云计算平台则是云服务提供者和云服务合作者提供的云计算基础设施及其上服务软件的集合。

根据标准，云计算的技术构架的特征主要表现为高弹性、开放性、互通性、高可用性、数据安全性等。

高弹性是指云计算平台应具备资源弹性伸缩能力。

开放性是指云计算平台应采用开放的架构体系，不与某个特定的云服务提供者绑定。

互通性是指云计算平台应支持通用、规范的通信接口，同一云计算平台内或不同云计算平台间的云服务应能够按需进行安全、便捷的信息交互。

高可用性是指云计算平台应具备软件、主机、存储、网络节点、数据中心等层面的高可用保障能力，能够从严重故障或错误中快速恢复，保障应用系统的连续正常运行，满足金融领域业务的连续性要求。

数据安全性是指云计算平台应在架构层面保障端到端的数据安全，对用户数据进行全生命周期的严格保护，保证数据在产生、使用、传输和存储等过程中的完整性、可用性和保密性，避免数据的损坏、丢失和泄露。

3. 架构体系

云计算平台架构体系可以分为基础硬件设施与设备、资源抽象与控制、云服务、运维运营管理等部分（见图6-5）。

（1）基础硬件设施与设备

1）基础硬件设施与设备。基础硬件设施与设备是指机房等基础设施以及计算、存储、网络等设备，主要包括机房及其附属设施、计算设备、存储设备、网络设备和其他设备，是云计算平台的物理基础。云计算平台应使用安全可控、体系架构开放的硬件进行构建，保障安全性、可用性和可靠性。为此，标准对机房建设、网络设备、计算和存储设备提出严格要求。

[一] 这里资源包括服务器、操作系统、网络、软件、应用和存储设备等。

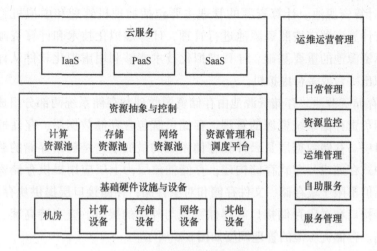

图6-5 云计算平台架构体系

2)机房建设。机房在选址、建筑结构、供电、制冷、消防、布线、物理访问控制、防盗防破坏等方面应符合 GB 50174—2017《数据中心设计规范》、JR/T 0131—2015《金融业信息系统机房动力系统规范》、JR/T 0071—2012《金融行业信息系统信息安全等级保护实施指引》的有关要求。

3)网络设备。云计算平台网络主要包括数据中心内部网络和跨数据中心网络。具体要求如下：数据中心内部网络应采用高可靠、低时延、可扩展的网络架构；应支持按照计算、存储设备的通信需求，提供低时延处理和高并发接入；应支持按照管理粒度提供网络区域间的物理或逻辑隔离的功能。

4)计算和存储设备。计算设备是指提供计算能力的物理服务器，应支持纳入计算资源池进行管理；存储设备类型分为集中式存储㊀和分布式存储㊁。

(2)资源抽象与控制

资源抽象与控制是实现基础硬件设施与设备服务化的基础，包括计算资源池㊂、存储资源池、网络资源池，以及资源管理和调度平台，并为云服务和运维运营管理提供支撑。

㊀ 集中式存储设备的具体要求如下：应采用高密度物理磁盘和高可用控制器；集中式存储架构应具备较强的 I/O 处理能力，支持存储扩展。

㊁ 分布式存储设备应支持将数据分散存储在不同的存储服务器中，支持存储服务器分布式扩展。

㊂ 一组物理资源或虚拟资源的集合，按照一定规则可从池中获取资源，也可释放资源并由资源池回收。资源包括物理机、虚拟机、物理存储资源、虚拟存储资源、物理网络资源和虚拟网络资源等。

1）计算资源池。计算资源的管理主要包括物理机管理和虚拟机管理两大类。所有计算资源应按照资源池进行管理，计算虚拟化技术和计算资源管理是构建计算资源池的重要基础。计算虚拟化技术能够利用虚拟化软件从计算资源池中虚拟出一台或多台虚拟机。

2）存储资源池。存储资源池由存储资源管理和存储系统两部分组成。存储资源管理负责存储系统资源的管理。存储系统包含存储数据层、存储抽象层和存储接口层。存储数据层是云计算存储系统的最底层，是数据存储的载体，可基于集中式存储或分布式存储构建；存储抽象层为上层应用提供存储资源的抽象，包括但不限于块存储、文件存储和对象存储；存储接口层提供块存储接口、文件存储接口和对象存储接口等存储系统与外部的接口，应支持高速、可靠的数据传输。存储资源池的管理调度如图6-6所示。

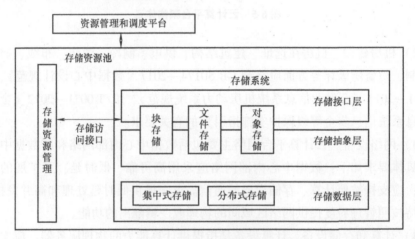

图6-6 存储资源池的管理调度

3）网络资源池。网络资源池是将网络设备进行逻辑抽象和集中管理形成的资源池，由基础物理网络⊖、虚拟网络和网络资源管理三部分组成。其中，基础物理网络到虚拟网络的抽象通过网络虚拟化技术实现。网络资源池的管理调度如图6-7所示。

云计算平台使用网络虚拟化的技术将物理网络抽象成若干可以分配给云服务使用者使用的虚拟私有云（Virtual Private Cloud，VPC）。虚拟网络是指这些VPC的合集。云服务使用者可根据业务需求定义自己的VPC，包括定义网络拓

⊖ 基础物理网络是云计算平台网络资源池的底层基础，包括物理交换机、物理路由器、VPN（虚拟专用网络）、负载均衡系统、广域网等。

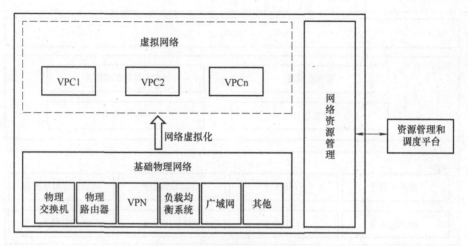

图 6-7 网络资源池的管理调度

扑、创建路由、创建虚拟交换机、创建子网、定义访问控制列表（Access Control List，ACL）等。

利用网络虚拟化可在一个物理网络上模拟出多个虚拟网络。网络虚拟化包括网卡的虚拟化、物理网络设备的虚拟化、租户⊖网络的虚拟化以及网络功能虚拟化。

网络资源管理将基础物理网络和虚拟网络资源形成资源池进行统一管理调度。资源管理和调度平台能够接收服务资源请求，实现对资源的调度分配。资源管理和调度平台的功能要求如下：应支持对计算、存储、网络资源的统一管理；应对不同租户的计算、存储、网络资源在性能和访问上进行隔离；应支持资源协同管理，能够按需整合计算、存储、网络资源；应支持资源负载自动感知，可根据负载情况灵活调配资源；应支持自动检测故障和系统热点，保证业务稳定可靠运行；应支持多数据中心资源的统一管理；应支持资源管理和调度平台的高可用性；宜支持多种虚拟化技术的统一管理；宜支持虚拟化资源和物理资源的转换。

（3）云服务

云服务层按照应用场景需要将 IT 资源、平台、应用等一种或多种功能封装成不同的云服务提供给云服务使用者。云计算平台在提供相应服务时应满足本规范的要求，但不限定于标准提到的所有要求。云服务的层次划分如图 6-8 所示。

⊖ 对一组物理和虚拟资源进行共享访问的一个或多个云服务使用者。

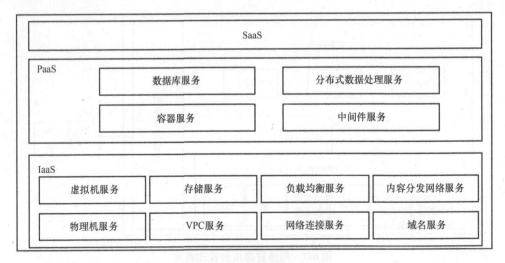

图 6-8　云服务的层次划分

1）基础设施即服务（IaaS）。IaaS 包括但不限于虚拟机服务、物理机服务、存储服务、VPC 服务、负载均衡服务、网络连接服务、内容分发网络服务、域名服务等服务类型。

其中，虚拟机服务是指云服务提供者向云服务使用者提供面向操作系统的计算服务。物理机服务为用户提供专用的物理机，满足其业务安全性、稳定性及部分业务无法在虚拟机部署的需求。存储服务是指为云服务使用者提供数据存储的服务，可分为块存储服务、文件存储服务、对象存储服务和归档存储服务等。负载均衡（可通过硬件或软件实现）包括服务器负载均衡和全局负载均衡。内容分发网络服务是指在现有网络基础上增加能够快速响应服务的加速节点，以有效降低用户访问延迟。VPC 服务为云服务使用者在云计算平台上构建出一个逻辑隔离、私有的虚拟网络环境，使云服务使用者可以自行管理、控制该环境内的 IP 地址、网段、路由和虚拟网络设备等。网络连接服务提供跨网络的互联互通服务，按使用方式可包括专线服务和基于 VPN 的连接服务等。域名服务为云服务使用者提供域名的生命周期管理，包括域名注册、域名解析、域名转入、域名备案等服务。

2）平台即服务（PaaS）。PaaS 包括但不限于数据库服务、分布式数据处理服务、容器服务、中间件服务等。

其中，数据库服务主要包括关系型数据库服务和非关系型数据库服务，而关系型数据库服务又包含集中式关系型数据库服务和分布式关系型数据库服务。分布式数据处理服务通过大规模、可扩展的分布式架构，对海量数据提供高效的存储、计算和分析。容器服务为云服务使用者提供轻量级的应用封装、管理和运行解决方案。中间件服务应具备较高性能，支持完善的日志记录，提供良好的管理界面和操作审计功能。中间件服务包括但不限于消息中间件、数据访问中间件、事务中间件等。

3）软件即服务（SaaS）。SaaS 是云服务提供者为云服务使用者提供的一种可直接使用的软件应用服务，可分为行业类 SaaS 和通用类 SaaS。行业类 SaaS 是指根据不同行业的业务场景向用户提供业务系统服务。通用类 SaaS 是指向用户提供消息通信、数据分析、人工智能和辅助工具等通用服务。云计算平台提供 SaaS 时，应满足金融领域相应类型的信息系统在服务外包、信息安全、业务流程等方面的监管要求。

（4）运维运营管理

运维运营管理包括日常管理、资源监控、运维管理、自助服务和服务管理。标准对运维运营管理做出了相应要求。

1）日常管理。日常管理应支持平台配置、应用发布部署、资源动态伸缩的统一管理；应支持统一展现、统一告警、统一流程处理功能；宜具备对用户、租户的全生命周期管理功能。

2）资源监控。资源监控应支持信息采集功能，能够实时采集云计算平台各类资源及服务的状态信息；应支持数据分析功能，能够对采集信息进行综合分析、准确诊断和动态展示；应支持资源池监控功能，能够对各类资源运行状态进行实时监控；应提供其他监控平台的接入接口。

3）运维管理。运维管理提供运维工作界面和工具支撑，应支持变更管理和配置一致性检测，且能够在失败或者发生错误时回滚配置；应支持维护事件自动提醒，能够实时将运维事件通知相关人员；应支持定期对云计算平台的资源和应用系统进行健康巡检，能够自动生成巡检日志；应支持自动生成维护报告，定期提供平台运行情况和资源利用情况的分析报告；宜支持多租户运维管理功能，租户可通过管理界面自主查看、配置和分析云计算平台资源。

4）自助服务。自助服务主要向云服务使用者提供可自由调配资源和使用云服务的功能，应支持自助完成资源的申请、使用、配置、修改、删除；应支持自助查看申请资源的使用情况、性能状况、审批流程、操作日志等；应支持对计算、存储、网络等资源的自助调度。

5）服务管理。服务管理应支持服务计量功能，能够度量云服务所使用的各类资源数量和时间；应支持分级分角色的用户管理功能；应支持服务审计功能，能够按照云服务使用者、云服务和资源等维度进行审计；宜支持服务计费功能。

第五节 《云计算技术金融应用规范 安全技术要求》

1. 背景说明

本标准规定了金融领域云计算技术应用的安全技术要求，涵盖基础硬件安全、资源抽象与控制安全、应用安全、数据安全、安全管理功能、安全技术管理要求、可选组件安全等内容，适用于金融领域的云服务提供者、云服务使用者、云服务合作者等。

2. 云计算安全框架

根据标准，云计算安全框架由基础硬件安全、资源抽象与控制安全、应用安全、数据安全、安全管理功能以及可选组件安全组成。

云服务提供者和使用者共同实现安全保障。在 IaaS、PaaS、SaaS 等不同服务类别下，云服务提供者和使用者的安全分工有所区别。金融机构是金融服务的最终使用者，其承担的安全责任不应因使用云服务而免除或减轻。

（1）基础硬件安全

基础硬件安全包括机房安全、网络安全和设备安全（见图6-9）。

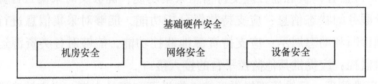

图 6-9 基础硬件安全

（2）资源抽象与控制安全

资源抽象与控制安全包括计算资源池安全、存储资源池安全和网络资源池安全（见图6-10）。

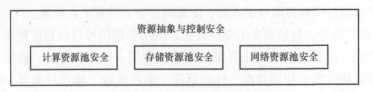

图 6-10 资源抽象与控制安全

（3）云服务安全

云服务主要包括基础设施即服务（IaaS）、平台即服务（PaaS）和软件即服务（SaaS）。云服务安全是指云服务应用安全和数据安全，不同服务类别下的安全分工有所区别（见图6-11）。

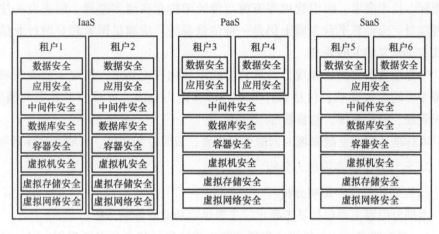

图6-11 云服务安全

（4）安全管理功能

安全管理功能包括身份和权限管理、运维管理、集中监控、集中审计、密钥管理和风险预警（见图6-12）。

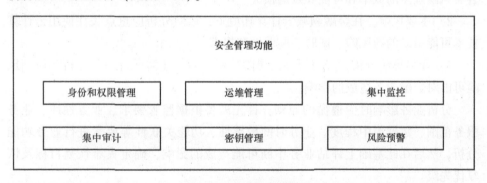

图6-12 安全管理功能

具体内容参见 JR/T 0167—2018《云计算技术金融应用规范 安全技术要求》。

第六节 《云计算技术金融应用规范 容灾》

1. 背景说明

近年来，云计算技术在金融领域应用逐渐深入，深刻影响和变革了金融机构的技术架构、服务模式和业务流程，但也给灾难恢复带来了新的挑战。由于多租户、虚拟化、资源池等技术特性，云计算平台在灾难恢复的影响评估、关键指标、技术要求、组织管理等方面与传统架构存在诸多差异，应重点关注并妥善应对。云计算平台本质上仍是一种信息系统，应满足国家和金融行业信息系统灾难恢复相关的要求。

本标准重点提出了体现云计算特性的差异化容灾要求，规定了金融领域云计算平台的容灾要求，包括云计算平台容灾能力分级、灾难恢复预案与演练、组织管理、监控管理、监督管理等内容。

本标准适用于金融领域的云服务提供者、云服务使用者、云服务合作者等。

2. 云计算平台容灾能力分级

（1）风险与业务影响分析

本部分内容主要包括基本要求、主要风险和业务影响分析。

1）基本要求。金融机构应根据业务连续性目标和业务发展规划，对云计算平台进行详细的风险分析。在风险分析过程中，云服务提供者、云服务使用者和云服务合作者应根据当前的业务场景，重点界定风险分析的目标和范围，使用恰当的分析方法，对所面临的威胁和当前体系的脆弱性进行深入剖析，评估各类风险发生的概率和可能导致的损失。

2）主要风险。在金融领域云计算环境下，风险分析应重点关注使用云计算技术可能引发的新风险、威胁、脆弱性和损害。

3）业务影响分析。经过严谨的风险分析之后，还需要进一步分析和研判风险可能对金融业务造成的影响。

分析业务影响时应遵循的原则：首先需要根据监管要求、业务性质、业务服务范围、数据集中程度、业务时间敏感性、功能关联性等要素进行业务功能分析，然后在此基础上评估业务中断可能造成的影响，确定灾难恢复目标及恢复优先级。

业务影响分析应关注的内容包括但不限于以下方面：对于可能造成多个金融应用同时遭受灾难的，要综合评估云计算平台的影响；由于应用和数据部署的实际物理设备的不确定性，导致的同一故障影响的不确定性。

（2）容灾能力级别划分

根据GB/T 20988—2007《信息安全技术 信息系统灾难恢复规范》、JR/T 0044—2008《银行业信息系统灾难恢复管理规范》、GB/T 22240—2008《信息安全技术 信息系统安全等级保护定级指南》的相关要求，按照所承载的业务系统发生故障或瘫痪的影响范围、危害程度等对云计算平台容灾能力要求进行划分。

1）影响范围划分。JR/T 0168—2018《云计算技术金融应用规范 容灾》结合金融领域特性，将云计算平台发生故障或瘫痪的影响范围分为四个层级：

① 内部辅助管理：未对金融机构经济效益、社会声誉产生直接影响的内部管理事项。

② 内部运营管理：对金融机构经济效益、社会声誉产生直接影响的内部管理事项。

③ 公民、法人和其他组织的金融权益，包括：公民、法人和其他组织的财产安全权、知情权、公平交易权、依法求偿权、信息安全权；其他影响公民、法人和其他组织的金融权益的事项。

④ 国家金融稳定、金融秩序，包括：国家对外活动中的经济金融利益；国家金融政策的制定与执行；国家金融风险的防范；国家金融管理活动；多数关键金融机构、金融市场及其基础设施的稳定运行；其他影响国家金融稳定、金融秩序的事项。

2）危害程度划分。云计算平台发生故障或瘫痪的危害程度可划分为三类：

① 较小影响，是指工作职能受到局部影响，业务能力有所降低但不影响主要功能的执行，出现较轻的法律问题、较小的财产损失等。

② 一般影响，是指工作职能受到一般影响，业务能力显著下降且影响主要功能的执行，引发一般的法律问题、较大的财产损失等。

③ 严重影响，是指工作职能受到严重影响或丧失行使能力，业务能力严重下降或功能无法执行，出现严重的法律问题等。

3）容灾能力划分

根据应用于金融领域的云计算平台发生故障或瘫痪的影响范围、危害程度，将其容灾能力等级划分为六级，具体如表6-1所示。考虑应用于金融领域云计算平台的重要性和发生故障或瘫痪的影响程度，应用于金融领域的云计算平台至少应达到容灾能力3级要求。

表6-1 应用于金融领域的云计算平台容灾能力等级要求划分

影响范围	危害程度		
	较小影响	一般影响	严重影响
内部辅助管理	第1级	第2级	第3级
内部运营管理	第2级	第3级	第4级
公民、法人和其他组织的金融权益	第3级	第4级	第5级
国家金融稳定、金融秩序	第4级	第5级	第6级

(3) 关键指标

根据应用于金融领域的云计算平台风险源以及业务影响程度的分析，得出云计算平台应至少达到容灾能力3级要求，对应的恢复时间目标（Recovery Time Objective，RTO）㊀、恢复点目标（Recovery Point Objective，RPO）㊁、可用性等关键指标要求如表6-2所示。

表6-2 应用于金融领域的云计算平台容灾能力等级关键指标要求

容灾等级	RTO	RPO	可 用 性
3级	≤24 小时	≤24 小时	每年非计划服务中断时间不超过4天，系统可用性至少达到99%。
4级	≤4 小时	≤1 小时	每年非计划服务中断时间不超过10小时，系统可用性㊂至少达到99.9%。
5级	≤30 分钟	≈0	每年非计划服务中断时间不超过1小时，系统可用性至少达到99.99%。
6级	≤2 分钟	0	每年非计划服务中断时间不超过5分钟，系统可用性至少达到99.999%。

(4) 技术要求

本标准按照GB/T 20988—2007《信息安全技术 信息系统灾难恢复规范》有关内容，从数据备份、数据处理、网络能力和运维能力四个要素提出云计算平台容灾能力等级的相关技术要求。根据详细的风险分析和业务影响分析，金融领域云计算平台至少应达到容灾能力3级要求，相应等级的具体技术要求如表6-3～表6-6所示。

㊀ 恢复时间目标（Recovery Time Objective），是指灾难发生后，信息系统从停顿到必须恢复的时间要求。其中，"必须恢复"是指达到相应要求所应具备的必要条件，即应保证在出现故障或瘫痪之后能够达到恢复的必要时间。

㊁ 恢复点目标（Recovery Point Objective），是指灾难发生后，数据必须恢复到的时间点要求。其中，"必须恢复到的时间点"是指数据恢复正常的时间截止点，即出现故障或瘫痪之后恢复正常的时间截止点。

㊂ 系统可用性是指在要求的外部资源得到保证的前提下，云服务在规定的条件下和规定的时刻或时间区间内（不包括计划内服务中断时间）处于可执行规定功能状态的能力，一般按允许计划外年服务中断时间、可用程度至少达到"n个9"来衡量。

第六章 金融科技标准化

表 6-3 第 6 级技术要求

要素	云计算相关技术要求
数据备份	a）数据应在同城和异地可用区㊀至少各有一个数据副本 b）数据副本实时备份且至少一个数据副本应同步复制，保障数据一致性 c）完全数据备份至少每天一次且处于异地可用区㊁
数据处理	a）备用数据处理系统的主机、虚拟化平台、操作系统、中间件、应用软件等资源与生产数据处理系统完全兼容 b）在异地和同城可用区㊂均具备与生产数据处理系统相一致的备用数据处理能力，并处于运行状态，可实时无缝切换 c）应确保备用数据处理系统具备与生产数据处理系统相同的高可用特性
网络能力	a）提供充足的网络带宽，保证备份数据传输带宽大于业务峰值所需的带宽需求 b）异地和同城可用区的虚拟网络、物理网络、出口网络带宽及链路配置与生产系统的网络能力相同，并处于运行状态 c）支持跨异地和同城可用区的负载均衡
运维能力	a）云计算平台应能够对灾备能力进行集成管理，支持通过可定制的标准化流程完成流量自动或集中切换，支持跨同城和异地可用区的流量均衡配置 b）灾难事件发生后，备份数据中心的云计算资源管理和调度平台仍可完成对备份数据中心的资源管理和调度 c）对生产系统关键运行状态进行实时监控和告警 d）云计算平台需要为关键的用户运营数据，如审计日志等，提供数据备份

表 6-4 第 5 级技术要求

要素	云计算相关技术要求
数据备份	a）数据应在同城和异地可用区至少各有一个数据副本 b）至少存在一个数据副本应同步复制，保障数据一致性 c）完全数据备份至少每天一次且处于异地可用区
数据处理	a）备用数据处理系统的主机、虚拟化平台、操作系统、中间件、应用软件等资源与生产数据处理系统完全兼容 b）在异地和同城可用区均具备与生产数据处理系统相一致的数据处理能力，至少有一个处于运行状态，并可实现无缝切换 c）应确保备用数据处理系统具备与生产数据处理系统相同的高可用特性

㊀ 可用区是指在云计算平台中，综合考虑电力、网络、供水等基础设施的容灾因素划分出来的物理区域，区域内包含空调、电力设施、主机、网络、存储等物理资源。

㊁ 异地可用区是指能够抵御因战争、洪水、海啸、台风、地震等大范围区域性灾害同时影响的两个可用区互为异地可用区。一般情况下，两个异地可用区之间的地理距离为数百千米。

㊂ 同城可用区是指能够抵御因供电供水中断、水淹、火灾、网络故障、硬件损毁、交通中断等灾难同时影响的两个可用区互为同城可用区。一般情况下，两个同城可用区之间的地理距离为数十千米。

(续)

要素	云计算相关技术要求
网络能力	a) 提供充足的网络带宽,保证备份数据传输带宽满足业务峰值所需的带宽需求 b) 异地和同城可用区的虚拟网络、物理网络、出口网络带宽及链路配置与生产系统的网络能力相同,并至少有一个处于运行状态 c) 支持跨异地或同城可用区的负载均衡。对于处于就绪状态的可用区,应支持跨可用区的自动或集中切换
运维能力	a) 云计算平台应能够对灾备能力进行集成管理,支持通过可定制的标准化流程完成流量自动或集中切换 b) 灾难事件发生后,备份数据中心的云计算资源管理和调度平台仍可完成对备份数据中心的资源管理和调度 c) 对生产系统关键运行状态进行实时监控和告警 d) 云计算平台需要为关键的用户运营数据,如审计日志等,提供数据备份

表 6-5　第 4 级技术要求

要素	云计算相关技术要求
数据备份	a) 至少有一个数据副本处于异地可用区 b) 完全数据备份至少每天一次且处于异地可用区
数据处理	a) 在异地可用区具备灾难恢复所需的全部备用数据处理能力,并处于就绪状态或运行状态,并且可自动或集中切换 b) 应确保备用数据处理系统具备与生产数据处理系统相同的高可用特性
网络能力	a) 异地可用区的虚拟网络、物理网络、出口网络带宽及链路配置与生产系统的网络能力相同,并处于就绪状态 b) 应支持跨可用区的自动或集中切换
运维能力	a) 云计算平台应能够对灾备能力进行集成管理,支持通过可定制的标准化流程完成流量集中切换 b) 灾难事件发生后,备份数据中心的云计算资源管理和调度平台仍可完成对备份数据中心的资源管理和调度 c) 对生产系统关键运行状态进行实时监控和告警 d) 云计算平台需要为关键的用户运营数据,如审计日志等,提供数据备份

表 6-6　第 3 级技术要求

要素	云计算相关技术要求
数据备份	a) 关键数据至少有一个数据副本处于异地或同城可用区 b) 完全数据备份至少每天一次且处于同城或异地可用区
数据处理	a) 在异地或同城可用区具备灾难恢复所需的部分备用数据处理能力 b) 应确保云计算资源调度能力满足在数小时内配备灾难恢复所需的全部备用数据处理能力

(续)

要素	云计算相关技术要求
网络能力	a）应确保异地或同城可用区的虚拟网络、物理网络、出口网络带宽及链路配置在数小时内达到与生产系统的网络能力相同，关键资源处于就绪状态 b）应支持跨可用区的自动或集中切换
运维能力	a）云计算平台应能够对灾备能力进行集成管理，具备流量集中切换能力 b）灾难事件发生后，备份数据中心的云计算资源管理和调度平台仍可完成对备份数据中心的资源管理和调度 c）云计算平台需要为关键的用户运营数据，如审计日志等，提供数据备份

3. 预案与演练

（1）灾难恢复预案制定

灾难恢复预案由应急和系统灾难恢复两个部分组成。应急部分包括但不限于以下内容：灾难场景和范围定义；应急的管理机构和决策机制；应急响应的流程、工具和工作制度。系统灾难恢复部分包括但不限于以下内容：灾难恢复的范围和目标；灾难恢复的总体规程；各系统恢复的切换步骤、操作手册和业务功能恢复验证测试方法。

（2）恢复演练和预案管理

在云计算环境下，灾难恢复演练主要是为了验证灾难恢复预案的完整性和有效性，提高预案的执行能力，确保云服务各参与方在灾难发生时的有效协同，以及业务系统的快速恢复。具体的灾难恢复演练和预案管理要求应遵循GB/T 20988—2007《信息安全技术 信息系统灾难恢复规范》，并满足以下要求：

1）云服务提供者、云服务合作者应根据云服务使用者的要求，及时提供技术和管理支持，配合执行相关演练。

2）云服务提供者应至少每年进行一次相关预案的更新和演练。

4. 组织管理

在灾难发生后，云服务提供者、云服务使用者、云服务合作者应依据灾难实际影响，积极进行有效的组织管理，按照预先制定的灾难恢复预案密切配合、有序开展灾难恢复工作，包括但不限于：应确保灾难影响、应对措施、恢复进度等信息在各参与方之间及时、有效、准确地沟通和传递，重大或特别重大的事件应及时向相关主管部门和监管机构报告；灾难恢复完成后应及时总结经验教训，并及时告知受影响的用户；应定期进行灾难恢复的培训并保存培训记录。

5. 监控管理

（1）监控能力

云计算环境的灾难恢复应具备相应的监控能力，包括但不限于：应实时监控生产中心和灾备中心的业务应用可用性和性能状态；应能够有效监控灾备切换过程；应能够监控灾备同步状态；应具备告警功能。

（2）监控职责

云计算平台应对灾难恢复系统的日常生产维护工作进行监控，包括但不限于：应监控云计算平台资源的运行状态并主动进行优化；应执行云计算平台资源的日常操作、维护工作和升级工作；应解决云计算平台资源的基础架构的故障和问题。

6. 监督管理

（1）审计

1）审计的分类及相关内容。审计包括内部审计和外部审计，内部审计由云服务提供者或云服务使用者的内部人员或部门承担，外部审计由具有国家相应监管部门认定资质的中介机构组织实施。在金融领域云计算环境下，除 GB/T 20988—2007《信息安全技术 信息系统灾难恢复规范》所要求的相关内容，还应重点加强对如下问题的审计：

① 灾难恢复过程中云服务提供者、云服务使用者、云服务合作者之间协同是否顺畅，是否能满足不同灾难恢复需求。

② 是否具备系统全流程和全环境的监控预警体系。

③ 是否在机制和技术架构上存在数据同步的缺陷。

④ 组织和流程上是否充分保证了云服务使用者的知情权和参与权。

⑤ 灾难恢复流程是否存在数据泄露的风险。

2）审计要求。具体要求如下：

① 云服务提供者应根据灾难恢复工作的情况，确定灾难恢复审计的频率，且应至少一年进行一次内部审计。

② 云服务提供者应至少每年提供一次更新的预案、演练记录和报告给相关金融机构进行备案或审计。

③ 云服务提供者应至少每年组织一次内部审计或委托第三方进行的审计，并将审计意见、改进计划和改进结果在审计报告完成后及时交付给云服务使用者。

④ 云服务使用者应至少每三年组织一次对云服务提供者的审计，审计可以

由云服务使用者组织也可以由云服务使用者委托第三方独立审计机构组织。

⑤ 云服务提供者在审计报告出具后应及时对审计报告提出的改进意见给出书面答复，答复的内容至少应包括改进计划、改进措施和历次改进计划的执行情况。

(2) 通知通报

1) 通知。应通知各云服务参与方的情况，包括但不限于：需要共同协作的演练；发生重大事件或面临重大风险；需要相关方共同调整方法、流程和协作渠道。

2) 通报。应报告监管机构的情况，包括但不限于：可能影响多个金融机构的重大风险；涉及多个金融机构的重大事故处置情况；灾难性事件的处置情况报告。

【本章小结】

本章系统介绍了金融科技的相关知识体系以及金融科技的变化规律和发展现状，简要阐述了金融科技标准化制定概况，特别是我国金融科技的标准制定，详细介绍了几个典型的金融科技应用场景，重点解读了云计算的三个标准。本章的主要目的是加深读者对金融科技、金融科技应用场景和标准化制定的理解和把握。

【思考题】

1. 什么是金融科技？金融科技的主要特点和影响是什么？
2. 金融科技的应用场景包括哪些？
3. 云计算的标准具体包括哪些，具体内容是什么？

第七章
互联网金融标准化

【学习目标】

1. 了解互联网金融标准体系框架。

2. 熟悉互联网金融的基本内涵及主要业务类型,熟悉互联网金融标准化建设的重要性,熟悉网络借贷合同要素标准、网络借贷资金存管业务标准、网络借贷资金存管系统标准、网络借贷信息披露标准、互联网消费金融标准、互联网非公开股权融资标准的相关内容。

3. 掌握互联网消费金融的概念,掌握互联网非公开股权融资的基本概念,并理解其运作机理。

【导入案例】

互联网个人网贷信息披露不规范典型案例——"e租宝"案件

2014年6月至2015年12月,安徽钰诚集团股份有限公司及丁宁等被告人通过"e租宝"互联网平台发布虚假的融资租赁债权等项目信息,以低风险、高收益为诱饵公开宣传其经营的金融理财产品,非法吸收公众资金762亿元。该案件在全国13个省(市)共牵涉38起诉讼。

根据中国互联网金融协会发布的团体标准——T/NIFA 1—2017《互联网金融 信息披露 个体网络借贷》,互联网个体网络借贷的信息披露,应当遵循"真实、准确、完整、及时"原则,不得有虚假记载、误导性陈述、重大遗漏或拖延披露。该案例中,安徽钰诚集团股份有限公司通过"e租宝"互联网平台,发布虚假的融资租赁债权等项目信息,以及承诺其理财产品低风险高收益的行为,违反了标准化应遵循的"真实""准确"等信息披露原则。

（资料来源：李苍舒．中国新金融业态的风险源及防控对策［J］．东南学术，2019（1）：93-101）

问题：互联网个人网贷信息披露为什么要标准化？

第一节　互联网金融标准化概述

1. 互联网金融的发展形态

所谓互联网金融，是指传统金融机构与互联网企业（从业机构）利用互联网技术和信息通信技术实现资金融通、支付、投资和信息中介服务的新型金融业务模式。互联网与金融深度融合是大势所趋，将对金融产品、业务、组织和服务等方面产生更加深刻的影响。

（1）互联网支付

互联网支付是指通过计算机、手机等设备，依托互联网发起支付指令、转移货币资金的服务。互联网支付应始终坚持服务电子商务发展和为社会提供小额、快捷、便民小微支付服务的宗旨。银行业金融机构和第三方支付机构从事互联网支付，应遵守现行法律法规和监管规定。第三方支付机构与其他机构开展合作的，应清晰界定各方的权利义务关系，建立有效的风险隔离机制和客户权益保障机制。要向客户充分披露服务信息，清晰地提示业务风险，不得夸大支付服务中介的性质和职能。

（2）网络借贷

网络借贷包括个体网络借贷（即 P2P 网络借贷）和网络小额贷款。个体网络借贷是指个体和个体之间通过互联网平台实现的直接借贷。在个体网络借贷平台上发生的直接借贷行为属于民间借贷范畴，受《中华人民共和国合同法》《中华人民共和国民法通则》等法律法规以及最高人民法院相关司法解释规范。个体网络借贷要坚持平台功能，为投资方和融资方提供信息交互、撮合、资信评估等中介服务。个体网络借贷机构要明确信息中介性质，主要为借贷双方的直接借贷提供信息服务，不得提供增信服务，不得非法集资。网络小额贷款是指互联网企业通过其控制的小额贷款公司，利用互联网向客户提供的小额贷款。网络小额贷款应遵守现有小额贷款公司监管规定，发挥网络贷款优势，努力降低客户融资成本。网络借贷业务由原银监会负责监管。

（3）股权众筹融资

股权众筹融资主要是指通过互联网形式进行公开小额股权融资的活动。股权众筹融资必须通过股权众筹融资中介机构平台（互联网网站或其他类似的电子媒介）进行。股权众筹融资中介机构可以在符合法律法规规定的前提下，对业务模式进行创新探索，发挥股权众筹融资作为多层次资本市场有机组成部分的作用，更好地服务创新创业企业。股权众筹融资方应为小微企业，应通过股权众筹融资中介机构向投资人如实披露企业的商业模式、经营管理、财务、资金使用等关键信息，不得误导或欺诈投资者。投资者应当充分了解股权众筹融资活动风险，具备相应的风险承受能力，进行小额投资。

（4）互联网基金销售

基金销售机构与其他机构通过互联网合作销售基金等理财产品的，要切实履行风险披露义务，不得通过违规承诺收益方式吸引客户；基金管理人应当采取有效措施防范资产配置中的期限错配和流动性风险；基金销售机构及其合作机构通过其他活动为投资人提供收益的，应当对收益构成、先决条件、适用情形等进行全面、真实、准确的表述和列示，不得与基金产品收益混同。第三方支付机构在开展基金互联网销售支付服务过程中，应当遵守中国人民银行、证监会关于客户备付金及基金销售结算资金的相关监管要求。第三方支付机构的客户备付金只能用于办理客户委托的支付业务，不得用于垫付基金和其他理财产品的资金赎回。

（5）互联网保险

保险公司开展互联网保险业务，应遵循安全性、保密性和稳定性原则，加强风险管理，完善内控系统，确保交易安全、信息安全和资金安全。专业互联网保险公司应当坚持服务互联网经济活动的基本定位，提供有针对性的保险服务。保险公司应建立对所属电子商务公司等非保险类子公司的管理制度，建立必要的防火墙。保险公司通过互联网销售保险产品，不得进行不实陈述、片面或夸大宣传过往业绩、违规承诺收益或者承担损失等误导性描述。

（6）互联网信托和互联网消费金融

信托公司、消费金融公司通过互联网开展业务的，要严格遵循监管规定，加强风险管理，确保交易合法合规，并保守客户信息。信托公司通过互联网进行产品销售及开展其他信托业务的，要遵守合格投资者等监管规定，审慎甄别客户身份和评估客户风险承受能力，不能将产品销售给与风险承受能力不相匹配的客户。信托公司与消费金融公司要制定完善产品文件签署制度，保证交易过程合法合规、安全规范。

2. 互联网金融标准化建设的重要性

近年来，在技术进步、金融发展等因素的综合作用下，互联网金融蓬勃兴起，在发展普惠金融，服务大众创业、万众创新，提升金融服务质量和效率等方面发挥了积极作用。但同时也应该看到，互联网金融作为新生事物，在快速发展过程中暴露出一些问题和风险隐患。其中，标准规则供给与行业发展需求之间还存在一定缺口。因此，加快互联网金融标准化建设具有重要的现实意义。

（1）有利于促进互联网金融规范发展

部分互联网金融从业机构起步较晚，在风险意识、服务能力和内控方面尚有不足。一些不良竞争者通过虚假宣传、补贴倾销等手段抢夺市场，造成"劣币驱逐良币"的行业乱象。加快互联网金融标准化建设，明确从业机构在产品设计、营销宣传、风险管理等方面的标准要素，有助于行业建立规范有序、公平合理的竞争秩序。此外，标准还将提升行业信息透明度，增强各参与方系统和数据的互联互通，引导机构间的交流融合，避免恶性竞争造成资金和人才浪费。

（2）有利于完善互联网金融风险治理

互联网金融本质仍属于金融，没有改变金融风险隐蔽性、传染性、广泛性和突发性的特点。加快互联网金融标准化建设，明确从业机构建立信息披露、信用信息共享、统计监测等方面的统一规则和流程，有助于降低行业整体发生风险的概率。同时，交易过程中资金流和信息流的标准化程度高，有助于监管机构更加清晰、全面地了解互联网金融业务实质，实现"穿透式"监管，减少监管套利，维护金融稳定。

（3）有利于加强互联网金融消费者保护

互联网金融服务的很多"长尾"客户缺乏专业知识，对金融产品内在风险认识不足，容易受到"高收益"的诱导。在互联网条件下，由于没有面签、纸质合同留证等环节，消费者权益受到侵害时，还会面临维权难、举证难等问题。此外，部分企业对客户隐私保护不足、致使客户信息流入黑市，为电信诈骗提供了便利。针对上述问题，加快互联网金融标准化建设，对从业机构服务操作流程、关键服务指标、隐私保护机制等进行规范，有助于引导互联网金融企业切实履行社会责任，切实保护消费者合法权益。

（4）有利于提升互联网金融国际竞争力

正如李克强总理所指出的，标准化水平的高低，反映了一个国家产业核心竞争力乃至综合实力的强弱。当前，互联网金融日益成为数字化、信息化时代下各国金融竞争和金融资源布局的新兴领域。经过几年的发展，我国互联网金融的业务规模和创新深度可以说在全球处于前列。在这种情况下，应该加快互联网金融标准化建设，将互联网金融标准竞争作为继产品竞争、品牌竞争后的重要方向，增强我国在国际标准制定中的话语权，提升我国互联网金融的国际竞争力。

3. 互联网金融标准体系框架

（1）互联网金融标准体系构成

互联网金融标准体系包括通用基础标准、业务标准、运营管理标准、信息技术标准和行业管理标准等。

1）通用基础标准。具体分为标准化工作指南、术语标准、信息分类编码标准、数据通用标准和通用报文标准。

2）业务标准。具体分为产品服务基础标准、互联网支付、网络借贷、股权众筹融资、互联网非公开股权融资、互联网基金销售、互联网保险、互联网信托、互联网消费金融、互联网征信、互联网证券和互联网银行。

3）运营管理标准。具体分为内部控制标准、数据管理标准、组织机构管理标准、人力资源管理标准、财务管理标准、风险管理标准、信用管理标准、业务连续性标准和数据统计监测标准。

4）信息技术标准。具体分为IT基础设施标准、云计算和大数据标准、研发运维标准、信息交换标准、信息安全标准、身份认证标准、互联网金融机具标准和其他标准。

5）行业管理标准。具体分为监管标准、业务管理标准、互联网征信管理标准、反洗钱管理标准、客户资金第三方存管标准、互联网金融统计监测和信息共享标准、会计信息管理标准、客户信息保护标准、消费者权益保护标准、信息披露标准和其他标准。

在实践中，一些企业结合自身发展需要也制定了相关标准，例如，蚂蚁金服结合自身实践与经验，在企业内部将互联网金融领域相关的标准进行了布局，主要分为六大块，分别是金融业务、基础平台、数据安全、终端设备、信息技术和身份认证。

（2）规范引导互联网金融业态的团体标准

2017年，中国互联网金融协会在全国团体标准信息平台发布了五项互联网金融团体标准，包括T/NIFA 1—2017《互联网金融 信息披露 个体网络借贷》、T/NIFA 2—2017《互联网金融 信息披露 互联网消费金融》、T/NIFA 3—2017《互联网金融 个体网络借贷 资金存管业务规范》、T/NIFA 4—2017《互联网金融 个体网络借贷 资金存管系统规范》、T/NIFA 5—2017《互联网金融 个体网络借贷 借贷合同要素》，以及一个配套规范《中国互联网金融协会信息披露自律管理规范》。2018年，中国互联网金融协会又增发了T/NIFA 6—2018《互联网金融 信息披露 互联网非公开股权融资》。

2019年金融标准发展动态信息显示，《互联网金融 个体网络借贷信息披露》(NQI[⊖])、《互联网金融 互联网消费金融信息披露》(NQI)、《互联网金融风险信息统计指标体系》几个互联网金融国家标准在加紧制定中,同时还有基于互联网和金融科技的更多标准出台。

第二节 个体网络借贷领域标准

个体网络借贷运作模式是由依法设立、专门从事网络借贷信息中介业务活动的金融信息中介公司(即委托人,Deposited Lending Platform)在其网站、APP或其他移动端平台等运营平台上提供网络借贷信息中介服务,具有借款需求的自然人、法人或其他组织(即借款人,Borrower)在委托人运营平台上发布借款需求信息,通过委托人提供的信息中介服务,具有出借资金意愿和能力的自然人、法人或其他组织(即出借人,Lender)出借资金给借款人。其中,担保人(Guarantor)为委托人运营平台发布的网络借贷项目提供担保,可以为自然人、法人或其他组织。存管人(Fund Depository Bank)为网络借贷业务提供资金存管服务,必须为符合条件的商业银行。

网络借贷是一种新型借贷模式,具有方便快捷、自由灵活、参与主体广泛、风险较高的特点,同时也存在运营不规范、平台破产倒闭、借款人违约等现象。下面从网络借贷合同要素、网络借贷资金存管业务、网络借贷资金存管系统以及信息披露等方面分别介绍和阐述相关标准的具体细节。

1. 网络借贷合同要素的标准化

借贷合同(Loan Contract)是借款人向出借人借款,按约定偿还借款本金并支付利息的合同。相关标准规定了个体网络借贷业务中借贷合同的必备要素,用于指导网络借贷信息中介机构制定借贷合同。除了 T/NIFA 5—2017《互联网金融 个体网络借贷 借贷合同要素》规定的必备要素以外,包括但不限于平台权利义务、担保、保险等,其合同涉及借贷关系的相关条款应按照该标准使用。个体网络借贷业务相关合同中包含除出借人、借款人以外当事人的,其合同涉及借贷关系的相关条款也应按照该标准使用。如该标准中未规定或上位法有新规定时,以上位法规定为准。

(1) 合同基本信息

合同基本信息包括合同名称、合同编号、合同签署方、合同签署日、通知与送达、保密、违约、法律适用、争议解决、合同生效日。

⊖ 国家质量基础设施(National Quality Infrastructure, NQI),此处指国家质量基础专项国家标准。

合同名称：借贷合同的中文名称。

合同编号：借贷合同在平台的唯一编号，应对应具体合同。

合同签署方：借贷合同全部签署主体。

合同签署日：借贷合同的签署日期。

通知与送达：借贷合同涉及的通知、发生纠纷时的有关文件或法律文书的送达方式及送达地址等。

保密：保密信息的定义与范围、保密信息披露的例外、保密期限、出借人与借款人应当履行的保密义务，以及违反保密义务应承担的责任等。

违约：违约情形或违约事件、非违约方权利以及违约方应承担的责任等。

法律适用：借贷合同适用的法律。

争议解决：因借贷合同发生纠纷后的争议解决方式。

合同生效日：借贷合同生效的日期及（或）判断合同生效日期的依据。

(2) 当事人信息

当事人信息包括借款人信息和出借人信息。

借款人信息：借款人名称或姓名、地址、借款人证件类型、借款人证件号码（脱敏处理）。机构客户的信息应该包括：名称、统一社会信用代码或组织机构代码；可证明客户依法设立或可依法开展经营、社会活动的执照、证件或文件的名称、号码。

出借人信息：出借人名称或姓名、出借人证件类型、出借人证件号码（脱敏处理）。机构客户的信息应该包括：名称、统一社会信用代码或组织机构代码；可证明客户依法设立或可依法开展经营、社会活动的执照、证件或文件的名称、号码。

(3) 借款信息

借款信息包括借款本金、借款利率、借款用途、借款放款日、起息日、到期日等。

借款本金：出借人通过平台向借款人所出借的款项金额。

借款利率：出借人应当收取的利息的数额与所借出本金的比率。

借款用途：借款人借款资金的用途、用途限制等。

借款放款日：借款本金的放款日期及（或）判断借款本金放款日期的依据。

起息日：开始计算借款利息的日期，借款人自该日起承担借款利息的支付义务。该日期不应早于借款放款日。

到期日：全部借款本金及利息到期的日期。

（4）还款信息

还款信息包括还款方式、还款日、还款期数、每期还款本息金额、正常还款、逾期还款、提前还款、承诺与保证、借款人还款义务等。

还款方式：借款人的还款方式，以及该种还款方式对应的含义与每期应付金额计算公式等。

还款日：借款人依据合同约定的还款方式应偿还对应借款本金及（或）利息的日期。

还款期数：借款人还清借款本金及（或）利息所需的期数。

每期还款本息金额：借款人每期还款对应的借款本金及（或）利息金额。

正常还款：正常还款的定义，以及正常还款的操作流程等。

逾期还款：逾期的定义、逾期还款流程，以及逾期后借款人应承担的责任等。

提前还款：借款人于到期日前提前偿还全部或部分应付款项的条件、金额，以及其他需支付的款项。

承诺与保证：借款人与出借人关于各自提供的身份信息真实性、完整性、准确性，以及借款用途真实性、出借资金合法性等内容做出的保证与承诺，以及违反相关承诺与保证应承担的责任。

借款人还款义务：借款人应履行的还款义务。

2. 网络借贷资金存管业务的标准化

网络借贷资金（Internet Lending Fund）是指网络借贷信息中介机构作为委托人，委托存管人保管的，由借款人、出借人和担保人等进行网络借贷活动形成的专项借贷资金及相关资金。网络借贷资金存管业务（Internet Lending Fund Depository Business）是指商业银行作为存管人接受委托人的委托，按照法律法规规定和合同约定，履行网络借贷资金存管专用账户的开立与销户、资金保管、资金清算、账务核对、提供信息报告等职责的业务。

为规范网络借贷资金存管业务活动，明确参与网络借贷资金存管业务活动主体的责任义务及合法权益，建立客观、公平、透明的网络借贷信息中介业务活动环境，依据《关于促进互联网金融健康发展的指导意见》《网络借贷信息中介机构业务活动管理暂行办法》《网络借贷资金存管业务指引》《网络借贷信息中介机构业务活动信息披露指引》等政策文件，中国互联网金融协会编制了T/NIFA 3—2017《互联网金融 个体网络借贷 资金存管业务规范》，对网络借贷资金存管的基本原则、存管人、业务管理和业务运营等进行了规范。

（1）资金存管的基本原则

商业银行作为存管人属于第三方托管人，本身不构成个人网络贷款交易双方的责任方，因而，商业银行开展网贷资金存管业务，不应视为对网贷交易行为提供的保证或担保，存管人不承担借贷违约责任。

网贷资金存管业务有关当事机构应当遵循"诚实履约、勤勉尽责、平等自愿、有偿服务"的市场化原则，促进网贷行业规范发展。

存管人应确保客户网络借贷资金与委托人自有资金隔离，同时应确保对各个客户的资金进行分账管理。

（2）存管人要求

法人资格和经营许可：存管人应为在中华人民共和国境内依法设立并取得企业法人资格及商业银行经营许可证的商业银行。

业务独立且不可委托第三方：存管人应具有明确的总行一级部门，该部门负责管理并负责运营全行网络借贷资金存管业务。该部门设置能够保障全行存管业务运营的完整与独立，存管人不应外包或委托其他机构代理进行资金账户开立、交易信息处理、交易密码验证等。

存管业务技术系统：存管人应具有自主管理、自主运营且安全高效的网络借贷资金存管业务技术系统。

完整有效的管理体系：存管人应具有完善的内部业务管理、运营操作、风险监控等相关制度，并在全行范围内发布并实施。

支付结算能力：存管人应具备在全国范围内为客户提供资金支付结算服务的能力。

信用要求：存管人应具有良好的信用记录，未被列入企业经营异常名录和严重违法失信企业名单。

向相关部门报送数据：存管人应承诺按照相关金融监管部门及中国互联网金融协会要求报送相关数据。

法律职责：存管人应履行反洗钱和反恐融资职责。

政府和监管部门的其他要求：存管人应符合国务院和银行业监督管理机构提出的其他要求。

（3）业务管理

网络借贷资金存管业务管理包括审查标准、资金存管专用账户管理、资金管理、信息管理和系统管理等。

1）审查标准。存管人应对委托人设置相应的业务审查标准及审查机制，并在全行范围内正式发布实施。存管人审查标准的内容应包括但不限于以下各项：

营业执照：委托人已在工商管理部门完成注册登记并领取营业执照，且应在经营范围中明确包含网络借贷信息中介。

登记备案：委托人已在工商登记注册地地方金融监管部门完成备案登记。

电信业务经营许可：委托人已按照通信主管部门的相关规定申请获得相应的电信业务经营许可。

委托人的基本情况：委托人股东背景，董事、监事等高级管理人员情况，业务模式，业务规模，风险控制，技术系统等情况。

禁止性活动：委托人未从事或者未接受委托从事《网络借贷信息中介机构业务活动管理暂行办法》规定的13项禁止性活动。

其他规定要求：国家金融监管部门及委托人备案登记所在地金融监管部门规定的其他要求。

存管人审查时，可要求委托人提供以下材料：

委托人基本信息：包括营业执照正副本、开户许可证、法人身份证、税务登记证、组织机构代码证、公司章程等。

备案证明材料：委托人在工商登记注册地地方金融监管部门完成备案登记的证明材料。

电信业务经营许可证明材料：委托人在通信主管部门获得的相应的电信业务经营许可证明材料。

委托人股东资料：委托人股东的详细资料。

履历：委托人董事、监事等高级管理人员的履历材料。

业务模式和规模：委托人业务模式、业务规模等相关材料。

风控、技术系统材料：委托人风险控制、技术系统等相关材料。

营业场所证明材料：委托人营业场所的详细资料。

审计报告和法律意见书：会计事务所、律师事务所出具的委托人合规经营的审计报告、法律意见书。

其他开展资金存管业务所需的材料：

其他规定如下：存管人对委托人的审查不应外包或者委托给其他机构。存管人应负责对委托人实施现场调查。存管人对委托人审查相关文档应保存5年以上。

2）资金存管专用账户管理。存管人应制定完善的资金存管专用账户管理规范。存管人为委托人开立资金存管汇总账户，称为汇总账户（Summary Account）。汇总账户管理规范符合中国人民银行对于银行结算账户管理的有关规定，确保客户网络借贷资金和委托人自有资金分账管理，安全保管网络借贷资金。

开户的具体规定如下：

设立汇总账户和自有账户：存管人应为委托人开立网络借贷资金存管汇总账户和自有资金账户。

设立客户子账户：存管人应在自有网站页面为客户开立子账户（Sub-account）。存管人为出借人、借款人及担保人等在资金存管汇总账户下开立的子账户，确保客户网络借贷资金分账管理。子账户应为仅具备记账功能的虚拟账户。

设立参与人各自的子账户：存管人应在汇总账户下分别为每个出借人、借款人、担保人等开立子账户，确保清晰统计每一笔出借、借款等资金交易流水，并准确识别每一位出借人、借款人、担保人等客户角色。子账户客户信息应与委托人的客户信息一一对应，确保网贷资金存管系统与委托人的系统数据一致。

身份验证与绑定：存管人为客户开立子账户时，应设置必要的身份验证环节，同时绑定客户银行卡/银行账户。

交易密码和保密义务：存管人为客户开立子账户时，应为客户子账户设置交易密码或安全性不低于交易密码的指令验证方式。存管人不应以任何方式向第三方泄露客户的验证指令。

客户指令信息的独立性：存管人不应委托或授权其他机构验证客户指令，委托人不应以任何方式截取、破解客户的指令信息。

客户开户独立性：存管人不应允许委托人及第三方代理客户开户。

绑定/解除绑定的具体规定如下：

绑定和解除绑定的服务义务：存管人应提供银行卡/银行账户绑定及解除绑定的服务。

绑定和解除绑定的其他规定：存管人应将客户子账户与该客户不具备透支功能的银行卡/银行账户绑定，绑定过程中应验证客户身份，验证客户拟绑定的银行卡/银行账户信息。

其他规定如下：

① 存管人应提供账户信息变更、冻结、解冻及销户服务。

② 存管人应对网络借贷资金存管专用账户内的资金履行安全保管责任，不应支持委托人非法挪用客户资金。

3）资金管理。资金管理包括充值、出借、提现、还款/代偿、缴费、业务授权和其他。

充值：存管人应使用存管人自身的支付通道或使用符合中国人民银行支付管理相关规定的第三方机构提供的支付通道实现账户充值功能，存管人应确保客户充值资金及时地进入资金存管专用账户，并同时在子账户记录增加充值金额。客户充值时，存管人应验证客户子账户的交易密码或安全性不低于交易密码的指令。充值环节委托人不应接入支付通道。

出借：出借人出借资金时，存管人应验证客户子账户的交易密码或安全性不低于交易密码的指令，应支持资金从出借人子账户直接进入借款人子账户，但不应支持资金通过其他方账户中转。

提现：存管人应使用存管人自身的支付通道或使用符合中国人民银行支付管理相关规定的第三方机构提供的支付通道实现账户提现功能，所有提现操作应在子账户记录减少相应提现金额，并确保提现资金进入客户已绑定的银行卡/银行账户。存管人应建立提现运营管理制度，各子账户之间的资金不应混用。客户提现时，存管人应验证客户子账户的交易密码或安全性不低于交易密码的指令。提现环节委托人不应接入支付通道。

还款/代偿：借款人还款时，存管人应验证还款指令的借贷关系，应支持资金从借款人子账户直接进入出借人子账户，但不应支持资金通过其他方账户中转。担保人等代偿方代偿时，存管人应支持资金从担保人等代偿方子账户直接进入出借人子账户，或从担保人等代偿方子账户经借款人子账户再进入出借人子账户，但不应支持资金通过其他方账户中转，应验证客户子账户的交易密码或安全性不低于交易密码的指令。

缴费：存管人应为委托人提供在客户充值、出借、提现、还款、代偿等环节向客户收取服务费用的功能，但委托人收取的费用应单独区别于客户资金进行管理。客户缴费时，存管人应验证客户子账户的交易密码或安全性不低于交易密码的指令。

业务授权：存管人应仅允许客户在出借、还款、缴费环节实施业务授权操作，出借授权仅针对自动投标类产品。业务授权时，存管人应验证客户子账户的交易密码或安全性不低于交易密码的指令，并由客户设置授权期限、授权金额等限制。存管人应提供取消业务授权的服务。

其他：存管人应根据法律法规规定和存管合同约定，按照出借人、借款人与担保人等发出的指令或业务授权指令，办理网络借贷资金的清算支付。委托人仅能发起与客户约定的服务费用、标的成立放款等划拨指令。存管人不应支持委托人以任何非法方式截留客户资金。存管人应在资金划拨过程中实时对交易信息和标的信息进行表面一致性的形式审核。存管人应对客户的借款余额上限实施监控。存管人应根据网络借贷交易模式与委托人约定资金运作流程，即资金在不同交易模式下的汇划方式和要求，包括网络借贷项目从发起到结束的各个环节。

4）信息管理。存管人应当加强出借人与借款人信息管理，制定完善的信息管理制度，确保出借人与借款人信息采集、处理及使用的合法性和安全性。具体规定如下：

信息保密：存管人应为业务开展过程中收集的客户信息保密，除法律法规规定和存管合同约定，不应将客户信息用于其他用途。

信息的完整性且可追踪：存管人应在标的创建、资金流转等关键操作记录完整的交易信息，确保所有资金变动可溯源。

交易数据的记录：存管人应妥善保管网络借贷资金存管业务相关的交易数据、账户信息、资金流水、存管报告等包括纸质或电子介质在内的相关数据信息和业务档案，相关资料应当自借贷合同到期后保存5年以上。

存管人的权责：存管人不承担借款项目及借贷交易信息真实性的审核责任，不对网络借贷信息数据的真实性、准确性和完整性负责，因委托人故意欺诈、伪造数据或数据发生错误导致的业务风险和损失，由委托人承担相应责任。

5）系统管理。存管人与委托人相互协商并负责构建和维护安全有效的存管系统。具体规定如下：

开发和运营系统：存管人应负责网贷资金存管系统的持续开发和安全运营。

制定接口规范：存管人应与委托人共同制定供双方业务系统遵守的接口规范，并为委托人提供数据接口。该接口应能够完整记录网络借贷客户信息、交易信息及其他关键信息，并具备提供账户资金信息查询的功能。

保证系统的运维正常：存管人应与委托人组织系统联网和灾备应急测试，及时安排系统优化升级，确保数据传输安全、顺畅。

保证信息通道的独立：网贷资金存管系统应与委托人系统直接对接，以避免信息泄露，地方监管有特殊要求除外。

系统的升级优化：存管人应支持根据市场情况、委托人需求等对网贷资金存管系统进行更新、优化升级。

存管人的唯一性：委托人开展网络借贷资金存管业务，应指定唯一一家存管人作为资金存管机构。

（4）业务运营

资金存管业务运营标准包括存管合同、存管费用、系统接入、账务核对、系统运维、清算处置、客户服务、风险监控、信息披露和监管报送等。

1）存管合同。存管合同包括对委托人审查、签订合同等与合同规范有关的各项内容。具体规定如下：

审查：存管人应在与委托人等签署资金存管合同前，按照规定的审查标准要求完成对委托人的审查。

合同条款：存管人应按监管相关规定与委托人等签订资金存管合同，明确各自的权利义务和违约责任。资金存管合同至少应包括以下内容：当事人的基本信息；当事人的权利和义务；网络借贷资金存管专用账户的开立和管理；委托人客户开户、充值、出借、缴费、提现及还款等环节资金清算及信息交互的约定；网络借贷资金划拨的条件和方式；网络借贷资金使用情况监督和信息披露；存管服务费及费用支付方式；存管合同期限和终止条件；风险提示；反洗钱和反恐融资职责；违约责任和争议解决方式；其他约定事项。

设立子账户并签订三方合同：存管人应在为客户开立子账户时，与客户、委托人共同在线签署三方存管合同，明确各自权利义务和违约责任。

2）存管费用。存管人应根据存管金额、期限、服务内容等因素，与委托人平等协商确定存管服务费，不应以开展存管业务为由开展捆绑销售及变相收取不合理费用，不应以不正当手段扰乱市场秩序。

3）系统接入。系统接入具体涉及迁移计划制订、迁移过程管理、客户信息和交易信息的迁移、时间规定等。

4）账务核对。存管人应要求委托人从网贷资金存管系统正式上线之日起，所有网络借贷业务的客户资金都应由网贷资金存管系统进行管理。财务核对涉及资金明细流水账核对、资金余额核对、汇总账户与子账户总分核对。核对不一致时，有专门的处理流程且应以存管人数据为准。

5）系统运维。存管人应制定相应的系统运维制度，包含但不限于机房管理、介质管理、设备管理、人员管理、监控巡检管理、变更管理、安全事件处理等相关内容。存管人应制定详细的系统应急预案。

6）清算处置。委托人暂停、终止业务时，应制定完善的业务清算处置方案，并至少提前30个工作日通知地方金融监管部门及存管人。存管人应配合地方金融监管部门、委托人或清算处置小组等相关方完成网络借贷资金存管专用账户资金的清算处置工作，相关清算处置事宜按照有关规定及与委托人的合同约定办理。

7）客户服务。委托人在网贷资金存管系统上线后，存管人应根据监管要求与合同规定及时提供存管资金余额查询、交易明细查询、信息变更、咨询答复、投诉处理等服务。

8）风险监控。存管人应建立委托人负面舆情信息监测机制，及时掌握委托人运营平台运行状况。存管人应设置风险监控机制，建立数据分析模型，当发现委托人运营平台出现超限额等违法违规的情况时，存管人应及时向监管部门报告。

9）信息披露。存管人应根据法律法规规定和存管合同约定，定期向委托人和合同约定的对象提供网络借贷资金存管报告，披露委托人客户交易结算资金的保管及使用情况，报告内容应至少包括以下信息：委托人的交易规模、借贷余额、存管余额、借款人及出借人数量等。

存管人可要求委托人向存管人披露相关信息，包括但不限于委托人基本信息、经营情况、借贷项目信息、借款人基本信息及各参与方信息等。

存管人应通过全国互联网金融登记披露服务平台，公开披露相关存管信息，若存管人与委托人存在关联关系，存管人应披露关联关系。

10）监管报送。存管人应承诺，网贷资金存管系统预留与监管部门和中国互联网金融协会的各类系统对接的数据接口，并开放满足监管要求的数据字段，符合非现场监管标准。

3. 网络借贷资金存管系统的标准化

系统建设是保证业务管理高效、规范运行的基础。中国互联网金融协会依据 T/NIFA 4—2017《互联网金融 个体网络借贷 资金存管系统规范》和 T/NIFA 3—2017《互联网金融 个体网络借贷 资金存管业务规范》提出了网络借贷资金存管系统的功能性要求和安全性、业务连续性、性能效率和兼容性等非功能性要求，有利于建立规范的网络借贷资金存管系统，促进网络借贷行业健康发展。

（1）功能性要求

网贷资金存管系统应具备账户管理、资金管理、信息管理、账务核对、风险管理、系统管理等功能性要求。

1）账户管理。账户管理涉及开户、绑定/解除绑定、账户信息管理、冻结/解冻、销户等内容。

开户：网贷资金存管系统应具备为委托人开立资金存管汇总账户的功能，应在自有网站页面实现为客户开立子账户的功能，包括但不限于如下环节：身份验证、子账户开立、密码设置。

绑定/解除绑定：网贷资金存管系统应具备为客户子账户提供银行卡/银行账户绑定及解除绑定功能，绑定的银行卡/银行账户不应具备透支功能。具体细节参照标准的要求。

账户信息管理：网贷资金存管系统应具备账户信息管理的功能，包括但不限于账户信息、交易密码或其他指令验证方式等信息维护。

冻结/解冻：网贷资金存管系统应具备账户冻结及解冻的功能。

销户：网贷资金存管系统应具备子账户销户功能。

2）资金管理。资金管理涉及充值、出借、提现、还款/代偿、缴费、业务授权、资金信息查询、冻结/解冻、其他等内容。

充值：网贷资金存管系统应具备资金充值的功能，并使用存管人自身的支付通道或使用符合中国人民银行支付管理相关规定的第三方机构提供的支付通道实现账户充值功能，所有充值应确保完整而及时地进入资金存管专用账户，且同时在子账户记录增加相应充值金额。

出借：网贷资金存管系统应具备出借的功能，实现出借资金从出借人子账户直接进入借款人子账户，不应支持资金在存管体系外的账户中转。

提现：网贷资金存管系统应具备资金提现的功能，并使用存管人自身的支付通道或使用符合中国人民银行支付管理相关规定的第三方机构提供的支付通道实现账户提现功能。

还款/代偿：网贷资金存管系统应具备还款的功能，实现资金从借款人子账户直接进入出借人子账户，但不应支持资金通过其他方账户中转。网贷资金存管系统应具备代偿的功能，实现代偿资金从担保人等代偿方子账户直接进入出借人子账户，也可从担保人等代偿方子账户经借款人子账户再进入出借人子账户，但不应支持资金通过其他方账户中转。网贷资金存管系统应具备出借与还款交易信息一致性核验的功能，包括验证债权关系及本金。

缴费：网贷资金存管系统应具备委托人在充值、出借、提现、还款、代偿等环节下收取服务费用的功能，但委托人收取的费用应单独区别于客户资金进行管理。

业务授权：网贷资金存管系统应仅具备出借、还款、缴费业务的授权功能以及取消业务授权的功能。

资金信息查询：网贷资金存管系统应具备子账户资金信息查询功能，包括但不限于账户余额、交易明细等交易信息查询。

冻结/解冻：网贷资金存管系统应具备子账户资金冻结及解冻的功能。

其他：网贷资金存管系统应具备客户指令真实性验证的功能，覆盖充值、出借、提现、代偿、缴费、业务授权等交易环节，验证方式包括交易密码或安全性不低于交易密码的指令。网贷资金存管系统应具备面向委托人的数字认证功能，应采用电子签名、电子认证等认证方式之一（或采用安全性不低于上述方式认证），保障数据的真实性、完整性。

3）信息管理。网贷资金存管系统应具备采集并留存完整交易信息的功能，包括充值、出借、提现、还款、代偿、缴费、业务授权等场景，交易信息要素包括但不限于订单号、交易时间、交易金额、授权时间、授权金额等，确保资金变动可溯源。

网贷资金存管系统应具备采集标的信息的功能，采集的信息包括但不限于标的金额、标的期限、预期收益率、标的借款人等。

网贷资金存管系统应具备生成存管报告的功能，内容包括但不限于交易规模、借贷余额、存管余额、借款人及出借人数量等。

4）账务核对。账务核对具体包括资金明细对账、账户资金余额对账、总分对账和差额处理等内容。

资金明细对账：网贷资金存管系统应具备每日与委托人进行资金明细流水核对的功能，确保双方交易数据一致。

账户资金余额对账：网贷资金存管系统应具备每日与委托人进行账户资金余额核对的功能，确保双方账户资金余额一致。

总分对账：网贷资金存管系统应具备每日进行汇总账户与子账户总分核对的功能，确保总账户与分账户一致。

差错处理：网贷资金存管系统应具备差错处理的功能，对于现金溢余或短缺等情况，应进行调账等操作并进行记录。

5）风险管理。风险管理包括风险监控和监管报送。

风险监控：网贷资金存管系统应具备标的监控功能，监控内容包括标的限额等，并设定监控规则及报警阈值。

监管报送：网贷资金存管系统应具备预留与监管部门和中国互联网金融协会各类系统对接的数据接口的功能，并可向相关监管部门报送数据。

6）系统管理。系统管理包括系统迁移、后台管理、权限管理和审计等内容。

系统迁移：网贷资金存管系统应具备数据、资金的迁移功能。

后台管理：网贷资金存管系统应具备供运营人员操作的后台功能，满足日常运营的客户管理、交易管理、风险管理及数据统计等基本要求。

权限管理：网贷资金存管系统应具备人员、角色、权限管理的功能，满足存管人权限管理要求。

审计：网贷资金存管系统应具备审计功能，保证关键操作可溯源。

（2）非功能性要求

网贷资金存管系统应具备安全性、业务连续性、性能效率、兼容性等非功能性要求。

1）安全性。网贷资金存管系统应至少满足 GB/T 22239—2019《信息安全技术 网络安全等级保护基本要求》的信息系统安全等级保护第三级等相关标准的要求。

2）业务连续性。网贷资金存管系统应制定业务连续性管理制度，具备数据备份与恢复能力，当业务中断或失效时，能按规定的灾难恢复时间目标和恢复点目标恢复系统，定期进行业务连续性演练。

3）性能效率。网贷资金存管系统应具备高效稳定运行的能力，能够支撑对应业务量下的客户各类峰值操作，满足未来三年业务运行的性能需求。并且，网贷资金存管系统应在规定的硬件条件和给定的业务量下，保证关键业务点支持多用户并发操作，满足性能效率要求（见表7-1），并在压力解除后系统具备自恢复能力。

表 7-1　性能效率要求

并　发　数	CPU 平均利用率	并发成功率	交易成功率
性能需求高峰时段并发数	≤80%	100%	≥99.9%

4）兼容性。网贷资金存管系统应具备能够完整记录网络借贷客户信息、交易信息及其他关键信息的数据接口，符合存管人与委托人制定的接口规范要求。

4. 网络借贷信息披露的标准化

为规范网络借贷信息中介机构业务活动信息披露行为，维护参与网络借贷信息中介机构业务活动主体的合法权益，建立客观、公平、透明的网络借贷信息中介业务活动环境，促进网络借贷行业健康发展，中国互联网金融协会于 2016 年 10 月 28 日正式发布 T/NIFA 1—2016《互联网金融 信息披露 个体网络借贷》标准和《中国互联网金融协会信息披露自律管理规范》，并于 2017 年 10 月 11 日发布 T/NIFA 1—2016《互联网金融 信息披露 个体网络借贷》标准的修订版——T/NIFA 1—2017《互联网金融 信息披露 个体网络借贷》。此标准修订了信息披露、平台、信息披露义务人和逾期的定义，增加了从业机构备案信息，附录部分结合正文的修改也做了相应调整，最终规定了网络借贷信息中介机构即从业机构信息披露的基本原则、渠道和格式要求、从业机构信息、平台运营信息和项目信息。

（1）信息披露基本原则

信息披露应当遵循"真实、准确、完整、及时"原则，不得有虚假记载、误导性陈述、重大遗漏或拖延披露。

1）客观真实。信息披露应以客观事实，或有事实为基础的客观判断为依据，如实反映客观情况。

2）准确。信息披露的用语应当准确、精炼、严谨、通俗易懂，不得误导，不得夸大事实。

3）充分并体现不确定性。信息披露应当充分披露借款项目风险及其不确定性，不得借披露项目信息的名义开展营销活动。

4）内容合规合法。信息披露内容应当符合法律法规关于国家秘密、商业秘密、个人隐私的有关规定。

5）保护条款。披露内容涉及商业秘密、个人隐私的，应符合法律法规关于商业秘密、个人隐私的有关规定，应就披露内容和脱敏方式事前与当事人充分沟通并协议约定，不得以此为由拒绝披露。

6）披露形式。从业机构信息披露应当选择通用、常见的形式。记载信息的文件也应以常见的形式进行。记载信息的文件、页面应选择便于读取的格式，不应给信息获取制造额外阻碍。

（2）信息披露渠道和格式要求

从业机构应当在其官方网站及提供网络借贷信息中介服务的其他互联网渠道显著位置设置信息披露专栏，展示信息披露内容；同时，也应在中国互联网金融协会全国互联网金融登记披露服务平台及监管部门指定的其他渠道上进行披露。各渠道间披露信息内容应当保持一致。

1）披露的目的和内容。从业机构应当在其官方网站上以公告形式向公众披露其年度报告、相关法律法规及网络借贷有关监管规定。

2）披露的形式和格式。披露的信息应当采用中文文本，同时采用外文文本的，应当保证两种文本的内容一致。两种文本产生歧义的，以中文文本为准。披露的信息应当采用阿拉伯数字。除特别说明外，货币单位应当为人民币"元"，保留两位以上小数；数量单位为"个""人"；比例统计单位为"%"；信息披露日期格式为"yyyy-mm-dd"；电话格式为"区号-电话号码"或"手机号"。

（3）从业机构信息

从业机构应披露组织与治理信息、财务与审核信息、网站或平台信息、重大事项信息、备案信息和其他信息。

1）组织与治理信息。从业机构应披露以下信息，若信息发生变更，从业机构应当于变更后10个工作日内更新披露信息。具体包括：公司全称；公司简称（常用名），如有多个简称，应当逐一列明并以分号分隔；统一社会信用代码；公司注册资本；公司实缴注册资本；公司注册地址；公司经营地址，如有多个经营地址，应当逐一列明并以分号分隔；公司成立时间；公司经营期限；公司经营状态；公司法定代表人；公司经营范围；公司股东信息，应包含股东名称和占股比例；公司组织架构，包括部门设置及层级；公司主要人员信息；公司从业人员概况；从业机构分支机构信息；其他应披露信息。注：人员数量信息变更超过总量的10%，应于变更后的10个工作日内进行披露。

从业机构宜披露以下信息：与保险机构、担保机构等各类涉及个体网络借贷业务相关的第三方机构合作情况，包括第三方机构基本信息、合作内容和范围，以及权利和义务；从业机构主要人员简介；风险管理负责人简介；其他可披露信息。

2）财务与审核信息。从业机构应于每年4月30日前披露以下信息：上一年度财务审计报告；经营合规重点环节的审计结果，如上一年度财务审计报告包含此项内容，可合并披露；上一年度合规性审查报告。若信息发生变更，从业机构应于变更后10个工作日内更新披露信息。

从业机构宜披露以下信息：重要融资与负债信息；其他可披露信息。

3）网站或平台信息。从业机构应披露以下官方网站、官方手机应用及其他官方互联网渠道信息：官方网站或平台域名；官方网站或平台IP地址；官方网站或平台上线运营时间；咨询、投诉、举报联系电话；咨询、投诉、举报电子邮箱；咨询、投诉、举报通信地址；注册协议模板；平台APP名称（如有）；平台APP上线运营时间（如有）；微信公众号或服务号（如有）；微博（如有）；其他应披露信息。

4）重大事项信息。从业机构或其分支机构发生下列情况之一的，从业机构应于事件发生时起48小时内将事件的起因、目前的状态、可能产生的影响和采取的措施向公众进行披露。具体包括：公司减资、合并、分立、解散或申请破产；公司依法进入破产程序；公司被责令停业、整顿、关闭；公司涉及重大诉讼、仲裁，或涉嫌违法违规被有权机关调查，或受到刑事处罚、重大行政处罚；公司法定代表人、实际控制人、控股股东、主要负责人、董事、监事、高级管理人员的变更信息；公司法定代表人、实际控制人、主要负责人、董事、监事、高级管理人员涉及重大诉讼、仲裁，或涉嫌违法违纪被有权机关调查，或受到刑事处罚、重大行政处罚，或被采取强制措施；公司主要或者全部业务陷入停顿；存在欺诈、损害出借人利益等其他影响从业机构经营活动的重大事项，应当第一时间向公众披露；其他应披露信息。

5）备案信息。从业机构应披露以下信息：备案登记地方金融监管部门；备案登记时间；备案登记编号（如有）；获得的网络借贷中介业务电信业务经营许可证号；资金存管银行全称；全量业务资金存管上线时间；公安机关核发的网站备案图标及编号；信息安全测评认证信息；风险管理架构情况；风险评估流程情况；风险预警管理情况；催收方式，包含机构自身催收方式与委托第三方机构催收方式；其他应披露信息。

6）其他信息。从业机构其他信息包括但不限于从业机构基本信息、治理信息、网站或平台信息、审核信息与重大事项信息等其他信息内容。

（4）平台运营信息

从业机构应在每月前5个工作日内，向公众披露截至上一月月末经从业机构撮合交易的如下信息：

1）借款项目信息，包括累计借贷金额、累计借贷笔数、借贷余额、借贷余额笔数、利息余额、累计出借人数量、累计借款人数量、当前出借人数量、当前借款人数量、收费标准。

2）借款集中度和关联性信息，包括前十大借款人待还金额占比、最大单一借款人待还金额占比、关联关系借款余额、关联关系借款笔数。

3）信用风险信息，包括逾期金额、逾期笔数、逾期90天（不含）以上金额、逾期90天（不含）以上笔数、累计代偿笔数。

从业机构宜披露以下平台运营信息，并定期更新：

1）信用风险信息，包括项目逾期率（%）、金额逾期率（%）、项目分级逾期率、金额分级逾期率。

2）借款规模信息，包括人均累计借款金额和人均累计出借金额。

3）借款集中度信息，包括最大单户出借余额占比和最大十户出借余额占比。

4）从业机构可披露的其他平台运营信息。

（5）项目信息

1）借款项目信息，从业机构应在出借人确认向借款人出借资金前及时向出借人披露以下借款项目信息：项目名称、项目简介、借款金额、借款期限、借款用途、还款方式、年化利率、起息日、还款来源、还款保障措施、项目风险评估及可能产生的风险结果、项目撮合进度、相关费用、合同模板、出借人适当性管理提示、其他应披露信息。

2）借款人信息。借款人分为自然人和法人或者其他组织两类。

若借款人为自然人，从业机构应披露以下借款人信息：姓名（脱敏处理）、证件号码（脱敏处理）、工作性质、收入及负债情况（脱敏处理）、在平台逾期次数、在平台逾期总金额、截至借款前6个月内借款人征信报告中的逾期情况（脱敏处理）、在其他网络借贷平台借款情况、其他应披露信息。

若借款人为法人或其他组织的，从业机构应披露以下借款人信息：全称或简称（脱敏处理）、注册资本、注册地址（脱敏处理）、成立时间、法定代表人（脱敏处理）、所属行业、收入及负债情况、截至借款前6个月内借款人征信报告中的逾期情况、在其他网络借贷平台借款情况、其他应披露信息。

若借款人为法人或其他组织的,从业机构宜披露借款人以下信息:股东信息、法定代表人信用信息(脱敏处理)、实缴资本、办公地点(脱敏处理)、经营区域、其他可披露信息。

3)已撮合未到期项目信息

对于已撮合未到期的项目,标准规定从业机构应向出借人披露如下信息:借款人资金运用情况;借款人经营状况及财务状况;借款人还款能力变化情况;借款人逾期情况;借款人涉诉情况;借款人受行政处罚情况;其他可能影响借款人还款的重大信息。

从业机构应根据项目的具体情况,特别提示出借人关注特定披露信息。若借款期限不超过 6 个月,网络借贷信息中介机构应当按月(每月前 5 个工作日内)向出借人披露;若借款期限超过 6 个月,网络借贷信息中介机构应当按季度(每季度前 5 个工作日内)向出借人披露。若已发生足以导致借款人不能按约定期限足额还款的情形,网络借贷信息中介机构应当及时向出借人披露。

第三节 互联网消费金融领域标准

互联网消费金融作为一种金融新业态,近年来得到长足发展。为加强互联网金融监管和自律管理,互联网金融标准研究院依据相关监管部门的指导意见,出台了 T/NIFA 2—2017《互联网金融 信息披露 互联网消费金融》。该标准基于"标准+行业基础设施"的模式,将团体标准内嵌于信息披露、合同登记等行业基础设施,切实发挥降低行业风险的作用。

1. 基本概念与信息披露义务人

互联网消费金融(Internet Consumer Finance):以互联网(含移动互联网)为渠道,在经营许可范围内,提供消费相关的信贷服务及信用销售服务的行为。这里涉及从事互联网消费金融服务的企业即从业机构、被提供消费金融服务的消费者、商家、第三方支付等。

信贷服务(Credit Service):从业机构为符合条件的消费者提供的基于信用的资金出借服务,主要分为现金模式和代付模式⊖。

⊖ 现金模式是从业机构将贷款资金发放给消费者,由消费者在消费时自行支付给零售商的交易方式。代付模式是指从业机构直接向零售商和服务供应商支付价款资金,再由消费者按双方约定向从业机构支付款项及费用(如有)的交易方式。

信用销售（Credit Selling）：从业机构通过分期付款（Installment Payment）、延期付款（Deferred Payment）等方式向消费者销售商品的交易方式。

分期付款（Installment Payment）：消费者在使用消费金融产品时与提供该消费金融产品的从业机构约定将本金分为若干期支付，消费者于每期日期截止之前完成支付该期本金及利息、费用（如有）的交易方式。

延期付款（Deferred Payment）：消费者在使用消费金融产品时与提供该消费金融产品的从业机构约定一个日期，消费者承诺在该日期截止之前完成支付全部本金及利息、费用（如有）的交易方式。

本金（Principal）：消费者与从业机构约定的借款金额或代付商品或服务的对应价款。

凡是从事互联网消费金融业务的中国互联网金融协会的会员，均受到该标准的约束，其他非会员单位的从业机构宜参照该标准开展信息披露。

2. 互联网消费金融服务的信息披露

（1）信息披露基本原则

为了保护出借人的利益，所有从业机构应当遵循"真实、准确、完整、及时"原则进行信息披露，不得有虚假记载、误导性陈述、重大遗漏或拖延披露。

（2）信息披露的内容

从业机构信息披露的内容主要包括机构信息和业务信息，以及信息披露的要求。

1）机构信息披露的内容，包括从业机构概况信息和从业机构网站信息（区分为应披露信息和宜披露信息）。

从业机构应披露以下机构概况信息：全称及简称（如有）；注册资本；注册地址；经营地址；成立时间；经营牌照，指开展消费金融业务所依据的许可（备案），以及许可（备案）颁发（登记）单位及时间、有效期；客服电话及其他联系方式，指从业机构设立的专用客户服务电话、在线客户服务渠道、投诉电话以及邮箱、传真等联系方式。

从业机构宜披露以下机构概况信息：实际控制人与持股5%以上的股东的名单；营业执照；其他可披露信息。

从业机构应披露以下网站信息：官方网站地址；相应电信业务经营许可信息；移动应用、社交媒体账号等渠道（如有）；信息安全测评认证信息（包括但不限于测评认证机构、测评认证结果与有效期）；其他应披露信息。

2）业务信息披露的内容，包括产品申请信息、客户服务信息和业务运营信息。

从业机构应披露以下产品申请信息：

产品信息：产品名称、类型、用途及服务模式；业务流程说明，介绍本产品主要业务流程；与涉及互联网消费金融业务的第三方合作附加产品、第三方服务商的信息，服务质量控制手段及其他与消费者经济利益有重大利害关系的事项。

申请条件：贷款合同、服务协议、产品说明及其他约定；对其中涉及消费者经济利益的关键条款和潜在重大不利条款采用足以引起消费者注意的文字、符号、字体等特别标识及提醒，使消费者能够理解。

收费项目与计算标准：以显著方式提示信贷服务或信用销售产品的利率及费用标准、计结息（费）方式、免息（费）还款期、还款方式、最低还款额、收取违约金等附加费用的详细说明和收取标准等信息，以及其他与消费者利益有重大利害关系的事项，确保消费者知悉并确认同意。其中，对于利率及费用标准，应以醒目方式（包括但不限于在正文处使用加粗字体、放大字号、加着重号、加边框等方式）突出消费者所需承担的综合年化成本，综合年化成本指消费者在归还本金之外支付的所有息费除以本金，并进行年化处理后的百分数。

账户安全知识和风险提示：风险提示中，应特别注明是否有线下核查、合作外包服务机构，以及针对消费者资金安全的风险提示。

其他应披露信息。

从业机构应披露以下客户服务信息：

信息通知：通过邮寄、电话、短信、微信、应用APP和网络信息提示等与消费者约定的方式及时通知消费者各项消费支出和账户变动。

定期账单披露：定期向消费者本人披露消费信息和交易费用。

信用额度操作：在调整信用额度或信用额度计算方式时，应按照约定时间、方式通知消费者本人。

利率及费用调整：在调整利率及费用标准时，应按照约定时间、方式通知消费者。

差错处理及不当行为纠正：包括但不限于计息（费）错误、未经消费者授权的使用等差错处理的响应时间与方式。

其他应披露信息。

从业机构应披露以下业务运营信息：

催收管理：对产品消费者的催收主体（含外包机构）、催收方式、流程及行为规范等信息。

信用报送：客观披露金融信用信息基础数据库及合法提供金融征信服务的

机构接入和报送情况。

从业机构宜披露以下业务运营信息：从事互联网消费金融业务的资金来源；累计交易规模及余额，以及逾期情况；其他可披露信息。

3）信息披露要求，包括信息披露渠道和信息披露格式。

信息披露渠道：信息披露主要通过从业机构进行，应当在其官方网站及提供网络借贷信息中介服务的其他互联网渠道显著位置设置信息披露专栏，展示信息披露内容；同时，也应在中国互联网金融协会全国互联网金融登记披露服务平台及监管部门指定的其他渠道上进行披露。各渠道间披露信息内容应当保持一致。

信息披露格式：细节须参考标准的具体规定。

第四节 互联网非公开股权融资领域标准

1. 背景和范围

互联网非公开股权融资（Internet Non-public Equity Financing）是指以互联网为主要信息渠道向特定对象开展的股权融资业务活动。由于我国互联网非公开股权融资法律地位不明确、监管体系不完善等原因，相关投融资活动在实际运行中产生了诸多问题及风险，如领投机构风险转嫁、信息披露无序、营销形式传销化、虚假项目和虚假投资等。2018年12月25日，中国互联网金融协会正式发布 T/NIFA 6—2018《互联网金融 信息披露 互联网非公开股权融资》团体标准。该标准提出了互联网非公开股权融资信息披露的基本原则、要求和内容等，以避免信息披露不完整、延迟披露、异常披露等问题。

2. 主要参与人及其关系

互联网非公开股权融资是从业机构借助互联网平台将投资人（Investor）和融资方（Financier）撮合起来的一种融资模式。从业机构（Intermediary Institution）是指依法设立，提供互联网非公开股权融资相关信息服务的中介机构。作为投资融资活动的中介，即从业机构本身对投资的风险以及收益状况，并不承担义务。投资人根据投资资金大小以及在投资中的作用，区分为领投人（Leading Investor）和跟投人（Following Investor）。项目管理人可以由领投人担任，也可由投资人委托的第三方或由投资人选举产生的投资人代表担任。值得注意的是，投资人（包括领投人和跟投人）通常会成立一家公司，按照该标准规定称之为投资主体（Investment Entity）。融资方将获得到的资金投资于一个特定项目，标准中称之为融资项目（Finance Project）。

所有互联网非公开股权融资活动及其效果，很大程度取决于信息公开，以及所有参与人之间的有效治理关系。

3. 互联网非公开股权融资中的信息披露

所谓互联网非公开股权融资中的信息披露（Information Disclosure），是指融资方、从业机构、领投人、项目管理人、投资主体通过从业机构信息渠道或其他途径向普通用户或认证用户披露融资相关信息的行为。

标准从不同角度强调了必要的信息披露：信息披露义务人；信息披露原则；信息披露要求等。

（1）信息披露义务人（Information Disclosure Obligor）

信息披露义务人包括融资方、从业机构、领投人、项目管理人和投资主体。每一类信息披露义务人根据自身在整个互联网非公开股权融资活动中的角色定位，并为了维持整个交易和持续经营所应承担的法律和经济义务，各自发布系统的、完整的、科学的、及时的必要信息等。

融资方承担提供、披露公司信息、项目信息、融资信息和投后信息的义务，并配合其他信息披露义务人对项目有关信息进行调查核实。

从业机构一方面承担提供、披露从业机构信息和从业机构运营信息的义务；另一方面作为居间人，应按照《中华人民共和国合同法》对居间人的相关规定，承担如实披露融资方信息和项目信息的义务，对融资方提供的信息进行采集整理和形式审核。

领投人承担提供、披露尽职调查信息、项目谈判信息、项目投后管理信息的义务。

项目管理人承担提供、披露项目投后管理信息的义务。

投资主体承担提供、披露投资主体信息的义务。

（2）信息披露原则

互联网非公开股权融资中的信息披露，应以保护投资人公平选择权、交易权、知情权为根本原则，旨在减少投融资双方之间的信息不对称。因此，信息披露义务人应真实、合法、准确、完整、及时地提供和披露信息，对披露信息的真实性、合法性、准确性、完整性、及时性负责，禁止虚假、重大遗漏、欺诈、夸大、诱导、误导的信息披露行为，禁止任何形式的承诺或变相承诺保本收益的信息披露行为。

（3）信息披露要求

信息披露要求涵盖信息的全面性、信息披露的格式、信息披露的时间和阶段、信息披露的渠道以及信息披露的接收、查阅权限。

1）信息的全面性。信息披露要全面，不能有遗漏。信息披露内容应包括融资项目上线展示、认购期间、投后期间及退出期间各阶段的项目信息披露，以及融资方、从业机构、领投人、项目管理人、投资主体等各方参与人的个体信息。

2）信息披露的格式。信息披露格式应采用协会制定的模板，盖章后生成 PDF 文件进行披露。

3）信息披露的时间和阶段。项目投后期间应定期开展信息披露，融资方应披露公司半年度和年度报告；领投人或项目管理人应每半年披露项目运营情况；从业机构应在经营期间定期开展信息披露，按要求披露从业机构的运营信息。除上述信息外，其他信息为临时信息披露，应在必要时披露并更新信息。

4）信息披露的渠道。信息披露主要通过从业机构进行，披露渠道包括但不限于网站、邮件、移动应用等。

项目投后信息由融资方、领投人或项目管理人通过至少两种渠道进行披露，并采取措施确保各方收到披露信息。

5）信息披露的接收、查阅权限。根据信息披露的类型、受众、内容等设定不同的信息接收、查阅权限。

（4）信息披露的详细内容

1）项目上线展示的信息。具体包括以下信息：

融资方基本信息：融资方应向普通用户披露公司名称、成立日期、注册地址和法定代表人等主体信息。除上述信息外，还应包括公司结构、组织能力等信息，具体包括注册资本、实缴资本、股权结构、实际控制人、董事和持股 20% 以上的股东信息、过往股权融资情况、过往债权融资情况、财务状况信息、公司组织架构、公司从业人员概况、公司核心团队简介和公司业务和技术情况。

融资项目基本信息：融资方应向普通用户披露项目名称和项目简介。除上述信息外，融资方还应向认证用户披露项目详情、资质证明、项目公司估值、拟融资金额、本次融资资金用途、融资最后期限、起投金额及投资人数限制和项目预计退出机制。

领投人基本信息：领投人应向普通用户披露领投人简介。除上述信息外，领投人还应向认证用户披露领投人详细信息、领投人投资金额、领投人与融资方及其股东、实际控制人的关联关系、投资价值分析、投资风险分析、对融资主体和融资项目的调查情况、本次投资的相关协议模板、领投人向跟投人收取的费用和收益分成说明、领投人与融资方签署的其他关联协议。如项目无领投人，融资方应通过从业机构披露项目风险揭示和本次投资的相关协议模板。

从业机构基本信息：从业机构应向普通用户披露股权投资风险提示、从业机构责任说明、用户注册协议和从业机构收费说明。

2）项目认购期间的信息。具体包括以下信息：

融资项目信息：融资方应披露项目融资进展状态、项目融资进度和项目重大事项。

从业机构信息：从业机构应披露投资人付款方式和投资人资金存管情况。

3）项目投后期间的信息。具体包括以下信息：

融资方信息：具体包括融资方的年度报告、融资金额要求、融资方情况变动信息等内容。

年度报告：融资方应进行定期信息披露和临时信息披露。融资方应在每个会计年度的上半年结束之日起1个月内，按照协会制定的投后信息披露模板编制并披露公司"半年度报告"。融资方应在每个会计年度结束之日起的2个月内，按照协会制定的投后信息披露模板编制并披露公司"年度报告"。半年度报告、年度报告均应通过从业机构向协会报备。

融资金额要求：融资金额不同对应不同要求：通过互联网非公开股权融资获得融资金额超过1000万元人民币的，融资方在披露年度报告的同时，应披露第三方审计机构出具的年度审计报告；融资金额不到1000万元人民币的，可不提交审计报告。

融资方情况变化信息：融资方情况变化信息应及时通报。融资方出现以下情形之一的，应自事实发生之日起3个工作日内通知投资人和项目管理人，并在15个工作日之内提供加盖公章的书面说明书及相关文件：经营方针和经营范围发生重大变化；合并、分立、解散及破产；控股股东或实际控制人发生变更；重大资产重组；董事长或总经理发生变动；涉及公司增资扩股等股权变动事项；发生重大诉讼、仲裁，或因涉嫌严重违反法律法规被有关部门调查或受到行政处罚，或企业重大财产被强制执行、没收；企业注册资本变动或实施上市计划；对外担保、股权质押、重大投资等重大事宜；与投资人签署的相关协议中约定的其他情况。

投资主体信息：融资人成立的企业，在设立后15个工作日内，应向投资人披露投资主体营业执照、股东/合伙人信息和公司章程/合伙协议。

领投人或项目管理人信息：领投人或项目管理人应每半年向其他投资人披露投资项目运营情况报告。领投人或项目管理人应及时向其他投资人披露融资方重大事项，如参会，应提供会议纪要，以及领投人或项目管理人与融资方签署的其他关联协议。

4）项目退出期间的信息。具体包括以下信息：

融资方信息：融资方应披露项目运营情况和相关退出协议中的关键信息。

领投人或项目管理人信息：领投人或项目管理人应披露退出方式、退出价格、退出协商相关会议纪要、投资人收益分配方案、退出决议文件和其他相关信息。

5）其他应披露信息。具体包括以下信息：

从业机构信息：从业机构应在经营期间及时披露并更新从业机构基本信息、从业机构网站、从业机构从业信息、从业机构重大事项信息、从业机构与支付机构、投资机构等各类涉及互联网非公开股权融资业务的第三方机构合作情况。

从业机构运营信息：从业机构应及时披露从业机构运营基本信息、股权投资教育资料、上线项目总数、认证投资人总数和已退出融资项目数。

项目交流信息：具体包括记录并向该项目投资人公开，融资方在项目融资过程中以各种形式公开交流的信息，并可供查询。

(5) 自律管理规范

《中国互联网金融协会信息披露自律管理规范》作为配套制度性规定，同样约束互联网非公开股权融资信息披露义务人。所有义务人应遵循自律原则，履行信息披露义务。中国互联网金融协会对信息披露义务人披露义务的履行情况进行定期、不定期的现场或非现场检查，信息披露义务人对检查工作应予以配合。

对不遵守该标准、拒绝履行信息披露义务的信息披露义务人，协会要求其限期改正。逾期未改正的，协会将视情节轻重对信息披露义务人及主要负责人采取谈话提醒、书面警示、强制培训、行业内谴责、加入黑名单等惩戒措施。

【本章小结】

本章主要介绍了互联网金融的几种业务形态，重点阐述了互联网金融标准化的具体内容；简要阐述了互联网金融的基本概念、发展形态和面临的风险；系统介绍了个体网络借贷相关标准的具体内容，以及互联网消费金融和互联网非公开股权融资的信息披露标准。教学目的是让读者清楚互联网金融的发展形态和趋势，理解标准制定的意义，并熟悉相关标准的具体内容。

【思考题】

1. 什么是互联网金融？互联网金融的业务形态主要有哪些？
2. 个体网络借贷包括哪些团体标准？每个标准的具体内容是什么？
3. 互联网非公开股权融资标准的具体内容是什么？

第八章

部分其他金融业务标准化

【学习目标】

1. 熟悉集合资金信托计划文件示范文本的构成要素。
2. 熟悉合作金融业标准化体系的构成。
3. 熟悉《金融租赁服务流程规范》的内容。

【导入案例】

全国统一信托登记启动　信托"标准化"加速

2017年9月1日,《信托登记管理办法》经中国银监会颁布正式生效,中国信托登记有限责任公司(简称中国信登)信托登记系统同日上线运行,标志着资产规模超过23万亿元的信托市场有了统一登记制度,市场透明度、流动性将大大提升。中国信登的职能定位为三大平台,即信托产品及其信托受益权登记与信息统计平台、信托产品发行与交易平台及信托业监管信息服务平台。业内人士认为,信托登记制度可以从产品设立环节上解决信息不对称和不当销售问题,更好地维护投资者的知情权和选择权,切实保护投资者的合法权益。信托登记系统也有助于形成权威的信托业数据中心,为行业监管和风险监测奠定良好基础,遏制信托业通道业务膨胀、行业虚胖等不良现状。据了解,中国信登已在同步推进信托发行、交易、转让等信息系统规划方案设计,争取尽快搭建起集信托登记、发行、交易、转让等功能于一体的综合性系统平台。信托登记系统平台的良性运转,离不开标准化的信托产品、流程及合同文本等。自2001年《中华人民共和国信托法》颁布实施,特别是2007年以来《信托公司管理办法》《信托公司集合资金信托计划管理办法》《信托公司净资本管理办法》的相继颁布和实施,明确了信托公司作为专业理财机构的功能定位,信托业逐渐步入良性和规范发展轨道。但在行业发展过程中,由于各家信托公司的发展水平参差不齐,缺乏标准化的业务流程,不仅使得监管部门对信托公司的监管工作存在较大难度,行业的规模化、规范化发展也受到一定制约。

(资料来源:全国统一信托登记启动信托"标准化"加速[EB/OL]. [2019-11-08]. https://news.china.com/finance/11155042/20170901/31259117.html)

问题:信托业标准化体系的构成及其作用是什么?

第一节　信托业标准化

信托是指委托人基于对受托人的信任,将其财产权委托给受托人,由受托人按委托人的意愿以自己的名义,为受益人的利益或者特定目的,进行管理或者处分的行为。信托行为的当事人包括委托人、受托人和受益人。信托业务则是指信托公司以营业和收取报酬为目的,以受托人身份承诺信托和处理信托事务的经营行为。目前,信托行业的标准化体系包括两个行业推荐性标准,分别是 JR/T 0077—2014《集合资金信托计划文件示范文本》和 JR/T 0106—2014《信托业务分类及编码》,均于 2014 年 10 月 16 日发布。

1.《集合资金信托计划文件示范文本》

JR/T 0077—2014《集合资金信托计划文件示范文本》规定了集合资金信托计划文件应包括的通用条款,及作为对通用条款的补充和完善的专用条款制定原则,适用于我国境内依法成立的信托公司所从事的封闭式、非结构化集合资金信托业务,但不适用于如单一资金信托产品、开放式信托产品、结构化信托产品、财产权信托产品等其他信托业务。

依据《信托公司集合资金信托计划管理办法》的规定:集合资金信托计划,由信托公司担任受托人,按照委托人意愿,为受益人的利益,将两个以上(含两个)委托人交付的资金进行集中管理、运用或处分的资金信托业务活动。

《集合资金信托计划文件示范文本》包括三个书面文件:集合资金信托计划认购风险申明书、集合资金信托计划说明书和集合资金信托计划信托合同。

2.《信托业务分类及编码》

《信托公司管理办法》规定,信托公司可以申请经营下列部分或者全部本外币业务；资金信托；动产信托；不动产信托；有价证券信托；其他财产或财产权信托；作为投资基金或者基金管理公司的发起人从事投资基金业务；经营企业资产的重组、购并及项目融资、公司理财、财务顾问等业务；受托经营国务院有关部门批准的证券承销业务；办理居间、咨询、资信调查等业务；代保管及保管箱业务；法律法规规定或中国银行保险监督管理委员会批准的其他业务。信托业务类型多种多样，未来随着信托理论与实践的不断发展和创新，还会有所变化、调整。为了便于信托公司开展信托业务、信息披露、行业数据统计和政府监管等工作，有必要对信托业务进行分类并编码，中国人民银行于2014年10月16日发布了JR/T 0106—2014《信托业务分类及编码》。

该标准规定了信托机构所从事信托业务的分类、编码。该标准采用线分类法和层次编码法，将信托业务划分为三层，共九个大类、22个中类和19个小类。信托业务大类用一个大写拉丁字母顺序表示，同一大类下用两位阿拉伯数字从01开始对中类进行顺序编码，同一中类下用两位阿拉伯数字从01开始对小类进行顺序编码。如该标准中的编码A0201，对应第一大类"A 资金信托与财产信托"之下第二中类"A02 财产信托"中第一小类"A0201 不动产信托"。该标准适用于信托机构综合统计中的信托业务分类、编码，以及信息交换与共享。

第二节　合作金融业标准化

合作金融机构是指信用合作社。我国的信用合作社包括城市信用合作社与农村信用合作社。目前，我国已全部完成了城市信用社组建城市商业银行的工作，部分农村信用社改组为农村合作银行与农村商业银行。农信系统（合作金融机构）标准工作组按照实用性、系统性、协调性、先进性、可扩展性的原则，制定了《农信系统金融标准体系》，内容涵盖代码、术语、IC卡、支付结算、统计报表、内部控制、风险管理、信息系统等级保护、灾难恢复等重点领域。

1.《农信系统金融标准体系》制定背景

为继续提升农信系统标准化建设水平，促进农信系统内标准的研究、制定、宣传及贯彻实施工作，加速农信系统标准化步伐，农信银资金清算中心结合农信系统标准化工作实际，以及农信系统标准化建设的未来发展，在金标委的领导下，牵头组织成立了农信系统标准工作组，秉承以标准化促进信息化，从标准中讲效益、求质量，进一步提升市场竞争力的要求，按照实用性、系统性、协调性、先进性、可扩展性的原则制定了《农信系统金融标准体系》。

2.《农信系统金融标准体系》框架

《农信系统金融标准体系》分为通用基础标准、产品与服务标准、技术支撑标准、运营管理标准、行业监管标准五大类，每一大类又细分为若干子类，共同构成农信系统金融标准体系。

（1）通用基础标准

通用基础标准是农信系统其他各类标准编制和引用的基础和依据，共采用3个国家标准和3个行业标准。通用基础标准分设3个子类：

1）标准化工作基础标准，是农信系统标准化工作所需参考的基础性文件，包含标准化工作导则、标准化工作指南等。

2）术语标准，描述农信系统业务和技术涉及的相关术语定义。

3）编码标准，即农信系统业务和技术涉及的各种分类与编码标准。

（2）产品与服务标准

产品与服务标准包含与农信系统支付清算业务及电子支付服务相关标准，共采用1个国家标准、25个行业标准、5个团体标准和9个企业标准。

1）支付清算标准，涉及电子汇兑、银行汇票、个人账户通存通兑、专项汇款等支付清算相关标准。

2）电子支付服务标准，对电子支付服务所涉及的技术、产品、终端受理机具等事项进行规范，涉及渠道受理、联网联合、技术应用等事项。

（3）技术支撑标准

技术支撑标准包含农信系统信息化建设活动应遵循的基本、通用信息技术及管理要求，共采用11个国际标准、65个国家标准、15个行业标准、8个团体标准、14个企业标准和5个系统标准，分设4个子类：

1）应用研发标准，是对信息技术类项目从需求分析到投产及投产后运行维护全过程、全方位的技术和管理要求，涉及应用研发、测试、运行维护、外包服务等。

2）数据标准，是对数据规划、交换、管理使用过程中相关事项的规范。

3）安全标准，是对信息技术安全防护事项的规范，涉及系统安全、应用安全、网络安全、应急与灾备等。

4）基础设施标准，是对承载、支持农信系统信息技术开发、测试、运行的基础设施的规范，涉及计算机机房、其他相关设备等。

(4) 运营管理标准

运营管理标准包含农信系统人力资源、财务资金及其他内设组织部门的运营管理事项的相关规范，共采用3个国家标准、2个行业标准和1个团体标准。

1) 内部控制管理标准，是与农信系统内部控制建设、评价与审计等管理活动相关的标准；

2) 风险管理标准，是农信系统进行信用、法律、运行、流动性和系统风险管理的有关标准。

(5) 行业监管标准

行业监管标准是指与农信系统业务有关的监管标准，现只设1个子类，采用8个行业标准。子类统计指标是为满足行业监管当局统计数据报送要求而制定的标准。

第三节 金融租赁业标准化

金融租赁是指出租人根据承租人对租赁物和供货人的选择或认可，将其从供货人处取得的租赁物按合同约定出租给承租人占有、使用，向承租人收取租金的交易活动。目前，在金融租赁业中，我国只发布了一项推荐性国家标准GB/T 32316—2015《金融租赁服务流程规范》。

1. 标准适用范围

该标准规定了金融租赁服务申请、受理及调查、审核、合同签订和履行、租后管理等方面的要求，适用于金融租赁服务机构及人员。

2. 标准中的术语和定义

金融租赁服务机构（Financial Leasing Services Organization）：《金融租赁公司管理办法》明确规定，金融租赁服务机构是以经营融资租赁业务为主的非银行金融机构。

金融租赁（Financial Leasing）：金融租赁是指出租人根据承租人对租赁物和供货人的选择或认可，将其从供货人处取得的租赁物按合同约定出租给承租人占有、使用，向承租人收取租金的交易活动。

融资租赁合同（Finance Leasing Contract）：融资租赁合同是指出租人根据承租人对供货人、租赁物的选择，向出卖人购买租赁物，提供给承租人使用，承租人支付租金的合同。

售后回租（Leaseback）：售后回租是指承租人将自有物件出卖给出租人，同时与出租人签订融资租赁合同，再将该物件从出租人处租回的一种融资租赁形式。在售后回租业务中，承租人和供货人为同一人。售后回租业务的租赁物必须由承租人真实拥有并有权处分。金融租赁公司不得接受已设置任何抵押、权属存在争议或已被司法机关查封、扣押的财产或所有权存在瑕疵的财产作为售后回租业务的租赁物。

3. 金融租赁活动的流程

金融租赁活动流程主要分为申请、受理及调查、审核、合同签订和履行、租后管理等阶段。

（1）申请

企业基于业务经营需求，需要购置新设备或盘活原有固定资产，可向金融租赁机构申请办理金融租赁业务。

1）申请企业条件。申请金融租赁的企业应满足下列条件：

① 符合国家产业政策，对于国家产业政策中限制发展，以及被列入淘汰目录的高能耗、高水耗、高污染的企业不应受理。

② 租赁物应为行业先进技术的设备，濒临淘汰或者剩余折旧年限无法覆盖租赁期限的设备，应不予受理。

③ 对于涉嫌走私或偷逃税款、骗取出口退税的，应不予受理。

④ 企业（项目）的立项、生产经营用地的相关批文齐全；环评、能耗、安全消防等情况达标。

⑤ 法人统一社会信用代码、LEI⊖代码等有效证件经过当地年检或仍在有效期内。

⑥ 法定代表人应诚信经营，依法纳税；申请人及其法定代表人无严重的不良信用记录。

⑦ 企业现金流应有效覆盖融资金额及相关费用。

2）申请企业提交材料。申请金融租赁业务的企业，应向金融租赁机构提交以下材料：

① 企业简介（含企业发展沿革、经营团队、组织架构、企业（信誉）荣誉、经营业绩、行业地位、对外担保情况、是否涉诉、企业信用等级）。

② 近期经年检的法人统一社会信用代码、LEI 代码等有效复印件。

③ 验资报告、公司章程等复印件。

⊖ 全球法人识别编码（Legal Entity Identifier, LEI）。

④ 股东和高管的履历。
⑤ 近三年的审计财务报表、附注说明及近期财务报告。
⑥ 近三年的纳税凭证。
⑦ 近三年的水、电或其他能源消耗的费用缴纳凭证。
⑧ 近一年的产品销售合同、产品订单或者产品出库凭证。
⑨ 租赁物清单及原始购置发票复印件。
⑩ 主要股东的征信调查授权书。
⑪ 固定资产的抵押、质押情况说明。
⑫ 企业法人征信查询授权书。

（2）受理及调查

金融租赁机构应对企业业务需求开展双人实地租赁调查，对项目进行评估。调查人员对客户提供的资料完整性负责，以及对收集信息的合法性、真实性进行实地核实。核实以实地调查为主，信息收集与核实可同时进行。

1) 调查内容。租赁调查的内容包括现场访谈、财务资料查阅、固定资产盘点、生产场所和原材料/产成品仓库实地查验。

2) 调查报告。租赁调查人员在调查的基础上形成调查报告，应对客户的借款用途、还款能力、现金流量、租赁物、业主或主要股东个人信用状况进行分析，并对融资方式、金额、用途、费率、偿还方式、担保条件等提出建议，并形成调查结论。调查报告的具体内容包括：

① 客户的基本信息情况，包括其股东构成、企业性质、经营情况、产品竞争力、财务报表信息、企业的成长性等。
② 企业业主以及股东的个人信用记录、财产状况等信息。
③ 企业的诚信记录，包括银行、税务、水电、上下游的商业往来等，是否存在欠账、欠息、逃票等记录，查验其是否被列为不诚信企业。
④ 企业的租赁需求，以及在其他金融机构的融资情况。
⑤ 可以提供的保证、抵（质）押情况。
⑥ 其主要供货商对它的赊账政策，近期是否有调整。
⑦ 是否涉及工商、环保、土地、关税方面违规或手续不完备等情况。

（3）审核

金融租赁机构应对调查人员提交的租赁方案进行审核，其审核包括对租赁方案的审核，以及对该租赁方案的风险审核。审核的具体内容包括：

① 租赁材料的合规性、有效性和完整性。
② 对影响客户财务状况的主要因素、非财务状况等进行充分的风险分析。

③ 审查岗根据对借款人财务和非财务因素的评估，结合保证、抵（质）押条件，出具是否同意租赁的审查意见。

④ 审查同意租赁的，审查意见应注明同意的租赁方案，提出租赁潜在的风险，并提出规避的措施建议。

(4) 合同签订和履行

金融租赁申请通过审核，金融租赁机构应与申请企业签订合同，并按合同约定履行。

1) 直接租赁项目。直接租赁项目，按照以下流程完成合同签订和履行：

① 金融租赁机构与申请企业签订《融资租赁合同》。

② 金融租赁机构与供货商签订《租赁物购买合同》。

③ 申请企业按照《融资租赁合同》向金融租赁机构支付首付租金、保证金、管理费、保险费和其他款项。

④ 供应商按照《租赁物购买合同》向申请企业交付租赁物。

⑤ 金融租赁机构按照《租赁物购买合同》向供应商支付购货款。

⑥ 金融租赁机构按照《融资租赁合同》向申请企业收取租金。

2) 售后回租项目。售后回租项目，按照以下流程完成合同签订和履行：

① 金融租赁机构与申请企业签订《售后回租合同》。

② 金融租赁机构与申请企业签订《租赁物购买合同》。

③ 申请企业按照《售后回租合同》向公司支付保证金、管理费、保险费和其他款项。

④ 金融租赁机构按照《租赁物购买合同》向申请企业支付购货款。

⑤ 金融租赁机构按照《售后回租合同》向申请企业收取租金。

(5) 租后管理

项目投放后，租赁调查人员应加强动态跟踪管理，通过对企业财务报表、管理和运营动态、水、电或其他能源消耗及税费缴纳变化、关联政策变化、上下游行业信息等情况的调查，深入掌握企业的真实经营动态，分析企业经营是否正常、还款来源是否有保障，做到积极主动管理，及时防范潜在风险。

在主动管理、防范风险的同时，租赁调查人员应积极融入行业，与市场接轨，通过深入了解租赁物的特性及市场情况，更好地主动管理资产。若遇到申请企业对租赁业务违约，则金融租赁机构应第一时间控制租赁资产。除通过正常法律手段索取债务本息之外，也可通过将租赁物转租或出售的方式来化解风险。

【本章小结】

本章介绍了信托业、合作金融业及金融租赁业三类金融业标准化工作的有关情况。通过学习,可以了解到信托业标准化体系的现状与架构、合作金融业标准化的现状以及金融租赁业标准化现状,掌握信托业务分类的原则及具体分类,并熟悉金融租赁的标准流程。

【思考题】

1. 金融租赁活动的流程大体包括哪些?
2. 信托业务如何进行分类并编码?

第九章

金融标准化趋势

【学习目标】

1. 了解金融国际化的概念、金融标准国际交流现状以及机遇,了解金融创新、绿色金融、金融新业态以及金融风险防控的概念,了解金融新业态面临的挑战。

2. 熟悉金融国际化与金融标准化的关系以及如何推进"一带一路"沿线国家金融标准交流与合作,熟悉金融创新与金融标准化的关系以及推动我国绿色金融标准化工作的建议,熟悉金融标准化基础能力与金融标准认证体系的建设要求。

3. 掌握金融标准"引进来"和"走出去"的新使命,掌握金融创新对金融标准化建设提出的新要求,掌握绿色金融标准化工程和金融风险防控标准化工程的内容,掌握如何推动金融标准化基础能力建设。

【导入案例】

金融风险防控需要金融标准进一步发挥作用

2018年11月28日,金标委副主任委员、中国人民银行科技司司长李伟在金融标准化媒体沙龙上表示,金融标准化工作要紧紧围绕服务实体经济、防控金融风险、深化金融改革三大重点任务,认清新形势、找准新定位、解决新问题,坚持新发展理念,积极应对国内外环境变化,在金融改革发展的重点、难点和热点领域发挥标准的基础、支撑和引领作用,全面推进金融标准化深入发展。

从金融风险防控的角度看,李伟表示,金融风险防控需要金融标准进一步发挥作用。由于金融服务产品以往局限在一个机构内部完成设计、生产和销售,没有社会化生产的背景，因而金融服务标准化理念和意识存在不足。随着金融业的发展，尤其是金融科技的兴起，金融服务产品要突破单一机构局限，设计、生产和销售可由不同机构分担，要穿透不同环节识别金融服务产品属性，迫切需要标准化手段。

李伟表示，在这方面正在研制金融产品标准体系，希望通过标准手段，规范金融产品的设计、生产、销售的全链条。对于货物产品，《中华人民共和国产品质量法》明确要求在产品或者其包装上注明采用的产品标准。然而，现有金融法律基本没有提出金融服务的标准化要求。现有金融法规中，只有《中华人民共和国人民币管理条例》提出了人民币及其机具的标准化要求。相比金融法律法规，金融部门规章逐渐涉及金融标准。对于金融产品标准化，还有大量工作要做，首要就是落实新标准化法，推动金融企业开展产品标准"自我声明"，要在产品说明上标注使用的是何种标准。

李伟指出，下一步计划从"强标准、抓落实、走出去、兴调研、夯基础"五个方面推动金融标准化工作再上新台阶。

一是强化金融标准供给。持续推动金融国家标准、行业标准、团体标准、企业标准协调发展，推进保障人民财产安全的强制标准建设。目前在金融领域还没有提出强制标准，根据标准化法，涉及生命和重大财产安全的应制定强制标准，我国正在积极推动在人民币机具领域实现金融强制标准零的突破。

二是狠抓金融标准实施。在金融标准实施方面，也要坚持以人民为中心。要把已有的与人民利益密切相关的标准放在推动实施的首位，如人民币机具标准、银行网点服务标准等，要尽快贯彻好、实施好。另外，除了上面提到的"利民"标准外，与企业发展息息相关的"利企"标准也要加快实施。从行业管理和安全管理的角度，推动标准在各方面的落地。同时，在实施标准的过程中不断积累经验，建立"规划—制定—实施—修订"相协调的金融标准化全生命周期工作机制。

三是"引进来"和"走出去"并重。积极引进国际先进标准，同时要把我国的优势标准、特色标准，特别是一些亟须被国际接受的标准推出去。一方面要加大对国际标准制定的参与；另一方面要大力推动我国金融标准在"一带一路"沿线国家应用，在这方面已经取得了一些成绩。但是，"走出去"过程中还需要克服一些阻力，比如国际化人才不足、国际同行认可不够等，这些都要积极应对。

四是大兴调查研究之风。标准不是一成不变的,新形势的变化、新技术的应用都会给标准带来影响。需要大兴调研,及时了解新技术对标准产生的影响,协调政、产、学、研各方开展相应的研究工作。

五是夯实金融标准化基础。进一步优化金标委各分技术委员会和专项工作组布局,现已先后成立了法定数字货币、绿色金融、金融IT基础设施等专项工作组。下一步将继续推动分技术委员会和专项工作组的建设,培养壮大金融标准化人才队伍,完善金融标准化信息共享和协同工作平台,强化金融标准化基础能力建设。

(资料来源:中证网,http://www.cs.com.cn/xwzx/hg/201811/t20181128_5898272.html)

问题:金融标准化对金融风险防控的意义是什么?

第一节 金融国际化与金融标准化

当前,我国金融市场对外开放步伐显著加快,要进一步促进金融市场开放、提升市场与服务互联互通,标准是必不可少的基础性要素。金融标准在金融市场开放中通过多种方式发挥作用。通过参与国际标准化活动,可以加强国际标准的跟踪与交流,从而培养金融创新人才。通过参与国际标准制定,可以在完善全球治理、促进可持续发展中发挥积极作用,共同构建人类命运共同体。

1. 金融国际化与金融标准化的关系

(1) 金融国际化的概念

金融国际化是指一国的金融活动超越本国国界,脱离本国政府金融管制,在全球范围展开经营、寻求融合、求得发展的过程。金融国际化,是经济全球化的重要组成部分,并推动其发展。金融国际化主要表现为金融市场国际化、金融交易国际化、金融机构国际化和金融监管国际化。金融国际化是我国社会主义市场经济的发展需要。我国要实现与世界市场经济接轨,就要推行改革开放政策、实行国际化经营。国际贸易、生产国际化的迅速发展必然要求金融机构为其在海外设立的分支机构提供相应的出口融资、贷款等服务。

(2) 金融标准国际交流现状

为顺应标准国际化的大趋势,近年来我国金融业加快了参与国际标准化活动及采用国际标准的步伐,取得了显著的成绩。2004年,我国成为国际标准化组织金融服务技术委员会（ISO/TC 68）与个人理财技术委员会（ISO/TC 222）的国家成员体参加成员（P 成员）。2018 年 9 月，ISO 批准成立由英国标准协会（BSI）提议的可持续金融技术委员会（ISO/TC 322），我国成为 18 个参与成员之一。我国金融标准国际交流合作的能力和水平不断提升。

1）积极引进国际先进金融标准。截至 2018 年年底，我国已经采用 49 项 ISO 国际金融标准，涵盖信息安全、参考数据、信息交换等领域，基本实现了我国金融标准对 ISO 标准的同步转化。其中，我国第二代支付系统（The 2nd Generation of China National Advanced Payment System，CNAPS2）和人民币跨境支付系统（Cross-border Interbank Payment System，CIPS）积极推广应用 ISO 20022 标准，提高了我国支付清算互联互通的效率和水平。同时，我国积极实施国际金融组织制定的金融市场基础设施原则、巴塞尔协议等国际金融标准。

2）广泛动员我国专家参与国际标准编制。截至 2020 年 7 月，我国已推荐 104 名 ISO 注册专家，加入了金融科技、数字货币、第三方支付、ISO 20022 语义模型等热点领域的 34 个 ISO/TC 68 标准制定/修订工作组，深度参与数字货币安全、ISO 20022 语义模型、金融服务中基于 Web 服务的应用程序接口（WAPI）标准编制。

3）进一步为国际金融标准制定做贡献。我国已在银行产品服务说明书描述规范、非银行支付信息系统安全、资本市场交易结算等多项 ISO/TC 68 框架下的金融国际标准的制定中发挥重要作用。由中国外汇交易中心主导开发的 ISO 20022 外汇业务报文通过国际组织认可，这是我国金融业首次主导研制的国际报文。我国积极参与国际电信联盟（ITU）框架下的法定数字货币标准化工作，人民银行数字货币研究所担任 ITU 法定数字货币焦点组副主席，主导数字法币生态系统及参考架构相关研究及标准化工作。

4）积极推动我国金融标准"走出去"。我国 IC 卡标准先后成为亚洲支付联盟、缅甸的技术标准，新加坡、泰国、马来西亚、塔吉克斯坦等国主流转接网络将我国芯片卡标准作为受理、发卡业务的技术标准。在中国银联的推动下，国际 IC 卡及支付技术标准组织（EMVCo）正式发布二维码国际标准，有力支持银联二维码标准在境外落地，为中东欧、中亚等区域转接组织提供创新技术标准。中国银联积极推进与"一带一路"沿线国家的银行卡支付技术、标准合作，提升当地支付产业发展水平，实现"一带一路"沿线支付网络互联互通，支持沿线国家和地区发展普惠金融。

(3) 金融国际化与金融标准化的关系

1) 金融标准成为国际金融竞争的制高点和控制点。随着全球经济一体化的迅速发展，标准已成为现代国际经济竞争和沟通合作的重要手段和技术纽带，成为一国提高整体竞争力的重要战略工具。金融作为现代经济的核心，标准化水平是衡量其对外竞争力的重要标志之一。美国、日本等发达国家纷纷加强研究标准化战略，标准化战略已经成为这些国家产业政策的主要组成部分。就国内而言，近年来，随着我国金融市场对外开放的步伐日益加快以及银行间市场参与者类型的多元化，标准国际化被提升到战略高度。我国金融业已经逐步融入国际金融市场竞争的大环境，加快推进金融标准化建设，成为提高我国金融业国际竞争能力的当务之急。因此，应进一步增强做好我国金融标准化工作的责任感和使命感，把推进金融标准化工作摆在重要位置。

2) 金融标准是金融国际化发展过程中不可或缺的基础性要素。当前，金融业面临的形势正在发生着复杂而深刻的变化：一方面体现在经济全球化进展中出现反全球化倾向，世界经济和国际金融体系持续深度调整；另一方面体现在我国经济步入新常态，经济发展方式加快转变，经济结构逐步调整优化。随着国际市场环境的变化，金融市场对统一的、能够广泛应用于金融交易各个领域的协议的需求日益强烈。金融市场开放呼唤金融标准提供更多支持。促进金融市场开放，提升市场与服务互联互通，标准是不可或缺的基础性要素。我国金融业需要更好地发挥作用，支撑实体经济发展，要求金融业标准化工作紧跟新形势、适应新需求。我国金融机构将加强海外布局，完善全球服务网络，国内金融市场也将进一步提高对境外机构的开放水平。我国需要更加积极地参与或主导国际金融标准的制定，深度参与全球金融治理，提高我国在全球金融治理中的话语权和影响力。

3) 金融国际化促进金融标准体系的完善。在金融国际化的发展模式下，我国金融标准体系必须通过与国际金融标准体系相融合，逐步走向完善之路。首先，金融并购和混业经营对金融监管与金融标准提出了新的要求。例如，银行业的兼并加强了银行业集中程度，一方面可以提高抗风险能力，另一方面也容易因为风险管理不当而积重难返。这些内容增加了金融监管的难度，对金融监管标准提出了新要求。其次，金融国际化所带来的金融事务改革创新为金融标准建设提供了新的思考方向。例如，金融国际化下的互联网金融发展，要求我国金融标准体制必须探索数字货币的技术标准和管理规范，制定、修订银行业、证券期货业、保险业的数据模型、信息交换、信息系统、软件测试等信息技术标准。在金融统计标准方面,要统筹建立覆盖所有金融机构、金融控股公司、金融基础设施、各类投融资行为、互联网金融和跨境金融交易的金融业综合统计标准体系。

4)金融标准化助推金融国际化发展。如今,标准已经作为经济社会活动的技术依据和世界的通用语言。在全球化背景下,标准化工作在降低金融交易成本、促进技术创新、增进沟通互信等方面发挥着不可替代的作用。金融产品、服务种类千变万化,市场主体规模和行为也多种多样。实施标准化为衡量这些金融产品和服务提供了较为公认的尺度,为维护金融市场秩序提供了非常重要的工具。另外,规范金融市场秩序的法律法规也常常需要通过比对、运用相关标准来执行,从一定程度上讲,标准是法律条文的具体表现形式。国家技术标准体系是市场运行机制的制度保障,是维护市场经济秩序的必要手段,也是提高国家竞争力的技术支撑。金融标准化是金融创新技术产业化、市场化的关键环节,通过金融标准化战略在全球经济领域的应用与结合,使更广泛的群体和企业能够低成本共享人类科技成果,从而促进整个社会的技术进步、生产创新和专业化,激发创新机制和创新成果的不断涌现,进一步降低运行风险和成本,进而有助于提升社会经济水平。从全球金融一体化的趋势来看,只有符合国际先进标准的产品才能够顺利走向国际市场。当前,我国的国际话语权与作为世界第二大经济体的世界经济地位还不相匹配,突出地反映在国际标准领域,而逐渐消除这一差距,将有助于我国开放型经济水平的进一步提高,实现从国际标准的学习者到参与者再到主导者的角色转变,从而推动中国标准与国际先进标准深度融合。引进、消化、吸收并使用国际标准有助于我国借鉴发达国家的先进经验,提高金融行业的管理、技术和服务水平,促进金融业早日与国际接轨。

5)以金融标准交流合作助力"一带一路"高水平建设。新时代我国坚持对外开放,围绕政策沟通、设施联通、贸易畅通、资金融通、民心相通,倡议并推进"一带一路"建设。金融标准在资金融通中起到"铺路修桥"的基础作用,是金融市场互联互通的重要技术支撑。开展"一带一路"金融标准交流合作,以标准"软联通"打造合作"硬机制",有助于降低沿线各国的资金融通成本,营造良好的金融合作生态圈。

2. 金融国际标准建设

目前,国际金融标准化工作已经十分成熟,已经建立了适应市场经济发展的庞大的标准库和标准体系,并达到完善阶段。标准已经深入到社会经济生活的各个层面,为法律法规提供技术支撑,成为市场准入、契约合同维护、贸易仲裁、认证和产品检验的基本依据。《金融业标准化体系建设发展规划（2016—2020年）》（简称《规划》）明确提出，我国要持续推进金融国际标准化。

(1) 金融标准国际交流合作迎来新机遇

当前，我国明确将继续扩大对外开放，积极参与国际标准化活动。同时，国际金融组织和标准化组织都在努力推进国际金融标准建设，推动金融标准国际交流与合作。

1）继续扩大对外开放是我国新时代战略选择。党的十九大制定了全面建设社会主义现代化强国的宏伟蓝图，开启了加强我国同世界交融发展的新征程。习近平总书记强调，过去40年中国经济发展是在开放条件下取得的，未来中国经济实现高质量发展也必须在更加开放条件下进行。我国将继续扩大开放、加强合作，坚定不移奉行互利共赢的开放战略，大幅放宽服务业特别是金融业方面的市场准入，加强同国际经贸规则对接，创造更有吸引力的投资环境，加强知识产权保护，主动扩大进口。

2）新标准化法和金融领域"十三五"规划都积极支持金融标准国际交流合作。2018年1月1日起施行的《中华人民共和国标准化法》明确指出，积极推动参与国际标准化活动，开展标准化对外合作与交流，参与制定国际标准，结合国情采用国际标准，推进中国标准与国外标准之间的转化运用，鼓励企业、社会团体和教育、科研机构等参与国际标准化活动。"十三五"现代金融体系规划、金融业信息技术发展规划、金融业标准化体系建设发展规划，也提出了金融标准"引进来"和"走出去"的目标任务。

3）国际金融组织和标准化组织努力推进国际金融标准建设。2009年，在金融稳定论坛的基础上，金融稳定理事会（FSB）成立，整理了巴塞尔银行监管委员会等15个国际组织制定的约200项金融标准，建立标准库，推动制定统一产品标识（UPI）等国际金融标准。2015年，ISO发布了《ISO 2016—2020年战略规划》，提出"ISO标准无处不在"的战略方向，并优化了治理机构，完善了治理体系，与ISO成员和其他国际组织的关系更加紧密。ISO标准领域拓展至消费者权益保护、健康服务、安全等社会治理领域，并努力成为国际通行的规则、模式。ISO更加关注服务标准化，制定服务国际标准，帮助成员国应对服务标准化挑战，调研服务国际标准需求以及跟踪服务标准实施情况。

4）ISO机构改革有利于金融标准国际交流与合作。伴随世界经济和国际金融体系的持续深度调整，金融标准化成为国际标准化合作的关注重点。2017年，

ISO/TC 68 完成战略调整，从功能性和利益相关方的视角重新划分标准，标准覆盖领域更均衡，组建参考数据和信息交换两个分委会，同时常设金融科技技术咨询组，负责新兴技术领域标准化的预研工作。国际金融标准由最初的信息技术标准逐渐向金融产品服务标准和金融管理标准延展，由银行业、证券业向金融科技等新业态拓展，国际金融标准的基础性、引导性和战略性的特征不断彰显。

（2）金融标准"引进来"和"走出去"的新使命

新时代，推进金融对外开放，提升金融市场与服务互联互通，标准是不可或缺的基础性要素。金融标准要紧跟我国金融市场开放的步伐，坚持"引进来"和"走出去"，支持我国金融业双向开放。

1) 深度参与国际金融标准制定/修订。继续推进银行产品说明书描述规范、非银行支付信息系统的安全目的、资本市场交易结算等多项金融国际标准制定，组织国内专家深入参与数字货币、金融信息安全基础设施管理、ISO 20022 等热点领域标准制定/修订过程，吸收先进技术理念，逐步提升国内市场与国际标准的对接。同时，主动在金融科技、监管科技、绿色金融等领域的国际标准研制中发挥建设性作用，为我国优势领域标准"走出去"积极创造有利条件。

2) 争取在国际金融标准事务中发挥更大作用。加强与国际金融组织和标准化组织的沟通联络，鼓励更多具有国际影响力的金融机构、金融科技企业参与国际标准制定机构的各项活动，争取承担更多国际标准工作组秘书处及领导职务，力争在国际标准技术委员会或分委会取得突破，更好地为国际金融标准制定做出贡献。

3) 大力推动我国金融标准在"一带一路"沿线国家的应用。依托标准化交流峰会与论坛等多双边交流机制，促进沿线国家、相关金融机构标准化沟通与合作。推动研究我国与"一带一路"沿线国家在金融合作领域的需求，有针对性地翻译我国优秀的金融标准实施案例，形成中国金融标准化最佳实践，为沿线国家提供参考。开展面向"一带一路"沿线国家的金融领域标准宣贯、培训、咨询等服务，提升我国金融标准的影响力。

4) 加强国际标准化人才培养。国际金融标准建设对专家的金融业务和标准化专业技术、知识结构、工作能力都有较高的要求，需要对经济、金融、技术、标准化等方面均有较为深入的认识和理解。因此，应加强培养既懂业务、技术，又懂标准化知识，熟练掌握外语沟通能力的专家型、复合型人才。

(3) 推进"一带一路"沿线国家金融标准交流与合作

1) 推动"一带一路"金融标准交流合作建立常态化机制。首先，推动将金融标准纳入"一带一路"双边、多边金融交流机制，通过互访、论坛等方式，促进沿线国家金融管理部门、相关金融机构加强标准化交流与合作，建立健全有利于金融标准共同发展的常态化机制。其次，针对共同关心的热点、难点问题，围绕金融标准与资金流、信息流、物资流、服务流融合发展，组织开展金融标准重点课题联合研究，共享研究成果。再次，丰富金融标准外文版种类，加大普惠金融、金融科技等相关标准的英文、俄文、泰文等语种的翻译。最后，梳理现有"一带一路"金融培训和标准化培训渠道，研究制定"一带一路"金融标准培训方案。

2) 推进"一带一路"金融标准共商共建共享取得新成效。首先，加强双边合作，通过互换金融标准目录和标准编制计划，彼此分享标准建设动态，采取引入转化、合作研制、认证合作等方式，积极开展双边金融标准建设协作。其次，积极探讨"一带一路"多边金融标准建设机制，围绕金融市场、金融产品、金融科技、监管科技等人们普遍关注领域，共同研究制定"一带一路"沿线国家普遍关注的金融标准。最后，加强在ISO金融服务技术委员会（TC 68）、可持续金融技术委员（TC 322）等国际标准组织中的合作，通过共同发起标准提案、专家深度参与等，提升国际金融标准治理共同参与度。同时，推进分享各国采标实施国际标准的经验，降低金融市场双向开放、互联互通的风险和成本。

3) 推动"一带一路"金融企业标准建设。企业是标准化工作的主体，是标准制定实施的重要力量，标准化水平也在一定程度上体现企业的核心竞争力，由企业标准直接上升为国际标准，同步开展国家标准建设，是国际通行做法，也受到国标委的积极鼓励。2019年，在市场监管总局的支持下，中国人民银行选取了销售点终端（POS）、自助终端（ATM）、条码支付受理终端、清分机四个金融机具领域和银行营业网点服务、网上银行服务两个金融服务领域，组织开展2019年度金融企业标准"领跑者"活动，希望能够以此激发市场主体参与金融标准建设的活力，推动更多企业将品牌优势转化为标准优势，融入国内、国际金融标准化体系建设中。

4) 推进"一带一路"金融标准化人才培养和储备。"一带一路"金融标准交流合作对专家的金融业务和标准化专业技术、知识结构、工作能力都有较高的要求，需要对经济、金融、技术、标准化等方面均有较为深入的认识和理解。首先，要加大对懂技术、外语和国际标准化规则的复合型人才的培养。其次，积极与海外其他高端金融认证与培训机构合作，设立统一的金融人才认定标准，强化金融人才分类与管理。最后，推进金融标准化走进高等教育，完善在职人员培训体系，提高金融业从业人员标准化素质与能力，为"一带一路"建设做好人才培养和储备。

第二节 金融创新与金融标准化

我国金融业标准化工作取得了一定成绩，但是，与我国金融业创新发展的状况相比，尚存诸多改进空间。具体表现在：①金融业标准化工作协同推进机制有待进一步完善；②部分重点领域、新兴领域金融业标准尚不能满足技术创新、产业转型和民生需求；③金融业标准实施配套措施还不完善；④实质性参与国际标准化工作的能力和水平有待提升。新时代对金融标准化提出了新要求，金融创新高质量需要金融标准进一步发挥作用。

1. 金融创新与新型金融业标准体系

（1）金融创新的概念

一直以来，国内外学者们对"金融创新"的概念并未有一个统一的界定。最初的权威界定来自1986年国际清算银行出版的《近期国际银行业的创新》一书，提出"金融创新是按照一定方向改变金融资产特性，如收益、风险、期限、流动性组合的过程"。这个定义虽然比较权威，但却将金融创新局限于金融工具的创新，缩小了金融创新的外延性。陈岱孙、厉以宁主编的《国际金融学说史》中，在熊彼特的创新理论基础之上，将金融创新定义为，在金融领域内建立"新的生产函数"，是各种金融要素之间的一种新组合，是为了追求利润而形成的一种市场变革。金融创新泛指金融体系和金融市场上出现的一系列新事物，包括新的金融工具、新的支付清算手段、新的金融市场、新的金融组织形式以及新的金融管理方法等。王仁祥、喻平在综合考察了金融创新理论的相关文献后，定义金融创新是"金融当局或金融机构为更好地实现金融资产的流动性、安全性和营利性目标，利用新的观念、新的技术、新的管理方法或组织形式，来改变金融体系中基本要素的搭配和组合，推出新工具、新机构、新市场、新制度，创造和组合一个新的高效率的资金营运方式或营运体系的过程"。

（2）金融创新与金融标准化

金融标准和金融创新不是一对"敌人"，而是一对"朋友"。金融标准是平衡金融创新和金融风控的有效手段，是推广创新的桥梁和促进创新的保障。

1）金融创新需要具有多元化特征的金融业标准。随着金融创新与金融改革深化的程度不断演进，金融要素变得空前复杂，这也使金融业标准可能具有多元化特征：①在国家层面上，需制定关系金融业整体布局、重大方向、基本原则、基础架构、协调难点的国家标准，从而使整个金融创新与发展走在"正路"之上。②在行业层面上，还需充分发挥自理机制在金融标准化建设中的作用，以自律组织为载体，推动某些领域的金融标准与金融改革探索，在标准制定中深化行业自律。③基于新技术对金融业的影响日益凸显，出现了许多尚未成熟的创新探索，这些领域需要依托市场力量，在模式完善中探索标准化路径，不能急于求成，这也是多元化标准体系建设的重要组成部分。

2）金融创新需要处理好业务标准与技术标准的关系。狭义的金融创新，是指金融工具的创新。广义的金融创新，是指金融业为适应经济发展而创造出新的金融制度、金融组织、金融市场、金融工具等。在金融创新过程中，业务与技术既相互联系又有所区别。一方面，业务创新侧重业务经营领域的变革，并在经营成果方面需有"实质性"的效果；另一方面，技术创新则强调科学技术与管理技术的应用，很多情况下要达到业务应用层次还有一个过程。由此，离开了金融业务应用的技术创新，远不是真正的金融技术创新；缺乏新技术支撑的金融业务，也难以获得新金融的生命力。与此相应，在实践中如何处理好业务标准与技术标准的关系与侧重、发展脉络与步伐等，也是亟待解决的难点之一。

3）金融创新需要金融标准来提升效率和防范风险，将效率与安全的权衡贯穿于金融创新之中。例如，新兴电子支付方式快速创新演变，给电子商务与老百姓生活带来巨大便利的同时，也使支付风险控制与支付消费者保护变得更为迫切。从支付服务提供主体看，面对便捷与安全这对"跷跷板"，银行可能更偏重后者，而非银行支付机构可能更倾向前者一些。如何把握好这些矛盾关系，除了优化监管与政策思路，更需要金融标准化的"客观尺度"。一方面，推动金融标准制定不是为了遏制创新，而是促成包容创新与合理创新的有效结合，真正推动金融服务效率、质量与能力的提升；另一方面，技术与制度创新也使金融风险变得更复杂，有效的风控标准建设也是为了避免金融活动"触及雷区"，并给各类"劣币"念"紧箍咒"。总之，金融标准是实现金融交易信息系统互联互通、降低交易成本的基础条件，是保证金融服务质量、保护消费者权益的重要手段，也是规范市场秩序的内在要求和金融管理部门推进行业管理的重要依据。因此，从某种意义上来说，应把金融标准化建设放到国家战略层面考虑，作为金融监管体制改革、金融生态建设、金融效率提升、金融结构优化的重要保障。

4）金融标准化是金融创新工作的"制高点"。金融标准化是打造卓越高效运营工具以及服务质量的衡量标杆，必将在助推金融行业转型升级和创新发展中发挥战略性、引领性和支撑性作用。①促进经验提炼和传承，服务业务创新。将实践经验形成标准并积累传承下来，能为持续创新储备知识财富，使金融创新避免或者少走弯路。②降低管理难度，提高管理效率，支持管理创新。借助标准，可有效辨析管理问题和专业问题，有助于创新管理路径或组织变革；依据标准，能够发现影响质量的根源，并为持续改善质量水平提供参考路径和方法。③加快成果转化，培育持续创新能力。标准能够指导企业有效运用技术资源，走出创新成果转化的最佳路径，打造新的创新高地。

5）金融标准化助力金融创新监管。虽然创新中的金融业态边界、特征都发生了许多变化，不少功能与概念都变得模糊起来，但金融业发展还是离不开本质性原则。所谓金融标准化建设的底线原则，就是通过强制性的技术与业务规则，配合金融变革中的新监管模式。比如，保障"穿透式监管"，即透过金融产品的表面形态，看清金融业务和行为的实质，将资金来源、中间环节与最终投向穿透连接起来，按"实质重于形式"的原则甄别金融业务和行为的性质，根据产品功能、业务性质和法律属性明确监管主体和适用规则。又如，配合"负面清单"等措施，真正使业务创新底线获得明确的技术描述，实现"代码即法律"的效果。由于有些金融模式尚处于探索和试错阶段，难以形成长期稳定的金融标准，因此政府和协会应侧重于引导性标准，通过某些"软法"来加以规范，并不断修正金融标准，既给予市场足够的创新空间，又为将来可能的"硬标准"积累基础。

6）创新是金融标准化建设的重要驱动力。将创新作为金融业标准化的驱动力，将技术创新、管理创新、服务创新、模式创新纳入标准之中，提高标准的科技含量和领先水平，保障行业活力，激发行业创新意识，充分发挥标准化对金融业的支撑作用。持续推动金融国家标准、行业标准、团体标准、企业标准协调发展，推进保障人民财产安全的强制标准建设。目前在金融领域还没有提出强制标准，根据新标准化法，涉及生命和重大财产安全的应制定强制标准，中国人民银行正在积极推动在人民币机具领域实现金融强制标准零的突破。同时，中国人民银行正加快制定金融科技、监管科技和金融产品标准，建立金融业综合统计、绿色金融、普惠金融等标准体系。鼓励制定严于国家标准和行业标准的团体标准，引领产业和企业的发展，提升产品和服务的市场竞争力，培育发展满足市场和创新需要的团体标准，重点在互联网金融、保险方面制定一批团体标准。

(3) 金融创新对金融标准化建设提出新的要求

①要激发金融机构的创新驱动力。推动金融机构将创新成果转化为标准，以标准优势巩固技术优势，不断提高标准的先进性、有效性和适用性，增强我国金融产品和服务竞争力。②要推动建立"有产品必有标准"的治理体系。强化产品创新与标准规范的协同，金融机构依据标准提供产品和服务，消费者依据标准享有知情权、自主选择权、公平交易权和依法求偿权等权益，社会各界依据标准对金融产品进行第三方监督，管理部门依据国家和行业标准提高对创新产品和服务的包容性监管水平。③要培养一批产品质量高、用户服务好、标准落实严的金融机构。围绕国家产业转型和消费升级需求，引导金融机构瞄准国际标准提高水平，培育一批金融领域企业标准"领跑者"，支持和促进金融市场开放，提升我国金融机构的市场竞争力。④要不断拓展活动领域。在持续深耕普惠金融、货币金银、金融科技、网络安全等领域的同时，要不断探索金融标准发展新领域，引导金融机构和相关企业不断提高产品服务质量、提升用户服务体验。

2. 绿色金融标准化工程

发展绿色金融，是实现绿色发展的重要措施，也是供给侧结构性改革的重要内容。建立健全国内统一、国际认同、清晰可执行的绿色金融标准体系，是确保绿色金融高质量发展的重要前提。

(1) 绿色金融的概念

绿色金融是指为支持环境改善、应对气候变化和资源节约高效利用的经济活动，即对环保、节能、清洁能源、绿色农业、绿色交通、绿色建筑、绿色服务等领域的项目投融资、项目运营、风险管理等所提供的金融服务，主要包括绿色信贷、绿色债券、绿色股票指数和相关产品、绿色发展基金、绿色保险、碳金融等金融工具和服务产品。

(2) 构建绿色金融标准体系的重要意义

我国绿色金融发展还处于初期阶段，标准不统一、不完备、业务发展先于标准制定的问题依然比较突出。这既影响了市场主体公平、有序地开展绿色金融业务，影响了激励约束等配套政策的有效落地，也对强化监管和防范风险形成了挑战。可以说，构建统一完备的中国绿色金融标准体系已经迫在眉睫。

1）助力经济绿色转型的内在需要。绿色金融标准来源于实体、服务于实体。绿色金融作为资源配置的有效手段，核心作用在于通过市场化方式引导资金流向绿色环保、污染防治等政策重点支持的攻坚战领域。例如，绿色信贷、绿色债券等标准，主要是在绿色产业标准基础上形成的行业标准。因此，依托绿色产业目录等实体经济层面的标准和规范，制定统一、明确和细化的绿色金融标准，是发挥金融资源配置作用的重要前提，也是金融支持实体经济绿色转型、服务国家绿色发展战略的必然要求。

2）促进绿色金融稳健发展的内在需要。完整的绿色金融生态链包含标准体系、评估认证、数据统计、激励约束等环节，而标准体系的构建是核心和基础。绿色金融发展初期，各类主体的多元化探索是推动市场快速发展的重要途径。但随着市场扩大，如果绿色金融产品、绿色项目库、第三方评估认证、绿色信用评价、环境效益评估、绿色金融监管等标准不完备，容易引发市场无序竞争或"搭便车"等行为，既不利于规范市场主体绿色投融资行为、创造公平竞争环境，也难以确保信息完整准确、帮助监管部门客观评估市场发展情况，在一定程度上将阻碍绿色金融健康发展。

3）完善有效的激励约束机制的内在需要。目前绿色项目的正外部性尚未充分内生化，完全按照市场化原则运行不能吸引足够的社会资金进入绿色领域。这就需要政府通过相应的政策引导和制度安排，如财政补贴、税收减免、监管指标倾斜等，实现绿色投资的商业可持续。构建奖惩分明的激励约束机制的前提，就是要制定清晰、统一的绿色金融标准，增强政策的有效性、防止可能的监管套利。若缺乏统一的绿色金融标准，社会各界可能产生绿色金融概念泛化的质疑，各类优惠政策也难以做到精准支持和有效落地。

4）防范化解潜在金融风险的内在需要。保障支持项目全生命周期的绿色属性，是防范"洗绿"风险的关键环节，也是金融机构开展绿色金融业务的工作重点。而绿色项目正外部性的内生化需要相应的政策安排，这一过程也可能增加金融机构的合规风险、操作风险和业务成本。监管部门有必要建立一套针对绿色金融业务的监管规则、行为指引和信息披露标准，保证标准前后一致、市场主体严格落实，帮助金融机构更好地管理风险、拓展业务，同时也防止绿色金融的支持导向走偏或适得其反。

5）提高国际标准制定话语权的内在需要。标准是衡量绿色金融发展软实力的重要标志。近年来，欧盟、英国等发达经济体利用对国际规则更加熟稔的优势，纷纷争取绿色金融标准国际话语权。部分发达国家主导的标准没有充分考虑发展中国家在能源产业结构、社会发展阶段方面的特殊性，不利于发展中国家公平参与绿色金融国际合作。因此，我国应主动以国内标准体系建设推动国际规则制定，提升参与度和影响力，帮助国内企业和金融机构更好地参与国际绿色投资和绿色金融市场。

(3) 构建绿色金融标准体系应当遵循的基本原则

构建绿色金融标准体系，总的目标是要研究制定国内统一、国际认同、清晰可执行的绿色金融标准，为行业规范发展提供明确的指向和依据。在内容上，主要涵盖通用基础标准、产品服务标准、信用评级评估标准、信息披露标准、统计共享标准以及风险管理与保障标准；在功能定位上，是国家和行业层面的基础性标准，着重从制度建设、产品服务、操作流程、风险防控等角度全面、系统地对绿色金融予以规范。构建绿色金融标准体系，应当遵循以下三条基本原则：

1) 公平性、完备性与统一性。推动绿色金融标准规划、制定、实施、修订的有机协调，实现国家、行业等各层面标准相互补充，形成有效合力。

2) 统筹兼顾、急用先行。优先研究制定通用基础标准、统计与信息共享标准、风险管理标准等基础性、关键性标准，尽快补齐制约绿色金融可持续发展的短板。

3) 开放性、前瞻性。标准制定不仅要兼收并蓄，不断吸收国际标准领域的前沿成果和最佳实践，也要有前瞻性眼光，考虑长远，为绿色金融适应未来技术发展、理论和制度创新留下余地。

(4) 绿色金融标准化工程

2016年8月31日，中国人民银行联合七部委下发的《关于构建绿色金融体系的指导意见》将绿色金融体系提升为国家战略，对培育新增长点、转变经济增长方式、引导社会资本积极参与绿色项目、降低融资门槛和促进经济健康发展有着深远的意义。《规划》将"绿色金融标准化工程"列于"五大工程"中的第二位，这为我国绿色金融的健康有序发展提供了更全面的保障、规范及引领。

绿色金融标准化工程的内容包括：研究绿色金融的内涵与外延，努力建设与多层次绿色金融市场体系相适应、科学适用的绿色金融标准体系；建立健全绿色金融标准化工作机制，依据绿色金融标准研究构建绿色金融标准认证体系，培育绿色金融认证机构；重点研制金融机构绿色信用评级标准，将金融机构在绿色环保方面的表现纳入绿色信用评级的考核因素之中；依托评级机构等第三方机构，开展绿色信用评级试点，并逐步扩大评级范围；制定绿色信贷和绿色债券的信息披露标准，建立标准与监管政策的联动机制，推动完善上市公司和发债企业强制性环境信息披露制度；制定绿色债券、绿色产业基金、巨灾风险证券化等绿色金融产品标准，不断丰富绿色金融产品类型；研究金融信息和统计数据共享标准，支撑对绿色金融资金运用的监管和评估。

(5) 推动我国绿色金融标准化工作的建议

1) 完善绿色金融标准化主要架构。①借鉴国际绿色产业分类经验，建立健全绿色产业行业分类标准，明确绿色产业技术标准、产业认证、信息披露，将绿色产业分类标准应用到产业规划和产业结构调整指导目录，或及时发布通用的绿色项目或绿色产业目录。②制定绿色金融统一标准。由绿色金融标准化领导小组牵头，组织金融监管机构，根据绿色产业分类标准和相关法律法规，借鉴国际绿色金融成熟经验，制定我国绿色金融标准体系，统一绿色金融分类标准，明确绿色金融产品范围，规定绿色金融统计及信息披露要求，从根本上解决标准不统一、不对接等问题。同时，及时修订、实施、推广绿色金融标准。

2) 加大绿色金融标准化监督管理。金融监管机构根据职责分工，按照绿色产业标准和绿色金融统一标准，中国人民银行和银保监会联合制定绿色信贷监管办法，加强绿色信贷认证、统计，建立绿色信贷考核制度，健全绿色信贷奖惩机制，将绿色信贷业绩纳入 MPA 考核，提高金融机构参与绿色信贷的积极性。出台绿色债券统一管理办法，加大绿色债券政策扶持，建立绿色项目统一认证和评级标准，明确第三方准入与认定规则，推动绿色债券指数化，加快绿色债券标准输出，提升绿色债券标准国际影响力。同时，在国家绿色金融标准化框架下，建立绿色基金和私募、绿色保险标准化监管体系。

3) 加强绿色金融标准化内部管理。①健全绿色信贷管理机制。银行业金融机构应按照绿色信贷标准和流程，健全绿色信贷管理体系，强化绿色信贷管理，一旦发现承贷主体有排污超标等环保问题，及时采取暂停贷款等措施。②加强绿色债券内部管理机制。债券发行机构按照绿色债券标准要求，加强绿色债券发行审查，引入绿色债券第三方评估，强化绿色债券发行事后监管，确保绿色债券资金切实用到绿色产业。③稳步发展绿色基金和绿色保险业务。④借鉴国际绿色金融创新经验，加快绿色金融产品创新，提升绿色金融产品科技含量，探索形成我国绿色金融价值标准。

3. 金融新业态与金融标准化

(1) 金融新业态的概念

金融新业态是在传统金融业态基础上成长起来的，以信息化为依托、知识创新为主导的经济形态,通常具有高成长性和高风险性特征。金融新业态不仅包括传统金融业态进行改革创新后发展出的新经营形态,如渠道开始多样化的融资租赁,逐渐兴起的商业保理、传统银行、证券、保险等商业性金融或政策性金融机构发展的创新业务和产品,以及不断创新的跨境金融业务,还包括为弥补传统金融服务局限性而出现的新型金融机构经营形态或商业模式,如互联网金融、航运金融、碳金融、消费金融等。新金融业态代表着金融业创新发展的新趋势,可以更好地实现金融服务实体经济的功能。同时,新金融是在互联网和信息技术革命推动下,伴随着移动化、大数据、云计算技术兴起出现的新的金融生态和金融服务产品及模式,是金融业发展的新领域,是我国新经济发展的亮点。我国将积极推进"普惠金融""创业金融""互联网金融""绿色金融"四大金融新业态。

(2) 金融新业态面临的各种挑战

新的金融业态在发展战略、业务模式、技术属性、风险种类等方面有全新的特点,这也意味着面临很多前所未有的挑战。首先是风险治理挑战,在多维开放和多项互动的网络空间,新金融业务的运营风险、技术风险、网络风险更容易产生跨界、叠加和扩散效应,使风险传递更快、波及面更广。其次是数字鸿沟挑战,不同受教育程度、年龄结构、生活环境所产生的居民认知差异,导致他们从新金融服务中获益的能力有所分化。再次是基础设施挑战,对新金融信用信息体系、数据统计和监测评估体系、新金融的标准体系等基础性工作提出了更高要求。最后是监管适应性挑战,这需要完善综合监管和穿透式监管,加强监管的协作和信息共享,注重利用数字技术对现有监管流程和系统进行优化、改进等。

(3) 金融新业态标准制定刻不容缓

金融新业态时代,必须制定新金融应有的规范和标准。《规划》立足目前金融业发展中迫切需要多部门协同的领域,针对标准制定、衔接配套以及实施等问题提出了五项重点工程,包括金融风险防控标准化工程、绿色金融标准化工程、互联网金融标准化工程、金融标准认证体系建设工程和金融标准化基础能力建设工程。同时,《规划》提出,金融业标准化工作的主要任务之一,就是建立新型金融业标准体系,即针对产品、基础设施、统计和监管风控四大重点构建标准。正是基于目前我国金融业发展中需要多部门协同的领域,金融新业态标准的制定显得越发迫切。金融业标准化是我国金融业健康发展的技术支撑,是金融业治理体系和治理能力现代化的基础性制度。有了金融新业态标准,就有了金融新业态的准则规范,也就有了统一监管的依据,势必能全面提升我国新金融企业的管理水平和效率，提高金融市场透明度，强化新金融时代穿透性和综合性监管。

期待未来我国的金融新业态能够时时处处都依照标准规范运行，让金融在鼎力支持实体经济的同时能守住不发生系统性金融风险的底线。同时，随着金融科技的发展，金融标准建设也要与时俱进，包括云计算技术应用体系标准框架、金融大数据标准体系框架、数字普惠金融标准体系框架、互联网金融标准体系框架等都能积极跟上，从而形成对新金融业态发展广覆盖的金融标准体系。

第三节 金融风险防控与金融标准化

当前金融市场创新活跃，银行、证券、保险等主流金融业态借助金融科技持续快速发展，以互联网企业为代表的新兴金融业态快速崛起，在发挥积极作用的同时，监管真空和监管套利并存，也存在一定的风险隐患。金融标准作为金融监管措施的有效补充，必须着手制定、着力实施金融业务基础设施风险防控、金融机构和金融产品风险评价及管理技术标准等一批金融风险防控标准，对金融科技、监管科技、互联网金融、金融基础设施、金融统计、金融信息安全等领域加以规范，为打赢防范化解金融风险攻坚战提供坚实的技术支撑。目前，防止发生系统性金融风险是金融工作的主题。金融标准的制定和实施将有助于金融活动在标准和规则下良性有序运行，提升金融业的竞争能力、抗风险能力，有效防止系统性风险，服务实体经济，进而与国际接轨，促进金融业的对外开放。

1. 金融风险防控概述

①金融风险防控是针对一定主体而言的。不同主体在金融市场中的活动方式和活动目的是不同的，其面临的风险态势和风险程度也是不同的，因此，防范的风险以及防控风险的措施也是不同的；②防控风险的前提，是对风险有充分的分析和认识，即防控风险是一种自觉行为；③防控风险必须符合有关法律法规的规定，不能选择不合规的措施和行为；④防控风险的目的在于实现预期的目标，因此，金融风险防控的程度可用预期目标的实现程度来衡量。

2. 金融风险防控标准化工程

《规划》明确提出了"十三五"金融业标准化工作的指导思想、基本原则、发展目标、主要任务、重点工程和保障措施。在五项重点工程中，金融风险防控标准化工程居首位。

金融风险防控标准化工程的内容包括：统筹制定系统重要性金融机构识别原则和监管要求；建立金融控股公司市场准入、风险管理和监管标准；统筹制定中央证券存管与证券结算系统、中央对手方、交易报告库和交易平台等金融基础设施监管标准，以及支付技术与安全标准；统筹制定资产管理产品统计数据元等跨市场交叉性金融产品统计和监管标准；探索ISO风险管理国际标准在银行业应用的可行性，指导金融机构建立更加系统的风险管理框架；强化金融风险防控标准化专家库建设。

在我国金融风险和金融复杂程度与日俱增、金融创新日新月异的背景下，金融风险防控标准化工程是一项长期系统性工程，是防控金融风险的基础设施工程。此标准化工程能否在符合我国国情的同时又与国际接轨，关系到我国金融行业发展和整个国家经济和金融系统的长治久安。金融风险防控标准化工程应该先建立起全国统一的数据库，以大数据征信系统、深度信贷决策引擎系统等新技术为核心，参考国外经验，结合传统风控经验，建立起一套风控标准化体系。具体来看，可以建立全国统一的金融数据库，建立全国金融机构共享的征信系统，统一金融风控标准，各大金融机构的数据库与国家监管部门风控系统直接连通，建立即时预警系统等。金融风险防控标准化工程建成后，监管部门将对各金融机构乃至大部分企业的金融风险了如指掌，可以实现即时监控，提前发现金融风险并采取措施，有利于我国金融风控水平迈上新台阶。

金融风险防控标准化要做好以下三个方面的工作：①各金融监管部门的金融信息共享，信息接口无缝链接；②金融行业的经营、财务、风险控制等指标的统一和标准化，甚至与国际标准相统一；③密切关注国际金融风险对国内金融行业的冲击。

按照党的十九大以及全国金融工作会议精神，金融监管要实现所有金融产品和服务的全覆盖，标准化也要积极落实，做到所有金融产品和服务有标可依。同时，按照统筹监管系统重要性金融机构，统筹监管金融控股公司和重要金融基础设施，统筹负责金融业综合统计的要求，制定监管标准体系和具体监管标准，支撑金融基础设施互联互通和监管信息共享，服务"严监管""强监管"，支持综合监管、功能监管和行为监管。提高风险防控精准性，制定银行、证券、保险、金融科技、互联网金融等领域的风险监测、风险计量、信用评价、风险提示与公示、信息保护等风险管理标准，支撑风险监测预警和早期干预机制的建立和运转。

3. 标准化助力互联网金融风险防控

2017年中央经济工作会议提出，按照党的十九大要求，打好防范化解重大风险攻坚战，重点是防控金融风险。近年来，互联网金融在提升金融服务效率、发展普惠金融等方面发挥了积极作用，但也积累了一定的问题和风险隐患。加强互联网金融风险防控是当前打好防控金融风险攻坚战的重点领域之一。研究和实践表明，推进标准化建设对于加强互联网金融风险防控、促进互联网金融规范健康发展具有重要现实意义。

标准是经济活动和社会发展的技术支撑，是国家治理体系和治理能力现代化的基础性制度。推进标准化建设是互联网金融规范健康发展的基础性工作，在互联网金融风险防控方面能够发挥重要作用。

1）推进标准化建设有助于提升互联网金融从业机构风险管理水平。很多互联网金融从业机构起步较晚，缺乏专业的金融人才和运营经验，合规意识和风险管理意识较差，风险抵御能力较弱，内部管理质量参差不齐。推进标准化建设，明确从业机构在公司治理、风险管理、内部控制等方面的标准要素，有助于从业机构提升经营管理能力和风险管理水平。此外，标准化建设还将提升行业信息透明度，增强各参与方系统和数据的互联互通，引导机构间的交流融合，加强同业风险管理示范效应。

2）推进标准化建设有助于建立健全互联网金融风险监管长效机制。当前，互联网金融风险专项整治已取得积极成效，总体风险明显下降，增量风险有效管控，风险案件高发频发势头得到遏制，从业机构优胜劣汰加速，规范发展态势正在形成。但同时也要看到，互联网金融涉众性强，新型业态多元多变，风险因素复杂交叉，建立健全互联网金融风险监管长效机制任重道远。推进标准化建设，明确从业机构建立信息披露、信用信息共享、统计监测等方面的统一规则和流程，提升交易过程中资金流和信息流的标准化程度，有助于监管机构更加清晰、全面地了解互联网金融业务实质，实现穿透式监管，减少监管套利，维护金融稳定。

3）推进标准化建设有助于增强互联网金融消费者的风险识别和防范能力。互联网金融服务的"长尾"客户很多缺乏专业知识，对金融产品的内在风险认识不足，容易受到"高收益"的诱导。在互联网条件下，由于没有面签、纸质合同留证等环节，消费者权益受到侵害时，还会面临维权难、举证难等问题。此外，部分企业对用户隐私保护不足，致使用户信息流入黑市，为电信诈骗提供了便利。针对上述问题，推进标准化建设，对从业机构服务操作流程、关键服务指标、隐私保护机制等进行规范，有助于互联网金融消费者识别和防范风险，切实维护自身合法权益。

第四节　金融标准化基础能力与金融标准认证体系建设

1. 金融标准化基础能力建设

《规划》指出，加强金标委秘书处建设，提高工作能力和运行效率。优化各分技术委员会和专项工作组布局，在金融大数据等领域加强专项工作组建设，加强对金标委各分委会、委员、专项工作组和专家考核与管理，完善工作机制。不断完善金标委信息平台建设，推动金融业标准化信息交换与资源共享，优化金融标准全文公开系统和金融标准制定/修订系统，推进行业标准公开，全面提升金融业标准化信息服务能力。在标准化主管部门的支持下，探索培育金融领域标准化服务业，支持发展社会化金融标准化服务机构，全面提升金融标准化服务能力。培养一批懂标准、懂技术、懂外语、懂规则的复合型标准化人才，强化金融业标准化基础理论研究，构建金融业标准化理论体系，引导和鼓励全国重点高等院校和社会科学研究组织专业研究人员参与金融标准化研究和建设，编写出版金融业标准化丛书，完善金融标准培训体系，加大标准化教育培训力度，设立国家级标准验证检验检测点，服务相关科研院校、金融企业。

《国家标准化体系建设发展规划（2016—2020年）》指出，应从以下四个方面夯实标准化工作基础：

1）加强标准化技术委员会管理。优化标准化技术委员会体系结构，加强跨领域、综合性联合工作组建设；增强标准化技术委员会委员构成的广泛性、代表性，广泛吸纳行业、地方和产业联盟代表，促进军、民标准化技术委员会之间相互吸纳对方委员；建立完善标准化技术委员会考核评价和奖惩退出机制。

2）加强标准化信息化建设。充分利用各类标准化信息资源，建立全国标准信息网络平台，实现跨部门、跨行业、跨区域标准化信息交换与资源共享；加强民用标准化信息平台与军用标准化信息平台之间的共享合作、互联互通，全面提升标准化信息服务能力。

3）加强标准化科研机构建设。支持各类标准化科研机构开展标准化理论、方法、规划、政策研究，提升标准化科研水平；支持符合条件的标准化科研机构承担科技计划和标准化科研项目；加快标准化科研机构改革，激发科研人员创新活力，提升服务产业和企业能力，鼓励标准化科研人员与企业技术人员相互交流。

4）加强标准化人才培养。推进标准化学科建设，支持更多高校、研究机构开设标准化课程和开展学历教育，设立标准化专业学位，推动标准化普及教育；

加大国际标准化高端人才队伍建设力度,加强标准化专业人才、管理人才培养和企业标准化人员培训,满足不同层次、不同领域的标准化人才需求。

2. 金融标准认证体系建设

《规划》指出:"围绕金融业改革发展大局,做好金融标准认证体系的顶层设计,通过标准认证,辅助金融监管,防范金融风险。加强金融行业重点认证项目实施,推进银行营业网点、支付受理终端、条码支付、金融业信息系统机房动力系统等认证制度和项目的研发实施。开展金融标准检测认证技术攻关,取得具有自主知识产权的认证科技成果,提升检测认证能力。加强与国际金融认证组织的沟通交流,研究金融安全芯片等领域的国际互认机制,扩大金融认证的影响力和公信力。"

截至 2019 年年底,已有 6 家认证机构、17 家检测机构获得国家认证认可监督管理委员会批准,开展金融领域的检测认证。已开展的业务包括非银行支付机构支付业务设施技术认证、银行营业网点服务认证、移动金融技术服务认证、银行卡清算组织业务设施技术认证等 20 余项,应用金融领域标准 60 余项。检测认证对金融标准实施的推动力不断增强,检测认证的对象和范围不断扩大,通过检测认证达标的机构持续增长,检测认证的依据从以金融行业标准为主逐步扩展到国家标准、团体标准和企业标准。

2018 年是"质量提升行动年",中国人民银行结合《规划》和《认证认可检验检测发展"十三五"规划》,以金融标准检测认证体系为依托,积极发挥认证认可在金融标准实施方面的作用,推动金融普惠、金融服务等生产性服务业领域的认证制度建设和完善,推进金融标准和认证落地实施,促进金融服务标准化程度和金融服务质量的持续提升。

【本章小结】

本章主要涉及四个方面内容:首先,分析了我国金融国际化交流现状、金融国际化与金融标准之间的关系、金融标准国际交流合作迎来的新机遇、金融标准"引进来"和"走出去"的新使命以及推进"一带一路"沿线国家金融标准交流与合作建议。其次,分析了金融创新与金融标准化的关系、金融创新对金融标准化建设提出新要求,同时分析了构建绿色金融标准体系的重要意义、构建绿色金融标准体系应当遵循的基本原则、绿色金融标准化工程内容和推动我国绿色金融标准化工作的建议,以及新的金融业态面临很多前所未有的挑战需要制定新金融应有的规范和标准。再次,重点介绍了金融风险防控标准化工程内容以及标准助力互联网金融风险防控的体现。最后,介绍了金融标准化基础能力与金融标准认证体系建设。

【思考题】

1. 金融国际化与金融标准化的关系是什么？
2. 金融标准"引进来"和"走出去"的新使命是什么？
3. 如何推进"一带一路"沿线国家的金融标准交流与合作？
4. 《规划》中绿色金融标准化工程的内容是什么？
5. 《规划》中金融风险防控标准化工程的内容是什么？
6. 金融创新与金融标准的关系是什么？
7. 金融创新对金融标准化建设提出哪些新的要求？
8. 推动我国绿色金融标准化工作的建议有哪些？
9. 谈谈你对金融标准化基础能力建设的建议。

参考文献

[1] ASC X9. The History of X9 [A/OL]. [2020-04-08]. https://x9.org/history-of-x9/.

[2] 中国银行保险监督管理委员会. 中国保险行业首个国家标准《保险术语（GB/T 36687—2018)》正式实施 [A/OL]. (2019-04-10) [2020-04-08]. http://www.cbirc.gov.cn/cn/view/pages/ItemDetail.html?docId=215155&itemId=915&generaltype=0.

[3] 中国银行保险监督管理委员会. 中国保监会印发《保险标准化工作管理办法》[A/OL]. (2018-01-10) [2020-04-08]. http://www.cbirc.gov.cn/cn/view/pages/ItemDetail.html?docId=366456&itemId=915&generaltype=0.

[4] 吕宙, 蒋巍, 孙昌明, 等. 我国保险机构投诉处理规范建设研究 [J]. 中国标准化, 2015 (10): 105-110.

[5] 裴光, 徐文虎. 中国保险业标准化理论研究 [M]. 北京: 中国财政经济出版社, 2008.

[6] 周云晖.《证券及相关金融工具》系列国家标准制定及应用 [J]. 金融电子化, 2018 (10): 20-22.

[7] 中国保险监督管理委员会. 关于印发《中国保险业标准化五年规划（2007—2011)》的通知: 保监发〔2007〕6号 [A/OL]. (2007-01-17) [2020-04-08]. http://bxjg.circ.gov.cn//web/site0/tab5206/info244588.htm.

[8] 中国保险监督管理委员会. 中国保监会关于印发《中国保险业标准化"十三五"规划》的通知: 保监发〔2016〕73号 [A/OL]. (2016-08-16) [2020-04-08]. http://bxjg.circ.gov.cn/web/site0/tab5225/info4041868.htm.

[9] 中国互联网金融协会. 中国金融科技应用与发展研究报告2018 [R]. 2018.

[10] FSB. FinTech: Describing the Landscape and a Framework for Analysis [R], 2016.

[11] FSB. Financial Stability Implications from FinTech [R/OL]. (2017-06-27) [2020-04-08]. https://www.fsb.org/2017/06/financial-stability-implications-from-fintech/.

[12] 中国人民银行. 中国金融标准化报告2016 [M]. 北京: 中国金融出版社, 2017.

[13] 中国人民银行. 中国人民银行关于印发《金融科技（FinTech）发展规划（2019—2021年)》的通知: 银发〔2019〕209号 [A/OL]. (2019-08-22) [2020-04-08]. http://www.pbc.gov.cn/zhengwugongkai/127924/128038/128109/3886683/index.html.

[14] 范一飞. 不忘初心 砥砺奋进 开启金融科技高质量发展新征程 [J]. 金融电子化, 2018 (12): 7-11.

[15] 中国人民银行. 中国人民银行等十部委发布《关于促进互联网金融健康发展的指导意见》: 银发〔2015〕221号 [A/OL]. (2015-07-18) [2020-04-08]. http://www.pbc.gov.cn/

goutongjiaoliu/113456/113469/2813898/index.html.

[16] 中国互联网金融协会. 中国互联网金融年报2018 [M]. 北京：中国金融出版社，2018.

[17] 李伟. 推动金融标准国际交流合作再上新台阶 [J]. 金融电子化，2018 (10)：11-12.

[18] 李伟. 以金融标准交流合作助力"一带一路"高水平建设 [J]. 当代金融家，2019 (7)：32-35.

[19] 王德凡. 金融创新、金融风险与金融监管法的价值选择 [J]. 国家行政学院学报，2018 (3)：122-128.

[20] 吕仲涛. 标准助力金融创新，标准助推行业发展 [J]. 中国金融电脑，2018 (10)：10.

[21] 杨涛. 金融创新的标准化体系 [N]. 上海证券报，2017-07-17 (6).

[22] 一行三会等五部委发布《金融业标准化体系建设发展规划2016—2020年》[J]. 金融科技时代，2017 (7)：88.

[23] 范一飞. 开展企业标准"领跑者"活动 谱写金融标准化新篇章 [J]. 金融电子化，2019 (8)：7-8.

[24] 蒋建平，朱东锋，余子英，等. 以绿色金融标准化推动绿色制造的路径研究 [J]. 绿色环保建材，2019 (2)：1-2.

[25] 中国人民银行. 中国金融标准化报告2017 [M]. 北京：中国金融出版社，2018.

[26] 陈雨露. 推动绿色金融标准体系建设 [J]. 中国金融，2018 (20)：9-10.

[27] 耿光颖，王宗鹏. 我国绿色金融标准体系研究 [J]. 金融会计，2018 (5)：23-29.

[28] 傅苏颖. 金融风险防控标准化建立成重中之重 专家称可从三方面入手 [N]. 证券日报，2017-06-10 (A2).

[29] 李伟. 新时代金融标准化建设 [J]. 中国金融，2017 (24)：63-65.

[30] 朱勇，肖翔. 以标准化建设助力互联网金融风险防控的实践与思考 [J]. 清华金融评论，2018 (7)：99-100.

[31] 祝佳，唐松. 广州市金融新业态发展研究 [J]. 城市观察，2016 (2)：57-67.

[32] 韩复龄. 金改重点与金融新业态值得期待 [N]. 中国城乡金融报，2015-11-06 (B1).

[33] 本刊综合. 新金融业态需要新准则规范："十三五"金融业标准化发展规划发布 [J]. 时代金融，2017 (19)：56-57.

[34] 王勇. 让标准化体系成为衡量新金融业态质量的圭臬 [N]. 证券时报，2017-09-26 (A3).

[35] 李苍舒. 中国新金融业态的风险源及防控对策 [J]. 东南学术，2019 (1)：93-101.

[36] 中国人民银行. 中国金融标准化报告2018 [M]. 北京：中国金融出版社，2019.